公路建设与运输经济

郭俊俊 孙世忠 李 芳 主编

天津出版传媒集团

天津科学技术出版社

图书在版编目（CIP）数据

公路建设与运输经济 / 郭俊俊，孙世忠，李芳主编. -- 天津：天津科学技术出版社，2021.5
ISBN 978-7-5576-9283-4

Ⅰ．①公… Ⅱ．①郭… ②孙… ③李… Ⅲ．①道路施工②公路运输－运输经济 Ⅳ．①U415②F54

中国版本图书馆 CIP 数据核字(2021)第 089431 号

公路建设与运输经济
GONGLU JIANSHE YU YUNSHU JINGJI

责任编辑： 王 祯

出版： 天津出版传媒集团
　　　天津科学技术出版社
地址： 天津市西康路 35 号
邮编： 300051
电话： (022) 23332400
网址： www.tjkjcbs.com.cn
发行： 新华书店经销
印刷： 北京宝莲鸿图科技有限公司

开本 787×1092　1/16　印张 16　字数 350 000
2021 年 5 月第 1 版第 1 次印刷
定价：68.00 元

前言

随着社会主义市场经济体制的不断发展和完善,随着我国公路建设市场特别是高速公路建设市场普遍实行招投标制、随着社会劳动生产率的提高,对我国的公路施工企业提出了新的更高的要求。公路施工企业面临激烈甚至残酷的竞争和挑战,计划经济体制下的地方保护、行业保护不复存在,优胜劣汰是市场经济的规则,公路施工企业只有向管理要效益,靠管理求生存。

尽快提高企业的经营管理水平,作为一项非常重要的任务摆在了公路施工企业管理者的面前。公路施上项目是公路施工企业赖以生存和发展的根本,是企业获取效益的来源。如何参加投标,如何能在激烈的投标竞争中获胜,承揽到公路施工项目,并在中标后优质、按期、高效益完成任务,特别是在低价中标的情况下获得较好的经济效益,是当前公路施工企业和企业管理者应深入探讨和研究的重要问题。

公路施工企业要想求生存、求发展,首要问题就是要有施工项目,这就要求企业在普遍实行招投标制的公路建设市场中,必须首先在激烈的投标竞争中夺标,进而在中标后,通过高水平的施工管理获取最佳的经济效益。

作为国民经济的重要基础设施和基础产业,交通运输是社会经济发展的重要物质基础,其基本任务是通过提高整个运输业的能力和工作质量,来改善国家各经济区之间的运输联系,进而安全迅速、经济合理地组织旅客和货物运输,保证最大限度地满足社会和国防建设对运输的需求。

目 录

第一章 公路工程概述 ... 1
第一节 公路基本建设程序 ... 1
第二节 公路施工项目管理过程 ... 8
第三节 公路施工项目管理的方法与内容 ... 12
第四节 公路工程施工监理 ... 18

第二章 公路施工建设 ... 23
第一节 路面基层施工 ... 23
第二节 沥青路面施工 ... 29
第三节 水泥混凝土路面施工 ... 35
第四节 桩基础施工 ... 41
第五节 公路工程建设管理 ... 48

第三章 公路货物运输管理 ... 52
第一节 公路货物运输认知 ... 52
第二节 公路货物运输业务流程 ... 58
第三节 公路货物运输费用的计算 ... 69

第四章 运输需求 ... 75
第一节 运输需求概述 ... 75
第二节 货物运输需求 ... 83
第三节 旅客运输需求 ... 94

第五章 运输供给 ... 105
第一节 运输供给概述 ... 105

第二节　运输成本 ··· 118

   第三节　运输的外部性 ··· 125

   第四节　运输企业 ··· 137

第六章　运输市场 ··· 153

   第一节　运输市场结构 ··· 153

   第二节　运输市场中的交易成本 ··· 169

   第三节　运输与政府 ··· 176

   第四节　综合运用 ··· 188

第七章　公路运输统计 ·· 205

   第一节　公路运输统计现状比较与经验借鉴 ······································ 205

   第二节　公路运输统计需求分析 ··· 215

   第三节　全社会公路运输统计 ··· 221

   第四节　公路线路运输统计 ·· 226

   第五节　公路区域运输统计 ·· 229

   第六节　运输地理数据与运输经济区域 ··· 233

第八章　交通运输行业经济统计和交通经济运行分析 ································· 238

   第一节　我国交通运输现状分析 ··· 238

   第二节　我国交通与经济重心关系分析 ··· 239

   第三节　我国交通与经济的弹性关系分析 ··· 241

   第四节　交通的经济收敛性分析 ··· 243

结语 ·· 247

参考文献 ·· 248

第一章 公路工程概述

第一节 公路基本建设程序

一、基本建设及其内容构成

基本建设是指国民经济中建造新的固定资产,从而扩大生产能力或工程效益的过程,在西方国家,相当于国家"资本投资"(Capital Investment)。例如,为了增加社会生产能力,新建工厂、学校、公路、桥梁、码头、矿井、电站、水坝、铁路等;为了扩大生产和提高效益而搭建生产车间、提高路面等级、修建永久性桥梁;为了提高生产效率,改进产品质量,对原有设备及工艺进行整体性技术改造,原有公路的全面改建等,都属于基本建设的范畴。

由此可见,凡是固定资产扩大再生产的新建、改建、扩建、恢复工程的建筑、添置、安装等活动及其与之连带的工作称为基本建设。

在我国,基本建设是发展国民经济,增强综合国力,迅速实现社会主义现代化,提高人民物质文化生活水平和加强国防实力的重要手段。因此,国家历来都十分重视基本建设事业,并制定、颁布了一系列政策、法规。通过十个五年计划,全国范围的大规模基本建设,初步形成了比较完整的工业、交通运输体系和国民经济体系,使历史悠久的中华大地发生了天翻地覆的变化,为我国的改革开放事业和构建社会主义的和谐社会提供了坚实的物质基础。

基本建设工作应包括以下内容:

1. 建筑工程

指消耗建筑材料,使用工程机械,通过施工活动而建成的工程实体,如路基路面、桥梁、隧道、厂房、水坝等构筑物。

2. 安装工程

指基本建设项目需用的各种机械和设备的安设、装配、调试等工作,如工业生产设备公路及大型桥梁所需的各种机械、设备、仪器的安装及调试等。包括生产设备和生活设施。

3. 设备、工具及器具的购置

指属于固定资产的机器、设备、工具、器具等用品的购置，如渡口设备、隧道照明、消防、通风的动力设备；高等级公路的收费监控通信、供电设备、路面养护用的沥青混合料拌和设备、摊铺机械和工具、器具等。

4. 勘察、设计及相关工作

指编制建筑安装工程施工依据的勘察设计文件所进行的工作，如公路工程的可行性研究、初步设计、施工图设计等，以及勘察、设计过程中必须进行的地质调查、钻探、材料试验和技术研究工作、评价、评估、咨询、招标、投标、造价编制、试验研究工作等。

5. 其他基本建设工作

指为确保基本建设工程的顺利实施和正常运行而进行的基础工作，如土地征用、拆迁安置、人员培训工程质量监督、监理、工程定额测定、施工机构迁移工作等。

二、基本建设项目的划分

基本建设工程规模有大小之分，但无论大小都有其自身的复杂性，要进行若干项技术的、经济的和物质形态的工作。为了加强对基本建设工作的管理，便于编制设计文件、概预算文件和施工组织设计文件，便于工程招投标工作和施工管理，必须对基本建设项目进行科学的分解和合理的划分。基本建设工程可以划分为建设项目、单项工程、单位工程、分部工程和分项工程。

1. 建设项目

建设项目也称基本建设项目，是指经批准在一个设计任务书范围内按同一总体设计进行建设的全部工程。建设项目由一个或几个单项工程所组成，经济上实行统一核算，行政上实行统一管理，一般以一个企业（或联合企业）、事业单位或独立工程作为一个建设项目。公路工程以单独设计的公路路线、独立桥梁作为基本建设项目。

2. 单项工程

单项工程也称工程项目，是指建设项目中具有独立的设计文件，建成后可独立发挥生产能力或使用效益的工程。如工业建筑中的生产车间、办公楼、仓库，民用建筑中的教学楼、图书馆、实验室、住宅，公路工程中独立合同段的路线、大桥、隧道等属于单项工程。

3. 单位工程

单位工程是单项工程的组成部分，是指在单项工程中具有单独设计文件和独立施工条件,而又单独作为一个施工对象的工程。如生产车间的厂房修建、设备安装,公路工程中同一合同段内的路基、路面、桥梁、互通式立交、交通安全设施等属单位工程。由此可见,单位工程一般不能独立发挥生产能力和使用效益。

4. 分部工程

是按工程结构、构造或施工方法不同所做的分类,它是单位工程的组成部分。如房屋的基础、地面、墙体、门窗,公路路基的土石方、排水、涵洞、大型挡土墙,桥梁的上、下部构造、引道等均属分部工程。

5. 分项工程

是指通过较为简单的施工过程就能生产出来,并且可以用适当计量单位计算的"假定"的建筑或安装产品。如 $10m^2$ 块石基础、100 m 水泥混凝土路面,一台某型号龙门吊的安装等。必须指出,分项工程只是建筑或安装工程的种基本构成因素,是为了确定施工资源消耗和计算工程费用而划分的一种假定产品,以便作为分部工程的组成部分。因此,分项工程的独立存在是没有意义的,它不像上述项目那样是完整的产品。

三、公路基本建设程序

基本建设程序是指基本建设全过程中各项工作必须遵循的先后顺序。这个顺序是由固定资产的建设过程,即基本建设发展进程的客观规律所决定的。科学的基本建设程序能正确地处理基本建设工作中,制定建设规划、确定建设项目、勘察设计、组织施工、竣工验收等各阶段、各环节之间的关系,指导基本建设工作有计划、按步骤地进行。

公路基本建设程序,是指公路基本建设项目从规划立项到竣工验收的整个建设过程中各项工作的先后顺序,公路基本建设涉及面广,既受地质、气候、水文等自然条件的制约,又受物资供应、技术水平等物质技术条件的影响,同时还需要建设单位与设计、施工、监理、质量监督等单位和部门的协作配合。因此,公路基本建设项目必须严格按照规定的程序实施,依次进行各个方面的工作,才能达到预期的效果,否则将可能给国家造成严重的经济

损失或给工程带来无法弥补的缺陷。

根据原交通运输部颁布的《公路建设监督管理办法》的规定,我国公路建设应当按照国家规定的建设程序和有关规定执行。政府投资公路建设项目实行审批制,企业投资公路建设项目实行核准制。

政府投资公路建设项目的实施,按照下列程序进行:

（1）根据国民经济长远规划及公路网建设规划进行预可行性研究，编制项目建议书；

（2）根据批准的项目建议书进行工程可行性研究，编制可行性研究报告；

（3）根据可行性研究报告和可行性研究报告批复编制项目设计招标文件；

（4）根据批准的项目设计招标文件、资格预审结果和公路建设计划，组织项目设计招标投标；

（5）根据可行性研究报告和可行性研究报告批复编制初步设计文件；

（6）根据批准的初步设计文件，编制施工图设计文件；

（7）根据批准的施工图设计文件，编制项目施工招标文件；

（8）根据批准的项目施工招标文件、资格预审结果和公路建设计划投标；

（9）根据国家有关规定，进行征地拆迁等施工前的准备工作，编制项目开工报告，并向交通主管部门申报施工许可；

（10）根据批准的项目开工报告，组织项目实施；

（11）项目完工后，编制竣工图表、工程决算和竣工财务决算，办理项目交工验收、竣工验收和财产移交手续；

（12）竣工验收合格营运一段时间后，组织项目后评价。

企业投资公路建设项目的实施程度，在编制施工图设计文件之前与政府投资公路建设项目的建设程序有所不同：

（1）根据规划，编制工程可行性研究报告；

（2）组织投资人招标工作，依法确定投资人；

（3）投资人编制项目申请报告按规定报项目审批部门核准；

（4）根据核准的项目申请报告。编制项目设计招标文件、组织项目设计、招标投标编制初步设计文件，其中涉及公共利益、公众安全、工程建设强制性标准的内容应当按项目隶属关系报交通主管部门审查；

（5）根据初步设计文件，编制施工图设计文件；

（6）根据批准的施工图设计文件，编制项目招标文件；

（7）根据批准的项目招标文件、资格预审结果和公路建设计划，组织项目施工招标投标；

（8）根据国家有关规定，进行征地拆迁等施工前准备工作，并向交通主管部门申报施工许可；

（9）根据批准的项目施工许可，组织项目实施，（10）项目完工后，编制竣工图表、

工程决算和竣工财务决算,办理项目交工验收和竣工验收;

(11)竣工验收合格后,组织项目后评价。

为加强公路基本建设项目管理,公路建设还应当按照国家和交通运输部的有关规定实行项目法人制度、招标投标制度、工程监理制度和合同管理制度(通常称为"四项制度")。现将公路基本建设程序各阶段的主要内容分别叙述如下:

1. 前期阶段

(1)项目建议书阶段

项目建议书是建设单位(业主)向国家提出的要求建设某一项目的建议文件,是对建设项目的轮廓构想,这种构想可来自国家、部门和地方的发展规划与计划安排,或来自市场调查研究,或来自某种资源发现。项目建议书应对拟建项目的社会需求进行分析研究,明确为满足此需求所要达到的建设目标,包括经济目标、社会目标和环境目标,并考虑可能承担的风险。

(2)可行性研究阶段

项目建议书批准后,由政府交通主管部门组织项目的可行性研究。可行性研究是对拟建项目在技术上和经济上是否"可行"进行科学分析和论证工作,为项目决策(即该项目是继续实施还是放弃)提供依据。可行性研究的主要任务是通过多方案比较,提出评价意见,推荐最佳方案。

按可行性研究的工作深度,划分为预可行性研究和工程可行性研究两个阶段。预可行性研究应重点阐明建设项目的必要性,通过路勘和调查研究,提出建设项目的规模、技术标准,进行简要的经济效益分析。工程可行性研究应通过必要的测量(高速公路、一级公路必须做)、地质勘探(大桥、隧道及不良地质地段等),在认真调查研究、占有必要资料的基础上,对不同建设方案从技术上和经济上进行综合论证,提出推荐方案。可行性研究报告的文件应符合《公路建设项目可行性研究报告编制办法》的规定。

可行性研究报告经审查批准后,项目才能正式"立项"。大中型项目和限额以上项目的可行性研究报告经批准后,可根据实际需要组成筹建机构,即组建项目法人。一般改建、扩建项目不单独设置机构,仍由原企业负责筹建。

2. 设计阶段

(1)设计招投标及任务书阶段

根据可行性研究报告及可行性研究报告批复编制项目设计招标文件,进行项目设计招标,选择确定项目设计单位。

设计任务书是项目确定建设方案的决策性文件,是编制设计文件的主要依据。设计任务书可由建设单位自行提出,也可由工程咨询公司代为拟定,或由建设单位与设计单位协商确定。

设计任务书的内容包括:建设依据和建设规模;路线走向和主要控制点,独立大桥桥址和主要特点;地理位置、自然条件和社会经济现状;工程技术标准和主要技术指标;设计阶段及完成时间;环境保护、城市规划、抗震、防洪、防空、文物保护等要求和采取的措施方案;投资估算和资金筹措;经济效益和社会效益;建设期限和实施方案。

(2)公路设计阶段划分

公路基本建设项目一般采用两阶段设计,即初步设计和施工图设计。对于技术简单、方案明确的小型建设项目,也可采用一阶段设计,即一阶段施工图设计。对于技术上复杂、基础资料缺乏和不足的建设项目,或建设项目中的特大桥、互通式立交枢纽、地质复杂的长大隧道、高速公路和一级公路的交通工程及沿线设施中的机电设备等,必要时采用三阶段设计,即初步设计、技术设计和施工图设计。

(3)各阶段的设计依据

初步设计应根据批复的可行性研究报告、测设合同及勘测资料进行编制。一阶段施工图设计应根据批复的可行性研究报告、测设合同及定测、详勘资料进行编制。两阶段设计时,施工图设计应根据批复的初步设计、测设合同和定测、详勘资料(含补充资料)进行编制。三阶段设计时,技术设计应根据批复的初步设计、测设合同和定测、详勘资料进行编制;施工图设计应根据批复的技术设计、测设合同和补充定测、详勘资料进行编制。

(4)施工图设计文件组成

不论按几个阶段设计,其中的施工图设计文件由以下十三篇及附件组成:总说明书,总体设计;路线;路基、路面及排水;桥梁、涵洞、隧道;路线交叉;交通工程及沿线设施;环境保护,渡口码头及其他工程;筑路材料,施工组织计划;施工图预算,附件。其中第二篇总体设计只用于高速公路和一级公路,附件内容为补充地质勘探、水文调查及计算等基础资料。

3. 施工阶段

项目在开工建设之前,要做好以下前期准备工作:

(1)预备项目

初步设计已经批准的项目可列为预备项目。国家的预备项目计划,是对列入部门、地方编报的年度建设预备项目计划中的大中型项目和限额以上项目,经过对建设总规模、生产力布局、资源优化配置以及外部协作条件等方面进行综合平衡后安排和下达的。

（2）建设准备的内容

建设准备的主要工作内容有：征地、拆迁和安置；完成施工用水、电、路工程；设备、材料订货；准备施工图纸；监理、施工招标投标。

（3）申报项目施工许可

完成了规定的建设准备和有了开工条件以后，应申报项目施工许可。年度大中型项目和限额以上项目须经国务院批准，国家发展和改革委员会下达项目计划，其他项目可由部门和地方政府批准。

建设项目开工报告一经批准，项目便进入了建设施工阶段。本阶段是项目决策的实施、建成投入使用、发挥效益的关键，因此建设单位、施工企业、监理单位都应认真做好各自的工作。

公路项目开工建设的时间以开始进行土石方施工的日期作为正式开工日期。分期建设的项目，分别按各期工程开工的日期计算。施工活动应严格按照设计要求、技术规程、合同条款、预算投资、施工程序和顺序、施工组织设计，在保证质量、工期、成本等计划目标的前提下进行，达到竣工标准要求，经验收后移交使用。

4、竣工验收及后评价阶段

（1）竣（交）工验收交付使用阶段

竣（交）工验收是建设全过程的最后一道程序，是投资成果转入使用的标志，是建设单位、设计单位和施工单位向国家汇报建设项目的生产能力或效益、质量、造价等全面情况及交付新增固定资产的过程。验收工作在建设项目按施工合同文件的规定内容全部完成后进行。

公路项目验收分为单项工程交工验收和整体项目竣工验收两个阶段。竣工验收由建设主管部门主持，依据国家有关规定组成验收委员会，按照原交通运输部《公路工程竣（交）工验收办法》（2004年3月31日交通运输部令第3号）的要求组织验收。在工程验收前，建设单位要做好以下准备工作：组织设计、施工等单位进行工程初验，并向主管部门提出验收报告；整理技术资料，包括各种文件；绘制竣工图，必须准确、完整、符合档案管理的要求；编制竣工决算。验收合格的工程，应移交使用，并按有关规定办理交接手续。

（2）项目后评价阶段

公路建设项目正常运营一段时间后，再对项目的立项决策、设计施工、竣工验收、生产运营等全过程进行系统评价的技术经济活动,称为项目后评价,它是固定资产投资管理的最后一个环节。通过后评价可以肯定成绩、总结经验、探讨问题、汲取教训,并提出建议,作为今后改进投资规划、评估和管理工作的参考。

项目后评价应经过建设单位自评和投资方评价两个阶段,包括以下内容:评估项目的实际成效,确定项目是否达到了预期目标和设计要求;检查设计、施工各个环节的实际质量;重新计算实际财务效益和国民经济效益。

第二节 公路施工项目管理过程

施工企业通过投标承揽施工任务后,公路施工项目管理要依次经历施工准备阶段、施工阶段、竣(交)工验收阶段、用后服务阶段等,按工程施工承包合同的要求完成施工任务。对于不同规模、不同性质的具体工程项目,施工过程各阶段的具体工作内容不尽相同。

一、投标与签订合同阶段

在社会主义的市场经济条件下,施工企业通过投标竞争,中标后与建设单位签订工程承包合同,承揽施工任务。在工程承包合同中,建设单位为发包人,称为业主;施工企业称为承包人。

建设单位的拟建工程项目具备了招标条件后,便发布招标广告(或邀请函),施工企业见到招标广告(或收到邀请函)后,从作出投标决策至中标签约的过程,实质上是在进行施工项目管理第一阶段的工作。

1. 投标决策

公路施工企业获得工程项目施工招标信息后,从本企业经营战略的高度并结合当前的施工任务情况,由企业决策层作出是否投标争取承包该项目的决策。

2. 收集信息

如果决定投标,就要力争中标。因此,应从当前工程市场形势、施工项目现场状况、竞争对手的实力、招标单位情况,以及企业目前的自身力量等几个方面大量收集信息,为投标书的编制提供可靠资料。

3. 编制投标书

按照招标文件的规定和要求,充分发挥本企业自身的优势,编制既能赢利,又有竞争力,可望中标的投标书。

4.签订工程施工承包合同

如果中标,则在规定期限内与业主单位进行谈判,依法签订工程施工承包合同。

二、施工准备阶段

工程施工承包合同正式生效后,施工企业便应组建项目经理部,然后以项目经理部为主,与企业经营层和管理层配合,进行施工准备,使工程具备开工作业和连续施工的条件。

1.成立项目经理部

施工企业按照工程施工承包合同规定的基本条件确定施工项目经理,成立项目经理部,根据施工项目的规模大小和施工管理工作的实际需要建立管理机构,配备管理人员。

2.制订施工项目管理实施规划

施工项目管理实施规划由施工项目经理负责组织编制。施工项目管理实施规划是整个工程施工管理的执行计划,在施工项目中它还要进一步分解,由施工项目经理、经理部各部门、各工程小组、分包人等在项目施工的各个阶段中执行。

3.进行施工现场准备

施工现场准备包括组织准备、技术准备、物资准备等项工作,主要有:熟悉和核对设计文件,补充调查资料,编制施工组织设计,建立临时生产与生活设施,施工测量、放样,劳务人员培训,材料试验、备料等。通过施工现场准备,使现场具备施工条件,有利于文明施工和场容管理。

4.编写和提交开工报告

各项施工准备工作完成,并具备连续施工作业的条件后,按照施工承包合同规定的期限向监理工程师提交工程开工报告。开工报告的主要内容应包括:施工机构的建立,质量检测体系、安全体系的建立和劳动力安排,材料、机械及检测仪器设备进场情况,水电供应,临时设施的修建,施工方案和总体施工组织设计等。

监理工程师对开工报告进行审查后,将在投标书附录规定的期限内发布开工令。

三、施工阶段

这是一个从工程开工至竣(交)工验收的实施过程。在这一过程中,具体负责施工项目现场管理工作的项目经理部既是决策机构,又是责任机构。企业管理层、建设单位、监理单位在这一阶段中的作用是支持、服务、监督与协调。这一阶段的目标是完成工程施工承包合同规定的全部施工任务,达到竣(交)工验收的要求。

1. 组织施工

收到监理工程师发布的工程开工令之后,施工项目应在投标书附录中规定的开工期内开工。根据工程设计图纸,按照施工项目管理实施规划的安排,精心组织施工和管理,使整个施工活动连续、均衡、协调地进行,直到施工项目竣工。

2. 对施工活动实施动态控制

实现施工项目的质量、进度、成本、安全等目标,是施工项目管理的根本目的。在施工项目的目标控制过程中,经常会受到各种客观因素的干扰,各种风险因素也可能随时发生,为确保按计划实现施工项目的阶段性目标和最终目标,对施工项目的各项目标都必须实施动态控制。

3. 管理好施工现场

良好的施工现场是实现施工项目的目标以及安全生产和文明施工的保障条件之一。管理好施工现场,使场容清新美观、材料放置有序、机械设备整洁、施上有条不紊,为施工项目提供一个能使相关各方都满意的作业环境。

4. 严格履行施工承包合同

开工后的整个施工过程中,项目经理部应严格履行施工承包合同,并认真做好工程分包、合同变更、费用索赔从工程延期等工作。为顺利履行合同,还应协调和处理好内部与外部的各种关系。

5. 做好施工记录

施工记录包括施工原始记录、工序检查记录、隐蔽工程验收记录、材料试验与施工测量记录等。同时还应做好根据施工记录进行的协调、检查、整理、分析等工作,并按时编写和提交各项施工报告。

四、竣(文)工验收阶段

本阶段与建设项目的竣(交)工验收阶段协调、同步进行。目标是对施工项目的最终成果进行检查、总结、评价。公路工程验收分为交工验收和竣工验收两个阶段,小型工程或简易工程项目,经主持竣工验收单位批准后可合并为一次竣工验收。

1. 工程收尾与自验

工程施工承包合同规定的施工任务基本完成后,施工项目应及时进行工程收尾,并为施工项目验收时应提交的资料做好准备,项目经理首先要安排好竣工自验工作。

竣工自验又叫初验,是在施工项目按照承包合同的要求建成后、由项目经理组织各有关施工人员,按照正式验收的标准和要求进行的内部检验。对检查出的缺陷或不符合要求的部分,必须采取措施,定期修竣。全部问题处理完毕之后,项目经理应提请上级主管部门(如公司)进行复验,彻底解决所有遗留问题,为交工验收做好准备。

2. 交工验收

交工验收由建设单位主持,主要是检查施工承包合同的执行情况和监理工作情况,提出工程质量等级建议。

承包人在全面完成所承包的工程并经监理工程师同意后,向建设单位提出交工验收申请。建设单位组织设计、监理、施工、质量监督、接管养护、造价管理等单位的代表组成交工验收组,对工程项目进行全面验收。交工验收的,施工单位要提交验收项目的竣工图表、施工资料、工程施工情况报告等文件供交工验收组审议。验收组将提出交工验收报告,由建设单位报上级交通主管部门核定。

交工验收不合格或有缺陷的工程以及未完工程,由原承包人限期修复、补救、完成。交工验收合格的工程,监理工程师应及时向承包人签发交工证书,同时办理工程的移交管养工作。

3. 竣工验收

按照建设项目的大小,竣工验收由交通运输部或地方交通主管部门主持,主要是全面考核建设成果,总结经验,综合评价建设项目,确定工程质量等级。

经过交工验收各标段均达到合格以上的工程,由建设单位向竣工验收主持单位提出竣工验收申请。竣工验收委员会由验收主持单位、建设单位、交工验收组代表、质量监督、接管养护、造价管理、环境保护、有关银行等单位的代表组成。施工单位要向竣工验收委员会提交关于工程施工情况的报告。

验收委员会将对工程建设、设计、施工、监理等单位进行综合评分,并评定工程质量等级和建设项目等级。验收委员会对合格以上的建设项目签发《公路工程竣工验收鉴定书》,项目所在地的公路工程质量监督部门签发各标段的《工程质量鉴定书》。

4. 竣工结算与总结

工程经竣工验收合格后,业主与承包人之间根据监理工程师签发的"最终支付证书"办理竣工结算。

施工项目总结包括技术总结和经济总结两部分。技术总结的内容是:施工中采用的新技术、新工艺和重大革新项目,以及在合同管理、施工组织、技术管理、工程质量、安全生产等方面采取的措施、取得的成绩和存在的问题。经济总结主要是进行成本分析和经济核算,计算各种经济指标,通过与企业和同类施工项目的有关数据对比,总结经验教训,以利进一步提高施工项目的管理水平。

五、用后服务阶段

这是施工项目管理的最后一个阶段,主要包括施工项目在缺陷责任期和保修期的工作。其目的是保证使用单位正常使用,发挥效益。

交工验收合格的工程,在合同规定的期限内移交业主,施工项目即进入缺陷责任期。在缺陷责任期内,应尽快完成在交工证书中写明的未完成工作,对本工程存在的缺陷、病害或其他不合格之处按监理工程师的指令进行修补、重建及复建。

缺陷责任期终止后,施工项目即进入保修期。在保修期内承包人应对由于施工质量原因造成的损坏进行自费修复。还应进行工程回访,听取使用单位意见,观察项目的使用情况,开展必要的技术咨询和服务活动。

第三节 公路施工项目管理的方法与内容

一、施工项目管理及其特点

施工项目是指由建筑企业从施工投标开始到工程保修期满为止的施工全过程中完成的项目。施工项目的任务范围由施工合同界定,可以是一个建设项目的施工活动,也可以是一个单项工程或单位工程的施工活动。

施工项目管理是建筑企业管理的组成部分,是建筑企业运用系统工程的概念、理论和方法对施工项目通过计划、组织、指挥、控制、监督、协调、核算、信息反馈等一系列活动进行的全过程的全面管理。施工项目管理有以下特点:

1. 施工项目管理的主体是建筑企业

施工项目管理由建筑施工企业独立实施。建设单位和监理单位在工程施工阶段对施工项目进行的管理(如征地、进度和质量控制、验收等)属于建设项目管理的范围,不能算作施工项目管理。设计单位不进行施工项目管理。

2. 施工项目管理的对象是施工项目

施工项目管理工作针对特定的施工项目开展,管理工作的周期从工程投标开始到项目保修期结束时止。施工项目管理的特殊性主要表现在:生产活动与市场交易活动同时进行;先有交易活动,后有产品(竣工项目);交易双方都要进行生产管理,生产活动和交易活动很难分开。

3.施工项目管理的内容是按阶段变化的

从施工投标开始到工程保修期满为止的各个阶段,施工项目管理的内容差异很大,因此必须针对不同阶段的具体情况进行动态管理,优化组合施工资源,提高施工效率和效益。

4.施工项目管理要求强化组织协调工作

公路施工项目是必须一次完成的单件性土木产出物,一旦发生工程质量不合格、影响环境或其他问题,则难以补救,将产生严重后果。另外,施工项目工期长、大量的野外露天作业、施工人员流动性大、需要巨额资金和种类繁多的资源,加之施工活动还涉及复杂的经济、技术、法律、行政和人际等关系,因此,施工项目管理中的组织协调工作就显得十分重要。

施工项目管理与建设项目管理是两种平等的工程项目管理的分支。建设项目管理是站在投资主体(即建设单位)的立场对建设项目从可行性研究开始,经过勘察、设计、施工等阶段的全部建设过程进行的综合性管理;而施工项目管理是由建筑企业在项目的施工阶段对项目的施工活动进行的管理,两者之间各自独立而又密切联系。从工程项目的招标、投标至竣(交)工验收这一阶段(即建设项目的施工阶段),建设项目管理和施工项目管理同步平行进行,彼此交叉,相互依存和制约。

施工项目管理也不同于建筑企业管理。建筑企业管理的对象是整个企业,自然包括对施工项目的监督和指导,而施工项目管理以施工承包合同确定购内容为最终管理目标,由施工企业的法定代表人授权的项目经理负责的项目经理部为管理主体,对施工项目实施管理。

二、施工项目管理的基本方法

施工项目管理的基本方法是"目标管理法"。目标管理法是现代科学管理方法之一,广泛应用于经济领域和管理领域。为了实现各项具体的目标,还有其他适用的专业方法,如在施工项目管理中,控制进度目标用"网络计划方法";控制质量目标用"全面质量管理方法";控制成本目标用"可控责任成本方法";控制安全目标用"安全责任制"。

1.目标管理法

目标管理以被管理活动的目标为中心,将经济活动和管理活动的任务转换成具体的目标,运用现代管理技术和行为科学,借助人们的事业心、能力、自信、自尊等,实行自我控制,促成目标实现,从而完成经济活动的任务。目标管理的全体成员要亲自参加工作目标的制订,并以目标指导行动,因此,目标管理是面向未来的管理,是主动的、系统性的整体管理,是特别重视人的主观能动性、参与性和自主性的管理。

2. 网络计划方法

网络计划方法是控制施工项目进度最有效的方法,尤其对复杂的大型项目的进度控制,更显其不可替代的优越性。随着计算机在网络计划技术中的应用日益普及,网络计划方法将在项目管理的进度控制中发挥越来越大的作用。

应用网络计划方法应注意以下几点:认真执行网络计划的有关标准,使网络计划规范化、进度管理集约化;遵循网络计划应用的一般程序,即准备、绘制网络图、时间参数计算与确定关键线路、优化并正式编制网络计划、实施与调整网络计划、总结与分析;采用先进的网络计划应用软件,对施工项目进度进行快速、准确的有效控制;不断总结和积累应用网络计划的经验,提高进度控制的水平,处理好网络计划技术与流水作业计划的关系,应根据项目的具体情况选用适合的进度控制方法。

3. 全面质量管理方法

全面质量管理方法自20世纪60年代诞生以来,对实现质量管理科学化和促进产品质量水平的提高都发挥了重大作用,至今仍然是控制施工项目质量员有效的方法。简单地说,全面质量管理是"全员参与施工项目全过程和全部要素的质量管理",通过各种层面的PDCA(计划—执行—检查—处理)循环,在全员范围开展"QC小组"活动,最终确保实现质量目标。用全面质量管理方法控制施工项目质量应注意以下几点:全面质量管理是全企业的管理,企业和项目都应按照全面质量管理方法进行管理;数理统计方法是全面质量管理的工具,要充分利用这个工具为全面质量管理决策服务;处理好与ISO9000-2000族标准的关系,全面质量管理是方法,ISO9000是标准,两者是统一的,不可相互替代;工序控制和质量检验是重点,是有效提高施工项目质量水平的关键。

4. 可按责任成本管理方法

成本是施工项目中各种消耗的综合价值体现,也是施工项目管理效果的重要指标,因此,施工项目管理必须进行成本控制。可控责任成本方法是成本控制的主要方法。施工项目的操作者和管理者都有控制成本的责任,可控责任成本是指责任者可以控制住的那部分成本,可控责任成本方法是通过明确每个责任者的可控责任成本目标而达到对每个生产要素进行成本控制,最终实现有效控制施工项目总成本的方法。该方法的本质是成本控制责任制,也是"目标管理法"责任目标落实的方法。

可控责任成本方法的关键是责任制,因此,要建立和落实每个责任者(操作者和管理者)、各部门和各层次的成本责任制,项目经理部全体成员概莫能外。在实施过程中要加强各级各类成本核算,确保可控责任成本取得实效。

5. 安全责任制

安全责任制是通过制度规定每个施工项目管理成员的安全责任,是施工项目安全控制的主要方法。安全责任制是岗位责任制的组成内容,项目经理、管理部门的成员、作业人员都要承担相应岗位的安全责任。安全责任制中还包含承担安全责任的保证制度,即进行安全教育,加强安全监督、检查与考核等。

三、施工项目管理的主要内容

施工项目管理由以项目经理为首的项目经理部负责实施,管理的客体是具体工程项目的施工活动及其相关的生产要素。国家标准《建设工程项目管理规范》(GB/T 50326-2001)规定了施工项目管理的基本内容。

1. 建立施工项目管理机构

(1)选聘称职的施工项目经理

施工项目经理是经承包人的法定代表人授权对工程项目施工过程全面负责的项目管理者,是承包人在施工项目上的委托代理人。施工项目经理由企业采用适当的方式选聘或任命。

(2)建立施工项目经理部

根据施工项目管理的组织原则,结合工程规模和特点,选择合适的组织形式,建立施工项目经理部,并明确各部门、各岗位的责任、权限和利益。项目经理部是项目经理领导下的施工项目管理机构,负责对施工项目全过程的施工生产经营活动的管理。

(3)制订管理制度

在符合企业规章制度的前提下,根据施工项目管理的需求,制定施工项目经理部管理制度。

2. 编制施工项目管理规划

(1)工程投标前编制施工项目管理规划大纲

在工程投标前,由企业管理层按招标文件要求编制施工项目管理规划大纲,对施工项目管理自投标到保修期满进行全面的纲领性规划。

(2)工程开工前编制施工项目管理实施规划

在工程开工前,由项目经理负责组织编制施工项目管理实施规划,作为施工项目从开工到竣(交)工验收整个工程施工管理的执行计划。

3. 施工项目的目标控制

在施工项目管理的全过程中,必须对项目的质量、进度、成本和安全目标进行控制,确保实现整个施工项目的管理目标。控制的基本过程是：

(1)确定各项目标的控制标准。

(2)在实施过程中,通过检查、对比,分析目标的完成情况。

(3)将分析结果与控制标准进行比较,若有偏差,找出原因,采取措施以保证目标的实现。

4. 生产要素管理

施工项目生产要素管理是指对施工中使用的人工、材料、机械设备、技术和资金等施工资源进行的计划、供应、使用、检查和改进等管理过程,目的是降低消耗、减少支出、节约物化劳动和活劳动。

(1)人力资源管理

人力资源不是简单的劳动力,而是指能够推动经济和社会发展的劳动者的能力,是关系到企业生存和发展的一种重要战略资源。作为施工项目的人力资源管理,主要是指对体力劳动者进行的劳务管理。对脑力劳动者的管理,纳入项目经理部的管理范围。

人力资源管理是一个动态管理过程。项目经理部对施工现场的劳动力管理应做到：按施工进展进行劳动力跟踪平衡,根据需要进行补充或减员,向企业劳动管理部门提出申请计划,实行有计划地作业,向作业班组下达施工任务书,根据执行结果进行考核、支付费用和奖励；加强对劳务人员的教育、培训、思想管理工作,对作业效率和质量进行检查。

(2)材料管理

材料管理对节约现场费用、降低工程成本具有重要意义。材料管理应满足以下要求：编制材料需用量计划；按计划供应材料,优选临时仓库地址；严把材料进场关,保证计量设备质量,材料的试验、检验必须符合质量要求；做好材料库存管理；建立限额领料制度和材料使用台账、实施材料使用监督制度、退料和回收制度。

(3)机械设备管理

机械设备的使用是管理工作的重点,而使用的关键是提高效率,要提高效率就必须提高机械设备的完好率和利用率。机械设备管理的职责是：编制机械设备使用计划,并报企业管理层审批；对进场的机械进行安装、调试、验收；做好机械设备的维护和管理；采用技术、经济、组织、合同等手段保证机械设备合理使用。

(4)技术管理

技术管理包括：图纸审查与会审；工程变更洽商；编制施工方案,技术交底；对分包人的技术管理进行服务和监督；参加施工预验收、隐蔽工程验收、分部分项工程验收、结构验收、交工验收和竣工验收；实施技术措施计划；技术资料管理。

（5）资金管理

项目经理部通过对资金的使用管理，实现保证收入、减少支出、防范风险、提高经济效益的目的。资金管理工作有：编制资金收支计划，并上报审批，配合企业财务部门及时进行资金计划；控制资金使用；做好资金分析。

5. 合同管理

合同管理的内容包括与施工项目有关的施工合同、分包合同、买卖合同、租赁合同和借款合同等的订立、履行、变更、终止，以及解决合同争议。项目经理作为承包人在施工项目上的委托代理人，应按照施工合同认真完成所承接的施工任务，承担合同约定的义务，并行使相应的权利。

项目经理部合同管理的主要任务是实施和履行施工合同。项目经理部应向各职能部门的管理人员进行合同交底，落实合同目标，用合同指导工程施工和项目管理工作，按规定进行合同变更、索赔、转让和终止。

6. 信息管理

对工程施工中发生的信息进行收集、整理、分析、处理、储存、传递、应用的过程称为施工项目的信息管理，是现代项目管理的一大支柱。信息管理必须适应施工项目管理的需要，建立信息管理系统，及时收集和准确、完整地传递信息，并配置信息管理人员。

施工项目应建立以项目经理为中心的信息管理系统。信息管理系统要满足项目经理部全部管理工作的需要，应做到目录完整，层次清晰、结构严密，信息齐全，表格自动生成，方便输入、处理、修改、储存、发布，与建设各阶段和各有关专业有良好的接口，相关单位、部门和管理人员能信息共享。

7. 现场管理

施工项目的各项施工作业活动和相关管理工作，是以施工现场为平台进行联系和实施的，因此，施工现场管理不仅直接关系到施工作业任务的完成，而且对文明施工、安全生产、环境保护等都具有极其重要的意义。施工现场管理的依据是国家颁布的有关法律、法规、规定和项目经理部编制的施工平面图。

施工现场管理的总体要求是：文明施工，安全有序，整洁卫生，不扰民，不损害公众利益；现场入口处设立有关公示牌；项目经理部应经常巡视施工现场，发现问题及时整改；用施工平面图规范场容管理；按规定做好环境保护、防火保安、卫生防疫等工作；进行施工现场的综合考评。

8.组织协调

施工项目的组织协调，就是按一定的组织形式、方法和手段，疏通项目管理中的各方关系，排除施工过程中产生的各种干扰的过程。组织协调的内容包括人际关系、组织机构之间的关系、供求关系和协作配合关系等。

施工中需要协调的关系有三种：企业内部关系，属于行政关系；近外层关系，是由合同确定的关系，如承包人与业主、监理单位之间的关系；远外层关系，是由法律和社会公德确立的关系，如企业与政府监督部门、地方行政管理部门等之间的关系。

第四节　公路工程施工监理

一、施工监理的作用

工程监理制度是交通运输部规定的公路建设管理四项制度之一，它是随着我国经济体制改革的深化和社会主义市场经济的形成，自20世纪80年代中期以来在工程建设中逐步实施的一种与国际接轨的工程建设管理的新体制和新模式。工程监理通过对工程建设参与者的行为进行监控、督导和评价，并采取相应的管理措施，保证工程建设行为符合国家法律、法规和有关政策，制止建设行为的随意性和盲目性，促使工程建设费用、进度、质量按计划（合同）实现，确保工程建设行为的合法性、科学性、合理性和经济性。根据交通运输部的规定，公路工程的监理目前在公路施工阶段实施，因此也称为"施工监理"。公路工程施工监理制度，是以国际通用FIDIC土木工程施工合同条件为基础，形成建设单位、施工单位、监理单位三方相互制约，以监理单位为核心的管理模式。实行施工监理制度，使建设各方的权利、义务和责任更为合理、明确，有利于克服随意性，增强合同意识，提高管理水平；突破了建设单位事无巨细统揽一切的小生产管理方式的局限性，有利于积累经验，促进建设项目管理向专业化、社会化方式转变；突出了监理单位的管理作用，有利于预防和减少建设单位与施工单位双方发生的纠纷，促使建设活动顺利进行。

由于公路工程与国民经济的发展和人民生活的关系十分密切，公路建设又受到各种条件的限制，施工难度是很大的。为了保证公路工程的质量，控制工期和工程费用，提高投资效益及工程管理水平，凡列入基本建设计划的公路工程项目，都应实行"政府监督、社会监理、企业自检"的质量保证体系。政府监督，指承包人（施工单位）

和施工人员、监理单位及监理人员、业主(建设单位)的项目管理人员等均应接受政府交通主管部门和公路工程质量监督部门的管理和监督检查。社会监理,指建设单位委托监理单位对施工项目实施全面的监督管理,监理单位和监理人员应按照"严格监理、热情服务、秉公办事、一丝不苟"的原则认真做好监理工作。企业自检,即施工企业在公路施工过程中应加强管理,自行把好质量关。

二、监理工作的组织过程

1. 选择监理单位

监理单位是在工程施工招标之前由业主(建设单位)确定的。业主对监理单位的选择,可通过招标、聘请、委托等方式进行。

承担公路工程施工监理业务的单位,必须是经交通运输部审批,取得公路工程施工监理资格等级证书,具有法人资格的社会监理单位,并按批准的资格等级承担相应的施工监理业务。

2. 签订监理服务合同

监理单位确定之后,业主与监理单位双方必须签订监理服务合同,即用书面形式确定双方的责任和权利。监理服务合同是一个对业主和监理单位双方都具有法律约束力的文件。

监理合同文件由合同协议书、合同通用条件、合同专用条件和附件组成。主要内容应包括:委托监理工程的概况;监理服务的形式、范围与内容;监理单位的职责;建设单位的职责;监理服务的费用与支付办法;违约责任及赔偿等。

3. 组建监理机构

监理单位承接监理任务后,应考虑项目组成、工程规模、难易程度、合同工期、地理位置、现场条件等因素,根据不同情况设置现场监理机构,对公路工程施工的监理工作实行统一管理。

现场监理机构一般按工程施工招标合同设置基层监理机构,可视工程的具体情况分别设置一级、二级或三级监理机构。一级监理机构设置总监理工程师办公室,适用于特大桥、隧道等集中工程项目或小型公路工程项目;二级监理机构设置总监理工程师办公室和高级驻地监理工程师办公室,适用于一般大中型公路工程项目;三级监理机构是当建设项目为两个以上独立工程项目或跨省、直辖市、自治区时,在上述二级监理机构中间再设置项目监理部。

4. 确定监理人员

监理人员由以下三部分构成:

（1）监理工程师，包括总监理工程师、总监理工程师代表、高级驻地监理工程师、专业监理工程师；

（2）监理员，包括测量、试验人员和现场旁站人员；

（3）其他人员，包括文秘、翻译、行政、后勤人员。

各级监理机构中的人员构成及数量，根据被监理工程的类别、规模、技术复杂程度，以能够对工程实施有效监理为原则进行配备。

5. 实施工程监理

监理的主要依据有：国家有关公路工程建设的政策、法律和法规，政府批准的建设计划、规划、设计文件，以及公路工程的有关技术标准、规范、规程等；业主和承包人签订的施工合同文件，监理单位与业主签订的监理服务合同文件；公路施工过程中，监理工程师与承包人围绕工程实施的有关会议记录、纪要、函电和其他文字记载，以及经监理工程师批准的图纸、签发的指令等。

监理工作贯穿在公路工程施工的各个阶段，各监理阶段的划分及相应的监理任务如下：

（1）施工准备阶段的监理

监理合同签订后，即进入施工准备阶段监理。在这一阶段，监理工程师应熟悉合同文件；制订监理程序，了解现场用地占有权和使用权的解决情况；核查设计图纸，复核定线数据；审查承包人的自检系统，以及工程总进度计划、现金流动估算、临时用地计划，准备第一次工地会议；发布工程开工令等。

（2）施工阶段的监理

工程开工后，监理工程师应集中力量，严格按照合同要求对工程施工的质量、进度和费用实施监理，做好合同管理和信息管理等工作。

（3）竣（交）工及缺陷责任期阶段的监理

在工程竣（交）工或部分（单位工程、分部工程）交工后签发交接证书，对未完成的工程进行监理和对工程缺陷的修补、修复及重建进行监理。本阶段应视同施工阶段监理一样，认真做好各项监理工作。

6. 提交监理报告

在工程施工期间要做好监理记录和工程监理月报。在工程结束后，监理工程师应提交监理工作报告，报送建设单位和上级主管部门。

工程监理报告的内容一般为：工程概况，监理组织机构及工作起、止时间；关于工程质量、进度、费用的监理及合同管理的执行情况，分项、分部、单位工程质量评估；工程费用分析；对工程建设中存在问题的处理意见和建议；监理过程中的照片或录像等。

监理工程师与业主、承包人或指定分包人之间有关工程质量、进度和费用的一切往来函件和报表，以及监理工作的各种文件、记录、报告、图纸、资料等、都应分类整理、编号，建立档案，按规定保存。

三、施工监理的内容

公路工程施上监理的主要内容，可分为工程质量监理、工程进度监理、工程费用监理、合同管理、信息管理、组织协调。通常称为"三监控、两管理、一协调"。

1. 工程质量监理

工程项目的质量控制分为业主的质量控制、承包人的质量控制和政府的质量控制。业主的质量控制是通过合同形式委托社会监理单位而实施的监理工程师质量目标管理，即工程质量监理。承包人的质量控制，靠承包人的质量自检体系来实现。政府的质量控制，通过行政主管部门及各级质量监督站来实现。因此，工程质量不是单一的技术管理，而是技术、经济与法律在公路工程质量上的统一体现。

质量监理的依据是：合同条件、合同图纸、技术规范和质量标准。监理人员应对施工全过程进行检查、监督和管理，制止影响工程质量的各种不利因素，使承包人提交的工程项目符合合同图纸、技术规范、使用要求和验收标准。

监理工程师应建立完整的质量监理组织体系，以保证对所有施工环节进行有效的控制。质量监理组织体系中应根据工程规模的大小和复杂程度，设置材料、试验、测量、计量及各工程项目的专业技术岗位，并明确其名称和职责。

从开工报告到工序质量检查，都要按规定程序进行控制。对现场质量的控制、质量缺陷与质量事故处理，都是质量监理的工作内容。

2. 工程进度监理

每个工程项目，般情况下在合同文件中对工期都做了明确的规定。承包人应根据合同规定的工期进行计划安排，制订出切实可行的工程施工进度计划。监理工程师的主要任务是审批承包人编制的施工进度计划。并对已批准的施工进度计划的执行情况进行监督，从全局出发，掌握影响施工进度计划所有条件的变化情况。对施工进度计划的执行进行控制。当可能发生工期延误时，监理工程师应及时要求承包人采取加强施工计划管理和技术管理的措施，重新修订或调整施工进度计划，增加施工机械或人力，以确保在竣工期限内完成工程施工任务。

3. 工程费用监理

工程费用包括合同文件中工程量清单内所列以及因施工单位索赔或建设单位未履行义务而涉及的一切费用。监理工程师应在质量符合标准、工期遵照合同要求的基础上对工程费用进行监理。

费用监理工作中,应尽可能合理地减少工程量清单中所列费用以外的附加支出,达到控制费用的最佳效果。为此,要求监理工程师必须熟悉技术规范、工程量清单及工程量清单说明的内容,掌握工程具体项目的工作范围和内容、计量方式和方法等。

4. 合同管理

公路工程施工涉及建设单位、设计单位、材料设备供应单位、施工单位、工程监理单位等。为使建设项目各有关单位之间建立起有机的联系,相互协调、默契配合、共同实现工程项目的进度、质量、费用三大管理目标,一个重要的措施就是通过合同,利用经济与法律相结合的方法,将各单位在平等互利的原则上建立起密切的权利义务关系。

公路工程施工监理必须熟悉合同,掌握合同,利用合同对工程施工过程的进度、质量、费用实施有效的管理。合同管理的主要内容包括工程分包、工程变更、工程延期、费用索赔、工程计量与支付、工程保险、业主违约、承包人违约等。理解和熟悉合同的主要内容,对监理工程师、建设单位代表和施工人员都是十分必要的。

5. 信息管理

公路工程监理的实施过程中,在工程费用控制、质量控制、进度控制、合同管理等方面,以及在试验、环境、监理工作有关各方之间都将产生大量的信息。信息管理包括信息的收集、传递、处理、存储、发布等内容。

由于公路工程投资巨大、建设期长、质量要求高、涉及各种合同,同时使用的机械、设备多,材料消耗数量大,因此,信息管理采取人工决策与计算机辅助管理相结合的手段,达到工程监理的高效、迅速、准确。信息管理的基本方法是建立信息的编码系统,明确信息流程,制订信息采集制度,利用高效的信息处理手段分析和处理信息,从而科学地为监理工程师的决策提供准确可靠的依据。

6. 组织协调

监理处于建设单位和施工单位之间的第三方,又处于工程建设过程中实施监督和管理的核心地位,因而具有组织协调工程建设参与各方的能力,这也是公路工程施工监理的一项主要内容。

第二章　公路施工建设

第一节　路面基层施工

一、半刚性基层施工

半刚性基层的混合料可在拌和厂（场）集中拌和，也可沿路拌和，故施工方法有厂拌法和路拌法之分。高速公路和一级公路的半刚性基层对强度、平整度等技术性能有很高的要求，应采用施工质量好、进度快的厂拌法施工；其他公路的半刚性基层可用路拌法施工。

（一）铺筑试验路

高速公路和一级公路或使用新技术、新材料及新工艺的半刚性基层，在大面积施工前，应先铺筑一定长度的试验路。通过试验路的铺筑，施工单位可进行施工工艺的优化，找出施工过程中存在的主要问题，取得实现成功施工的经验，为大面积基层的铺筑确定合适的施工方法，同时还可检验拌和、运输、碾压、养生等施工设备的可靠性。根据试验路铺筑的具体情况，制订合理可行的施工组织计划，检验铺筑的半刚性基层质量是否符合设计和规范要求，并提出质量控制措施。此外，设计和建设单位也可对试验路的实际使用效果进行分析，对所设计的路面结构形式、混合料组成设计、基层的路用性能等一系列指标进行再次论证。从而优选出经济、适用的路面结构方案，并确定最终采用的基层类型及混合料配合比。

（二）厂拌法施工

厂拌法施工是在中心拌和厂（场）用强制式拌和机、双转轴浆叶式拌和机等拌和设备将原材料拌和成混合料，然后运至施工现场进行摊铺、碾压、养生等工序作业的施工方法。无拌和设备时，也可用路拌机械或人工在现场分批集中拌和；之后，再进行其他工序的作业。厂拌法施工前，应先调试用于拌和、摊铺、碾压等工序的设备，使之处于良好的工作状态。拌和前应进行适当的试拌，使大量拌和的混合料组成符合设计要求。

1. 下承层准备与施工放样

半刚性基层施工前应对下承层（底基层或土基）按施工质量验收标准进行检查验收，验收合格后方可进行基层施工。下承层应平整、密实，无松散和"弹簧"等不良现象，并符合设计高程、横断面宽度等几何尺寸要求。注意采取措施做好基层施工的临时排水工作。

施工放样主要是恢复路中线，在直线段每隔 20m、曲线段每隔 10~15m 设一中桩，并在两侧路肩边缘设置指示桩，在指示桩上明显标记出基层的边缘设计高程及松铺厚度的位置。

2. 备料

半刚性基层的原材料应符合质量要求。料场中的各种原材料应分别堆放，不得混杂。运到料场的水泥应防雨防潮，准备使用的石灰应提前洒水，使石灰充分消解。石灰和粉煤灰过干会随风飞扬而造成污染，过湿又会成团而不便于施工，因此，应适时洒水或设遮雨棚，使之含有适宜的水分。在潮湿多雨地区施工时，血采取有效措施使细粒土、结合料免受雨淋。

3. 拌和与摊铺

拌和时应按混合料配合比要求准确配料，使集料级配、结合料剂量等符合设计要求，并根据原材料实际含水率及时调整加入拌和机内的水量。水泥稳定类和工业废渣稳定类混合料的含水率可比最佳含水率大 1%~2%，而石灰稳定类混合料的含水率可比最佳含水率小 1%~2%，这样可获得较好的压实效果。

拌和好的水泥稳定土混合料和水泥石灰稳定土混合料应尽快运到施工现场摊铺并碾压成型，以免因时间过长而使混合料强度损失过大。工业废渣稳定类混合料在 24h 内进行摊铺碾压即可。运输混合料的距离较长时，应用篷布等覆盖混合料以免水分损失过大。

高速公路和一级公路的半刚性基层应用沥青混合料摊铺机、水泥混凝土摊铺机或专用稳定土摊铺机摊铺，这样可保证基层的强度及平整度、路拱横坡、高程等几何外形质量指标符合设计和施工规范要求。摊铺过程中应设专人跟随摊铺机行进，以便随时消除粗、细集料严重离析的部位。应严格控制基层的厚度和高程，禁止用薄层贴补的办法找平，确保基层的整体承载能力。拌和机与摊铺机的生产能力应相互协调，避免出现机械停工待料和生产能力不足的问题。

4. 碾压

碾压是使半刚性基层获得强度和稳定性的关键工序。摊铺整平的混合料应立即用12t以上的振动压路机、三轮压路机或轮胎压路机碾压。必须分层碾压时,最小分层厚度不应小于10cm。碾压时应遵循先轻后重的次序安排各型压路机,以先慢后快的方法逐步碾压密实。在直线段由两侧向路中心碾压,在平曲线范围内由弯道内侧逐步向外侧碾压。碾压过程中若局部出现"弹簧"、松散、起皮等不良现象时,应将这些部位的混合料翻松,重新拌和均匀再碾压密实。

水泥稳定类混合料从开始加水拌和到碾压完毕的时间称为延迟时间。混合料从开始拌和到碾压完毕的所有作业必须在延迟时间内完成,以免混合料的强度达不到设计要求。厂拌法施工的延迟时间为2h。

5. 养生与交道管制

半刚性基层碾压完毕,应进行保温养生,养生期不少于7d。水泥稳定类混合料在碾压完成后立即开始养生,石灰或工业废渣稳定类混合料可在碾压完成后3d内开始养生;养生期内应使基层表面保持湿润或潮湿,一般可洒水或用湿沙、湿麻布、湿草帘、低黏质土覆盖,基层表面还可采用沥青乳液做下封层进行养生。水泥稳定类混合料需分层铺筑时,下层碾压完毕,待养生1d后即可铺筑上层;石灰或工业废渣稳定类混合料需分层铺筑时,下层碾压完即可进行铺筑,下层无须经过7d养生。养生期间应尽量封闭交通,若必须开放交通时,应限制重型车辆通行并控制行车速度,以减少行车对基层的扰动。

(三)路拌法施工

路拌法施工是将集料或土、结合料按一定顺序均匀平铺在施工作业面上,用路拌机械拌和均匀并使混合料含水率接近最佳含水率。随后进行碾压等工序的作业。路拌法施工的流程为:下承层准备→施工测量→备料→摊铺→拌和→整形→碾压→养生。其中,下承层准备、施工测量、碾压及养生的施工方法和要求与厂拌法施工相同。

路拌法施工时,备料在准备完毕的下承层上进行。首先根据铺筑层的宽度、厚度及预定达到的干密度计算各施工段所需干集料的数量。其次是根据混合料的配合比、原材料含水率及运输车辆的吨位计算各种原材料每车的堆放距离;对于水泥、石灰等结合料,当以袋(或小翻斗车)为计量单位时,应计算每计量单位结合料的堆放距离。这样分层堆放的原材料经摊平、拌和后得到的混合料更容易符合规定的配合比要求。

通常先堆放集料或土,用自动平地机等适合的机械或人工按铺筑试验路确定的松铺系数摊铺均匀,然后按上述计算结果堆放结合料并摊平,摊铺应使混合料层厚度均匀。摊铺完毕,用稳定土拌和机、农用旋耕机或多铧犁进行拌和、拌和深度应达到稳定层底部,略扰动下承层,使基层与下承层结合良好。在拌和过程中,应设专人跟随拌和机行进,以便随时调整拌和深度并检查拌和质量。混合料应充分拌和均匀,严禁在拌和层底留有夹层,否则会严重影响稳定层的强度和稳定性。拌和时应适时检查混合料的含水率,若含水率不符合设计要求,应通过自然蒸发或补充洒水,使之处于最佳值,并再次拌和均匀。

混合料拌和均匀后,立即用平地机初平、整形。在直线段,平地机由两侧向路中心刮平;在曲线段,平地机由内侧向外侧刮平。初平后,用拖拉机、平地机或轮胎式压路机快速碾压1~2遍,使可能的不平整部位暴露出来,再用平地机整形,如此反复1~2遍。整形过程中要及时消除集料离析现象,特别是粗集料集中的部位。低洼处应用齿耙将距表面5cm深度范围内的混合料耙松,再用新拌和的混合料找平。初步整形后,应检查混合料松铺厚度,并进行必要的补料和减料。碾压作业与厂拌法施工相同。碾压结束前,用平地机再最终找平一次,使基层纵向顺适,路拱、超高、高程等符合设计要求。特别要将高出部分刮除并扫出路外,以保证上层路面结构的有效厚度。

(四)施工应注意的问题

1. 施工季节

半刚性基层宜在春末或夏季组织施工。施工期间的最低气温应在5℃以上;在冰冻地区,应保证在结冻前有一定成型时间,即在第一次重冰冻(-35℃)到来之前的半个月到一个月(水泥稳定类)或一个月到一个半月(石灰、工业废渣稳定类)完成。若不能达到上述要求,则碾压成型的半刚性基层应采取覆盖措施,以防止冻融破坏。多雨地区应避免在雨季施工石灰土结构层。雨季施工水泥稳定土或石灰稳定中、粗粒土时,应特别注意气候变化,采取措施避免结合料或混合料遭雨淋。降雨时应停止施工,及时排除地表水,使运到路上的材料不过分潮湿。已经摊铺的混合料应尽快碾压密实。

2. 接缝及"掉头"处的处理

无论用厂拌法还是路拌法施工,均应尽量减少横向接缝和纵向接缝,必须设置接缝时应妥善处理。对于水泥稳定类基层,同一天施工的两个作业段衔接处应搭接拌和,即前一段拌和后留下5~8m长的混合料不碾压,待后一段施工时,在前一段未碾压的混合料中加入水泥,并拌和均匀。每一工作日的最后一段水泥稳定类基层完工后,应将末端设置成垂直端面,以保证接缝处有良好的传荷能力。对于石灰稳定类和工业废渣稳定类基层,同一天施工的两作业段衔接处可按前述方法处理,但不再添加结合料。施工过程中出现的纵向接缝应设置成垂直接缝,接缝区的混合料应充分碾压密实。拌和机等施工机械不应在已碾压成型的稳定类基层上"掉头",制动或突然起动。若必须进行这些操作时,应采取有效的措施保护基层。

3.水泥稳定类混合料基层施工作业段长度的确定

确定水泥稳定类混合料基层的施工作业段长度应考虑水泥的终凝时间、延迟时间、工程质量要求、施工机械效率及气候条件等因素。延迟时间宜控制在3~4h内,不得超过水泥的终凝时间。在保证混合料强度符合要求的前提下,尽可能增长施工作业段长度。为此,水泥稳定类基层应采用流水作业法组织施工,使各工序紧密衔接,尽可能缩短延迟时间以增加施工流水段长度。一般条件下,每作业段长度以200m为宜。

二、粒料类基层施工

粒料类基层是由有一定级配的矿质集料经拌和、摊铺、碾压后,当强度符合规定时得到的基层。按强度形成原理的不同,矿质集料分为嵌挤型和密实型两种类型。嵌挤型粒料包括泥结碎石、泥灰结碎石、填隙碎石等,这种基层的强度靠颗粒之间的摩擦和嵌挤锁结作用形成。密实型粒料具有连续级配,故也称级配型基层,材料包括级配碎(砾)石、符合级配要求的天然沙砾等。

(一)粒料类基层及其材料质量要求

1.级配碎石基层

级配碎石基层由粗、细碎石和石屑各占一定比例、级配符合要求的碎石混合料铺筑而成。级配碎石基层适用于各级公路的基层和底基层,还可用作较薄沥青面层与半刚性基层之间的中间层,起减轻和消除半刚性基层开裂对沥青面层影响的作用,避免出现反射裂缝。

级配碎石基层的强度主要由碎石颗粒间的密实、填充作用形成,对碎石颗粒的强度要求很高。碎石的压碎值应符合以下要求:高速公路和一级公路基层,不大于26%;高速公路和一级公路底基层、二级公路基层,不大于30%;二级公路底基层及二级以下公路基层,不大于35%,二级以下公路底基层,不大于40%。石屑和其他细集料可以用碎石场的筛余细料、专门轧制的细碎石集料、天然沙砾等。若级配碎石中所含细料的塑性指数偏大,则塑性指数与0.5mm以下细料含量的乘积应符合以下要求:年降雨量小于600mm的中干和干旱地区,地下水对土基无影响时,该乘积不大于120;在潮湿多雨地区,该乘积不大于100。

2.级配砾石基层

级配砾石基层是用粗、细砾石和沙按一定比例配制的混合料铺筑的、具有规定强度的路面结构层，适用于二级及二级以下公路的基层及各级公路底基层。级配不符合要求的可用其他粒料掺配，达到规定的级配后同样可作为级配砾石基层，塑性指数在6（潮湿多雨地区）或9（其他地区）以下的天然沙砾可直接用作基层。对于细料含量较多的砾石，可先筛除部分细料后再使用。塑性指数偏大的可掺加少量石灰或无塑性沙土。

级配砾石颗粒的级配曲线应连续圆滑。当塑性指数偏大时，塑性指数与5mm以下细土含量的乘积应符合与级配碎石相同的规定。级配砾石的压碎值应符合下列要求：高速公路及一级公路底基层或二级公路基层，不大于30%；二级公路底基层或二级以下公路基层，不大于35%；二级以下公路底基层，不大于40%。

3.填隙碎石基层

填隙碎石基层是用单一尺寸的粗碎石做主骨料，用石屑作填隙料铺筑而成的结构层。填隙碎石适用于各级公路的底基层和二级以下公路的基层。填隙碎石基层以粗碎石作嵌锁骨架。石屑填充于粗碎石间的空隙中，使密实度增加，从而提高强度和稳定性。当缺乏石屑时，可用细沙砾或粗沙替代。粗碎石应用坚硬的各类岩石或漂石轧制而成，压碎值应符合下列规定：用作基层，不大于26%；用作底基层，不大于30%。若抗压碎能力不能满足上述要求，则填隙碎石基层的整体强度将难以得到保证。

（二）粒料类施工技术

1.级配碎（砾）石基层施工

级配碎（砾）石基层大都采用路拌法施工，施工次序为：准备下承层→施工放样→运输和摊铺主集料→运输和摊铺掺配集料→洒水拌和→整形→碾压→做封层。采用集中厂拌法施工，施工次序为，准备下承层→施工放样→混合料拌和与摊铺→整形→碾压→做封层。下承层准备与施工放样按半刚性基

层施工的方法和要求进行：运输和摊铺集料是确保级配碎（砾）石基层施工质量的关键工序之一，通过准确配料、均匀摊铺可使碎（砾）石混合料具有规定的级配，从而达到规定的强度等技术要求。施工时根据拟定的混合料配合比、基层宽度与厚度及预定达到的干密度等计算确定各规格集料的用量，以先粗后细的顺序将集料分层平铺在下承层上，然后用人工或平地机进行摊平；级配碎（砾）石混合料可用稳定土拌和机、自动平地机、多铧犁与缺口圆盘耙相配合拌和，拌和应均匀，避免出现集料离析现象，确保级配碎（砾）石基层具有良好的整体强度。应边拌和边洒水，使混合料达到最佳含水率。混合料拌和均匀即可按松铺厚度摊平，级配碎石的松铺系数为1.4~1.5，级配砾石的松铺系数为1.25~1.35。表面整理成规定的路拱横坡，随后用拖

拉机、平地机或轮胎压路机在初平的混合料上快速碾压 1-2 遍,使潜在的不平整部位暴露出来,再用平地机整平。混合料整形当中,含水率等于或略大于最佳含水率时,用 12t 以上三轮压路机或振动压路机碾压。在直线段,由路肩开始向路中心碾压;在平曲线段,由弯道内侧向外侧碾压,碾压轮重叠 1/2 轮宽,后轮超过施工段接缝。后轮压完路面全宽即为一遍,一般应碾压 6~8 遍,直到符合规定的密实度,表面无轮迹为止。压路机碾压头两遍的速度为 1.5~1.7km/h,然后为 2.0~2.5km/h。路由外侧应多压 2~3 遍。对于含细土的级配碎(砾)石,应进行滚浆碾压,一直到碎(砾)石基层中无多余细土泛到表面为止,泛到表面的泥浆应清除干净。用级配碎石做基层时,压实度不应小于 98%;做底基层时,压实度不应小于 96%。用级配砾石做基层时,压实度不应小于 98%,CBR 值不应小于 60%;做底基层时,压实度不应小于 96%,中等交通条件下 CBR 值不应小于 60%,轻交通条件下 CBR 值不应小于 40%。级配碎石用作薄沥青面层与半刚性基层间的中间层时,主要起防治反射裂缝的作用,碎石混合料应采用强制式拌和机、卧式双转轴桨叶式拌和机或普通水泥混凝土拌和机等集中拌和,用沥青混凝土摊铺机、水泥混凝土摊捕机或稳定土摊铺机摊铺,这样可使其具有良好的强度和稳定性,表面平整,质量明显高于路拌法施工的基层。

2.填隙碎石基层施工

填隙碎石基层施工的顺序为:准备下承层→施工放样→运输和摊铺粗骨料→稳压→撒布石屑→振动压实→第二次撒布石屑→振动压实→局部补撒石屑并扫匀→振动压实,填满空隙→洒水饱和(湿法)或洒少量水(干法)→碾压。其中,运输和摊铺粗骨科及振动压实是确保施工质量的关键。

填隙碎石施工时,细集料应干燥;采用振动压路机充分碾压,尽量使粗碎石骨料的空隙被细集料填充密实,而填隙料又不覆盖粗碎石表面自成一层,粗碎石应"露子"。填隙碎石的压实度用固体体积率来表示,用作基层时,不应小于 83%;用作底基层时,不应小于 85%。填隙碎石基层碾压完毕,铺封层前禁止开放交通。

第二节 沥青路面施工

一、冷拌沥青混合料路面施工

(一)基本要求

冷拌沥青混合料适用于三级及三级以下公路的沥青面层,也可用于二级公路的罩面层以及各级公路沥青路面的基层、连接层或整平层。在养护工程中,冷拌改性沥青混合料可用于沥青路面的坑槽冷补。冷拌沥青混合料所采用的结合料包括乳化沥青、液体沥青和改性乳化沥青等。结合料的类型与型号、标号都应根据公路等级、交通特点、气候、水温状况、施工季节、施工机具等各种因素参照规范规定,精心选择。冷拌沥青混合料宜采用密级配沥青混合料,当采用半开级配的冷拌沥青碎石混合料路面时应铺筑上封层。

(二)冷拌沥青混合料路面施工

冷拌沥青混合料应具有良好的施工和易性,混合料的拌和、运输、摊铺都在乳液破乳前完成。在拌和与摊铺过程中已破乳的混合料,应予废弃。袋装乳化沥青混合料应加入适宜的稳定剂,以防提前破乳。包装应密封,存放时间不得超出乳液的存放时间。乳化沥青混合料宜采用拌和厂机械拌和及沥青摊铺机摊铺的方式。混合料摊铺后应立即碾压。通常先用6t左右的轻型压路机初压1~2遍,使混合料初步稳定,再用轮胎压路机或钢筒式压路机碾压1~2遍。当乳化沥青开始破乳、混合料由褐色转变成黑色时,改用12~15t轮胎压路机碾压,将水分挤出,复压2~3遍后停止,待晾晒一段时间,水分基本蒸发后继续复压至密实为止。当压实过程中有推移现象时应停止碾压,待稳定后再碾压。当天不能完全压实时,可在较高气温状态下补充碾压。当缺乏轮胎压路机时,也可采用钢筒式压路机或较轻的振动压路机碾压。乳化沥青混合料路面的上封层应在压实成型、路面水分完全蒸发后加铺。施工结束后宜封闭交通2~6h,并注意做好早期养护。如施工遇雨应立即停止铺筑,以防雨水将乳液冲走。

(三)冷补沥青混合料

用于修补沥青路面坑槽的冷补沥青混合料宜采用适宜的改性沥青结合料制造,并具有良好的耐水性。冷补沥青混合料的集料必须符合规范对热拌沥青混合料集料的质量要求。冷补沥青混合料有良好的低温操作和易性。用于冬季寒冷季节补坑的混合料,应在松散状态下经-10℃的冰箱保持24h无明显的凝聚结块现象,且能用铁铲方便地拌和操作。冷补沥青混合料应有足够的黏聚性,马歇尔试验稳定度宜不小于3kN。

二、热拌沥青混合料路面施工

热拌沥青混合料路面通常采用厂拌法施工,施工过程可分为沥青混合料的拌制、运输、摊铺及碾压等几个阶段。

（一）准备工作

沥青混合料路面在施工前应对其下承层的厚度、密实度、平整度、路拱等进行检查。下承层如果有坎坷不平、松散、坑槽等，必须在混合料铺筑之前整修完毕，并清扫干净。对沥青混合料中的沥青、改性沥青纤维、集料等原材料按照施工要求进行合理选择。施工前的另一项准备工作为施工放样，放样的目的是检查下承层的厚度和标高以及对将要施工的一层进行厚度和标高的控制。施工前应对摊铺机、压路机等机械的工作性能进行常规检查，以保证施工的正常运行。各种机械均处于良好状态之后，方允许正式投入施工。

（二）试验段的修筑

高速公路和一级公路的沥青路面在施工前应铺筑试验段。其他等级公路在缺乏施工经验或初次使用重大设备时，也应铺筑试验段。试验段的长度通常为100~200m，宜选在正线上铺筑。热拌热铺沥青混合料路面试验段铺筑时应做好以下几项工作：

1. 检验各种施工机械的类型、数量及组合方式是否匹配；
2. 通过试拌确定拌和机的操作工艺，考察计算机打印装置的可信度；
3. 通过试铺确定透层油的喷洒方式效果、摊铺、压实工艺，确定松铺系数等；
4. 验证沥青混合料生产配合比设计，提出生产用的标准配合比和最佳沥青用量；
5. 建立用钻孔法与核子密度仪无破损检测路面密度的对比关系，确定压实度的标准检测方法；
6. 检测试验段的渗水系数。

（三）拌和

1. 拌和设备

沥青混合料必须在沥青拌和厂（场、站）采用拌和机械拌制。沥青混合料可采用间歇式拌和机或连续式拌和机拌制。间歇式拌和机是在每盘拌和时计量混合料各种材料的质量，连续式拌和机则是在计量各种材料之后连续不断地送进拌和器中拌和。为保证沥青混合料的质量更稳定，沥青用量更准确，高速公路和一级公路的沥青混凝土宜采用间歇式拌和机拌和，并且间歇式拌和机必须配备计算机设备，拌和过程中采集并打印各个传感器测定的材料用量和沥青混合料拌和量、拌和温度等各种参数。连续式拌和机使用的集料必须稳定不变，一个工程从多处进料、料源或质量不稳定时，不得采用连续式拌和机。

2. 拌和

在拌制沥青混合料之前,应根据确定的配合比进行试拌。试拌时对所用的各种矿料及沥青应严格计量。通过试拌和抽样检验确定每盘热拌的配合比及其总质量(对间歇式拌和机)或各种矿料进料口开启的大小及沥青和矿料进料的速度(对连续式拌和机)、适宜的沥青用量、拌和时间、矿料和沥青加热温度以及沥青混合料出厂的温度。对试拌的沥青混合料进行试验之后,即可选定施工的配合比。

为使沥青混合料拌和均匀,在拌制时,需要控制矿料和沥青的加热温度与拌和温度。各类沥青混合料的拌制温度、运输温度及施工温度应满足相关要求。经过拌和后的混合料应均匀一致,无细料和粗料分离,无花白、结成团块的现象。沥青混合料拌和时间根据具体情况经试拌确定,以沥青均匀裹覆集料为度。间歇式拌和机每盘的生产周期不宜少于45s(其中干拌时间不少于5~10s)。改性沥青和SMA混合料的拌和时间应适当延长。

间歇式拌和机宜备有保温性能好的成品储料仓,储存过程中混合料温降不得大于10℃且不能有沥青滴漏,普通沥青混合料的储存时间不得超过72h,改性沥青混合料的储存时间不宜超过24h,SMA混合料只限当天使用,OGFC混合料宜随拌随用。生产添加纤维的沥青混合料,纤维必须在混合料中充分分散,拌和均匀。拌和机应配备同步投料装置松散的絮状纤维可在喷入沥青的同时或稍后采用风送设备喷入拌和锅,拌和时间宜延长5s以上。颗粒纤维可在粗集料投入的同时自动加入,经5~10s的干拌后,再投入矿粉。

(四)运输

热拌沥青混合料宜采用较大吨位的运料车运输,但不得超载运输、急刹车、急弯掉头,以防止透层封层造成损伤。运料车每次使用前后必须清扫干净,在车厢板上涂一薄层防止沥青黏结的隔离剂或防黏剂,但不得有余液积聚在车厢底部。

运料车的运力应稍有富余,施工过程中摊铺机前方应有运料车等候。对高速公路、一级公路等候的运料车多于5辆后开始摊铺。从拌和机向运料车上装料时,应多次挪动汽车位置,平衡装料,以减少混合料离析。运料车运输混合料宜用苫布覆盖,以保温、防雨、防污染。为了防止沥青路面施工过程中的交叉污染,运料车进入摊铺现场时,轮胎上不得沾有泥土等可能污染路面的赃物。沥青混合料在摊铺地点凭运料单接收,若混合料不符合施工温度要求,或已经结成团块、已遭雨淋的不得铺筑。

摊铺过程中运料车应在摊铺机前100~300mm处停住,空挡等候,由摊铺机推动前进开始缓缓卸料,避免撞击摊铺机。在有条件时,运料车可将混合料卸入转运车经二次拌和后向摊铺机连续均匀的供料。转运机介于运料车与摊铺机之间,运料车将混合料卸在转运车上,转运车一边对混合料进行二次拌和,一边与摊铺机完全同步前进,向摊铺机供料。由于运料车的混合料不直接卸在摊铺机上,可有效地改善混合料的离析和温度不均的问题。运料车每次卸料必须倒净,尤其是对改性沥青或SMA混合料,如有剩余应及时清除,防止硬结。SMA及OGFC混合料在运输、等候过程中,如发现有沥青结合料沿车厢板滴漏时,应采取措施避免。

（五）混合料摊铺

为了使铺筑层与下承层黏结良好,在铺筑前4~8h,在粒料类的下承层上洒布透层沥青;若下承层为旧沥青路面或水泥混凝土路面,则要在旧路面上洒布一层黏层沥青;若下承层为灰土类基层,为防止水渗入基层,加强基层与面层的黏结,要在面层铺筑前铺下封层。热拌沥青混合料应采用沥青摊铺机摊铺,在喷洒有黏层油的路面上铺筑改性沥青混合料或SMA时,宜使用履带式摊铺机。摊铺机的受料斗应涂刷薄层隔离剂或防黏结剂。铺筑高速公路、一级公路沥青混合料时,一台摊铺机的铺筑宽度不宜超过6（双车道）~7.5m（三车道以上）,通常宜采用两台或更多台数的摊铺机前后错开10~20m成梯队方式同步摊铺,两幅之间应有30~60mm宽度的搭接,并躲开车道轮迹带,上下层的搭接位置宜错开200mm以上。摊铺机开工前应提前0.5~1h预热熨平板不低于100℃。铺筑过程中应选择熨平板的振捣或夯锤压实装置具有适宜的振动频率和振幅,以提高路面的初始压实度。熨平板加宽连接应仔细调节至摊铺的混合料没有明显的离析痕迹。

摊铺机必须缓慢、均匀、连续不间断地摊铺,不得随意变换速度或中途停顿,以提高平整度和减少混合料的离析。摊铺速度宜控制在2~6m/min的范围内。对改性沥青混合料及SMA混合料宜放慢至1~3m/min。当发现混合料出现明显的离析、波浪、裂缝拖痕时,应分析原因,予以消除。摊铺机应采用自动找平方式,下面层或基层宜采用钢丝绳引导的高程控制方式,上面层宜采用平衡梁或雪橇式摊铺厚度控制方式,中面层根据情况选用找平方式。沥青混合料的松铺系数应根据混合料类型由试铺试压确定。

（六）压实及成型

沥青混合料压实是获得高质量、高路用性能沥青路面的关键工序之一,必须重视混合料压实工作。压实成型的沥青路面应符合压实度及平整度的要求。沥青混凝土的压实层最大厚度不宜大于100mm,沥青稳定碎石混合料的压实层厚度不宜大于

120mm。沥青路面施工应配备足够数量的压路机,选择合理的压路机组合方式及初压、复压、终压(包括成型)的碾压步骤,以达到最佳碾压效果。高速公路铺筑双车道沥青路面的压路机数量不宜少于5台。施工气温低、风大、碾压层薄时,压路机数量应适当增加。压路机应以慢且均匀的速度碾压,压路机的碾压速度应符合规定。压路机的碾压路线及碾压方向不能突然改变以防止混合料推移。碾压区的长度应大体稳定,两端的折返位置应随摊铺机前进而推进,横向位置不得在相同的断面上。压路机的碾压温度应符合规范的要求,并根据混合料种类、压路机、气温、层厚等情况经试压确定。在不产生严重推移和裂缝的前提下,初压、复压、终压都应在尽可能高的温度下进行。同时不得在低温状况下作反复碾压,使石料棱角磨损、压碎,破坏集料嵌挤。

1. 初压

初压应紧跟摊铺机后碾压,并保持较短的初压区长度,以尽快使表面压实,减少热量散失。对摊铺后初始压实度较大,经实践证明采用振动压路机或轮胎压路机直接碾压无严重推移而有良好效果时,可免去初压直接进入复压工序。初压的目的主要是使混合料初步稳定,通常宜采用钢轮压路机静压1~2遍。碾压时应将压路机的驱动轮面向摊铺机,从外侧向中心碾压,在超高路段则由低向高碾压,在坡道上应将驱动轮从低处向高处碾压。初压后应检查平整度路拱,有严重缺陷时进行修整甚至返工。

2. 复压

复压应紧跟在初压后开始,且不得随意停顿。压路机碾压段的总长度应尽量缩短,通常不超过60~80m。采用不同型号的压路机组合碾压时宜安排每一台压路机做全幅碾压,以防止不同部位的压实度不均匀。密级配沥青混凝土的复压宜优先采用重型的轮胎压路机进行搓揉碾压,以增加密实性,其总质量不宜小于25t。碾压时相邻轮迹带应重叠1/3~1/2的碾压轮宽度,碾压至要求的压实度为止。对以粗集料为主的较大粒径的混合料,宜优先采用振动压路机复压。厚度小于30mm的薄沥青层不宜采用振动压路机碾压。碾压时相邻轮迹带重叠宽度为100~200mm。振动压路机折返时应先停止振动。当采用三轮钢筒式压路机时,总质量不宜小于12t,相邻碾压带宜重叠后轮的1/2宽度,并不应少于200mm。对路面边缘、加宽及港湾式停车带等大型压路机难于碾压的部位,宜采用小型振动压路机或振动夯板作补充碾压。

3. 终压

终压应紧接在复压后进行,主要是为了消除碾压轮迹。终压可选用双轮钢筒式压路机或关闭振动的振动压路机碾压,碾压不宜少于2遍,至无明显轮迹为止。

4.SMA 路面

SMA 路面宜采用振动压路机或钢筒式压路机碾压。振动压路机应遵循"紧跟、慢压、高频、低幅"的原则,即紧跟在摊铺机后面,采取高频率、低振幅的方式慢速碾压。

5.OGFC 路面

OGFC 宜采用小于 12t 的钢筒式压路机碾压。对钢轮可涂刷隔离剂或防黏结剂,但严禁刷柴油。压路机不得在未碾压成型路段上转向、调头、加水或停留。在当天成型的路面上,不得停放各种机械设备或车辆,不得散落矿料、油料等杂物。

(七)接缝处理及开放交通

沥青路面的施工必须接缝紧密、连接平顺,不得产生明显的接缝离析。上下层的纵缝应错开 150mm(热接缝)或 300~400mm(冷接缝)以上。相邻两幅及上下层的横向接缝均应错位 1m 以上。摊铺时采用梯队作业的纵缝应采用热接缝,将已铺部分留下 100~200mm 宽暂不碾压,作为后续部分的基准面,然后做跨缝碾压以消除缝迹。当半幅施工或因特殊原因而产生纵向冷接缝时,宜加设挡板或加设切刀切齐,宜在冷却后采用切割机做纵向切缝。摊铺另半幅前必须将缝边缘清扫干净,并浇洒少量黏层沥青。

高速公路和一级公路的表面层横向接缝应采用垂直的平接缝,以下各层可采用自然碾压的斜接缝,沥青层较厚时也可做阶梯形接缝。其他等级公路的各层均可采用斜接缝。铺筑接缝时,可在已压实部分。上面铺设一些热混合料使之预热软化,以加强新旧混合料的黏结。但在开始碾压前应将预热用的混合料铲除。

热拌沥青混合料路面应待摊铺层完全自然冷却,混合料表面温度低于 50℃后,方可开放交通。需提早开放交通时,可洒水冷却降低混合料温度。

第三节 水泥混凝土路面施工

一、水泥混凝土路面原材料施工技术

(一)水泥

水泥属于水硬性无机胶凝材料,是公路工程的主要材料之一。按不同类别以水泥的主要水硬性矿物、混合材料、用途和主要特性进行水泥的命名，力求简明准确。公路工程中使用的水泥对其化学性质和物理性质有较高的要求，水泥中的氧化镁含量不得超过5%，三氧化硫含量不得超过3%，抗压强度和抗折强度要符合国家标准。水泥按照水泥沙浆试件3d、28d的强度分不同分级，水泥的强度等级分为32.5级、32.5R级、42.5级、42.5R级、52.5级、52.5R级等。公路工程主要使用硅酸盐类水泥中的五种通用水泥，即硅酸盐水泥、普通硅酸盐水泥、矿渣硅酸盐水泥、火山灰质硅酸盐水泥和粉煤灰硅酸盐水泥；路面工程还会用上道路硅酸盐水泥。

（二）水泥混凝土

水泥混凝土具有可浇性、经济、耐用、耐热、能效高、现场制作、艺术性、能耗低、原料丰富、可就地取材等优点。但水泥混凝土也有抗拉强度低、韧性差、体积不稳定强度重量比值低等缺点。用于公路工程施工的混凝土主要有桥涵水泥混凝土和道路水泥混凝土。

（三）混凝土外加剂

1. 特性。混凝土外加剂是在混凝土制作过程中加入的一种少量甚至微量材料，其使得混凝土在施工、硬化过程中或硬化后具有某些新的特性。

2. 分类。混凝土外加剂按其主要功能分为四类：(1)改善混凝土拌合物流变性能的外加剂—各种减水剂、引气剂和泵送剂等。(2)调节混凝土凝结时间、硬化性能的外加剂—早强剂、缓凝剂和速凝剂等。(3)改善混凝土耐久性的外加剂—引气剂、防水剂和阻锈剂等。(4)改善混凝土其他性能的外加剂—加气剂膨胀剂、防冻剂、着色剂、防水剂和泵送剂等。

二、水泥混凝土路面施工方法

水泥混凝土路面，包括普通混凝土（素混凝土）、钢筋混凝土、连续配筋混凝土、预应力混凝土、装配式混凝土、钢纤维混凝土和混凝土小块铺砌等面层板和基（垫）层所组成的路面。

目前采用最广泛的是就地浇筑的普通混凝土路面，简称混凝土路面。所谓普通混凝土路面，是指除接缝区和局部范围（边缘和角隅）外不配置钢筋的混凝土路面。

水泥混凝土路面具有强度高、稳定性好、耐久性好、养护费用少、有利于夜间行车、有利于带动当地建材业的发展等优点，但对水泥和水的需要量大且存在有接缝、开放交通较迟、修复困难等缺点。

水泥混凝土面层铺筑的技术方法有小型机具铺筑、滑模机械铺筑、轨道摊铺机铺筑、三辊轴机组铺筑和碾压混凝土等方法。

（一）模板及其架设与拆除

施工模板应采用刚度足够的槽钢、轨模或钢制边侧模板，不应使用木模板、塑料模板等易变形模板；支模前在基层上应进行模板安装及摊铺位置的测量放样，核对路面标高、面板分板、胀缝和构造物位置；纵横曲线路段应采用短模板，每块横板中点应安装在曲线切点上；模板安装应稳固、平顺、无扭曲，应能承受摊铺、振实、整平设备的负载行进，冲击和振动时不发生位移。模板与混凝土拌合物接触表面应涂脱模剂；模板拆除应在混凝土抗压强度不小于 8.0 MPa 时方可进行。

（二）混凝土拌合物搅拌

搅拌楼的配备，应优先选配间歇式搅拌楼，也可使用连续搅拌楼。

每台搅拌楼在投入生产前，必须进行标定和试拌。在标定有效期满或搅拌楼搬迁安装后，均应重新标定。施工中应每 15d 校验一次搅拌楼计量精确度。搅拌楼配料计量偏差不得超过规定。不满足时，应分析原因，排除故障，确保拌合计量精确度。采用计算机自动控制系统的搅拌楼时，应使用自动配料生产，并按需要打印每天（周、旬、月）对应路面摊铺桩号的混凝土配料统计数据及偏差。

应根据拌合物的黏聚性、均质性及强度稳定性试拌确定最佳拌合时间。

外加剂应以稀释溶液加入，其稀释用水和原液中的水量，应从拌合加水量中扣除。

拌合引气混凝土时，搅拌楼一次拌合量不应大于其额定搅拌量的 90%。纯拌合时间应控制在含气量最大或较大时。

（三）混凝土拌合物的运输

1. 应根据施工进度、运量、运距及路况，选配车型和车辆总数。总运力应比总拌合能力略有富余。确保新拌混凝土在规定时间内运到摊铺现场。

2. 运输到现场的拌合物必须具有适宜摊铺的工作性。不同摊铺工艺的混凝土拌合物从搅拌机出料到运输、铺筑完毕的允许最长时间应符合时间控制的规定。不满足时应通过试验、加大缓凝剂或保塑剂的剂量。

3. 混凝土运输过程中应防止漏浆、漏料和污染路面，途中不得随意耽搁。自卸车运输应减小颠簸防止拌合物离析。车辆起步和停车应平稳。

（四）轨道式摊铺机进行混凝土面层铺筑

高速公路混凝土路面施工根据具体条件可使用轨道式摊铺机进行施工。一级公路、二级公路、三级公路混凝土路面施工应使用轨道式摊铺机进行施工。

1. 准备工作。

（1）提前做好模板的加工与制作：制作数量应为摊铺机摊铺能力的1.5~2.0倍模板数量以及相应的加固固定杆和钢钎。

（2）测量放样：恢复定线，直线段每20m设一中桩，弯道段每5~10m设一中桩。经复核无误后，以恢复的中线为依据，放出混凝土路面浇筑的边线桩，用3寸长铁钉，直线每10m一钉，弯道每5m一钉。对每一个放样铁钉位置进行高程测量，并计算出与设计高程的差值，经复核确认后，方可导线架设。

（3）导线架设：在距放样铁钉2cm左右处，钉打钢钎（以不扰动铁钉为准）长度约45cm，打入深度以稳固为宜。进行抄平测量，在钢钎上标出混凝土路面的设计标高位置线（可用白粉笔）应准确为+2mm。然后将设计标高线用线绳拉紧拴系牢固，中间不能产生垂度，不能扰动钢钎，位置要正确。

（4）模板支立：依导线方向和高度立模板，模板顶面和内侧面应紧贴导线，上下垂直，不能倾斜，确保位置正确。模板支立应牢固，保证混凝土在浇筑振捣过程中，模板不会位移、下沉和变形。模板的内侧面应均匀涂刷脱模剂，不能污染环境和传力杆钢筋以及其他施工设备。安装拉杆钢筋时，其钢筋间距和位置要符合设计要求，安装牢固，保证混凝土浇筑后拉杆钢筋应垂直中心线与混凝土表面平行。

（5）铺设轨道：轨道可选用12型I字钢或12型槽钢均可，一般只需配备4根标准I字钢长度即可，向前倒换使用，并应将I字钢或槽钢固定在0.5 m×0.15 m×0.15 m的小型枕木上，枕木间距为1m。轨道应与中心线平行，轨道顶面与模板顶面应为一个固定差值，轨道与模板间的距离应保持在一个常数不变。应保证轨道平稳顺直，接头处平滑不突变。

（6）摊铺机就位和调试：每天摊铺前，应将摊铺机进行调试，使摊铺机调试为与路面横坡度相同的倾斜度。调整混凝土刮板至模板顶面路面设计标高处，检查振捣装置是否完好和其他装置运行是否正常。

2. 混凝土摊铺。注意事项如下：（1）摊铺前应对基层表面进行洒水润湿，但不能有积水。（2）混凝土入模前，先检查坍落度，控制在配合比要求坍落度20~40mm范围内，制作混凝土检测抗压抗折强度的试件。（3）摊铺过程中，间断时间应不大于混凝土的初凝时间。（4）摊铺现场应设专人指挥卸料，应根据摊铺宽度厚度，每车混凝土数量均匀卸料,严格掌握,不能亏料,可适当略有富余,但又不能太多,防止被刮到模板以外。(5)摊铺过后,对拉杆要进行整理,保证拉杆平行与水平,同时要用铝合金直尺进行平整度初查,确保混凝土表面平整、不缺料。(6)每日工作结束后,施工缝宜设在胀缝或缩缝处,按胀缝和缩缝要求处治。因机械故障或其他原因中断浇筑时,可设临时工作缝。宜设在缩缝处按缩缝处理。(7)当摊铺到胀缝位置时,应按胀缝设计要求设置胀缝和安装传力杆,传力杆范围内的混凝土可用人工振实和整平。如继续浇筑,摊铺机需跳开一块板的长度开始进行,留下部分待模板拆除并套上塑料套后用人工摊铺振捣成型。(8)摊铺机在摊铺时,两侧应各设1名辅助操作员,保证摊铺机运行安全和摊铺质量。

(五) 混凝土振捣

混凝土振捣即小型机具施工。在待振横断面上,每车道路面应使用2根振捣棒,组成横向振捣棒组,沿横断面连续捣密实,并应注意路面板底、内部和边角处不得漏振。

振捣棒在每一处的持续时间,应以拌合物全面振动液化,表面不再冒气泡和泛水泥浆为限,不宜过振,也不宜少于30s。振捣棒的移动间距不宜大于500 mm;至模板边缘的距离不宜大于200 mm。应避免碰撞模板、钢筋、传力杆和拉杆。

在振捣棒已完成振实的部位,可开始振动板纵横交错两遍,全面提浆振实,每车道路面应配备1块振动板。

振动板移位时,应重叠100~200mm,振动板在一个位置的持续振捣时间不应少于15s。振动板须由两人提位振捣和移位,不得自由放置或长时间持续振动。移位控制以振动板底部和边缘泛浆厚度(3±1)mm为限。

缺料的部位,应铺以人工补料找平。

振动梁振实,每车道路面宜使用1根振动梁。振动梁应具有足够的刚度和质量,振动梁应垂直路面中线沿纵向拖行,往返2~3遍,使表面泛浆均匀平整。

(六) 整平饰面

每车道路面应配备1根滚杠(双车道两根)。振动梁振实后,应拖动滚杠往返2~3遍提浆整平。拖滚后的表面宜采用3 m刮尺,纵横各1遍整平饰面或采用叶片式或圆盘式抹面机往返2~3遍压实整平饰面。在抹面机完成作业后,应进行清边整缝,清除粘浆,修补缺边掉角。整平饰面后的面板表面应无抹面印痕,致密均匀,无露骨,平整度应达到规定要求。

（七）空脱水工艺要求

小型机具施工三、四级公路混凝土路面，应优先采用在拌合物中掺外加剂，无掺外加剂条件时，应使用真空脱水工艺，该工艺适用于面板厚度不大于240 mm混凝土面板施工。使用真空脱水工艺时，混凝土拌合物的最大单位用水量可比不采用外加剂时增大3~12kg/㎡，拌合物适宜坍落度为高温天30~50mm，低温天20~30mm。

（八）纵缝施工

当一次铺筑宽度小于路面和硬路肩总宽度时，应设纵向施工缝，位置应避开轮迹，并重合或靠近车道线，构造可采用平缝加拉杆型。当所摊铺的面板厚度大于260 mm时，也可采用插拉杆的企口型纵向施工缝。采用滑模施工时，纵向施工缝的拉杆可用摊铺机的侧向拉杆装置插入。采用固定模板施工方式时，应在振实过程中，从侧模预留孔中手工插入拉杆。

当一次铺筑宽度大于4.5 m时，应采用假缝拉杆型纵缝，即锯切纵向缩缝，纵缝位置应按车道宽度设置，并在摊铺过程中用专用的拉杆插入装置插入拉杆。

钢筋混凝土路面、桥面和搭板的纵缝拉杆可由横向钢筋延伸穿过接缝代替。钢纤维混凝土路面切开的假纵缝可不设拉杆，纵向施工缝应设拉杆。

插入的侧向拉杆应牢固，不得松动、碰撞或拔出。若发生拉杆松脱或漏插，应在横向相邻路面摊铺前，钻孔重新植入。当发现拉杆可能被拔出时，宜进行拉杆拔出力（握裹力）检验。

（九）横缝设置与施工

每天摊铺结束或摊铺中断时间超过30min时，应设置横向施工缝，其位置宜与胀缝或缩缝重合，确有困难不能重合时，施工缝应采用设螺纹传力杆的企口缝形式。

普通混凝土路面横向缩缝宜等间距布置。不宜采用斜缝。不得不调整板长时，最大板长不宜大于6.0 m，最小板长不宜小于板宽。

在中、轻交通的混凝土路面上，横向缩缝可采用不设传力杆假缝型。

在特重和重交通公路、收费广场、邻近胀缝或路面自由端的三条缩缝应采用假缝加传力杆型。缩缝传力杆的施工方法可采用前置钢筋支架法或传力杆插入装置（DBI）法。

横向缩缝的切缝方式有全部硬切缝、软硬结合切缝和全部软切缝三种，切缝方式的选用，应由施工期间该地区路面摊铺完毕到切缝时的昼夜温差确定。

（十）胀缝设置与施工

普通混凝土路面、钢筋混凝土路面和钢纤维混凝土路面的胀缝间距视集料的温度膨胀性大小、当地年温差和施工季节综合确定；高温施工，可不设胀缝；常温施工，集料温缩系数和年温差较小时，可不设胀缝；集料温缩系数或年温差较大，路面两端构造物间距不小于500m时，宜设一道中间胀缝；低温施工，路面两端构造物间距不小于350 m时，宜设一道胀缝。邻近构造物、平曲线或与其他道路相交处的胀缝应按《公路水泥混凝土路面设计规范》(JTG D40-2011)的规定设置。

普通混凝土路面的胀缝应设置胀缝补强钢筋支架、胀缝板和传力杆。钢筋混凝土和钢纤维混凝土路面可不设钢筋支架。胀缝宽20~25 mm，使用沥青或塑料薄膜滑动封闭层时，胀缝板及填缝宽度宜加宽到25~30 mm。传力杆一半以上长度的表面应涂防粘涂层，端部应戴活动套帽，套帽材料与尺寸应符合有关规定的要求。胀缝板应与路中心线垂直，缝壁垂直；缝隙宽度一致，缝中完全不连浆。

胀缝应采用前置钢筋支架法施工，也可预留一块面板，高温时再铺封。前置法施工，应预先加工、安装和固定胀缝钢筋支架，并在使用手持振捣棒振实胀缝板两侧的混凝土后再摊铺。宜在混凝土未硬化时，剔除胀缝板上部的混凝土，嵌入（20~25）mm × 20mm的木条，整平表面。胀缝板应连续贯通整个路面板宽度。

第四节　桩基础施工

一、钢筋混凝土预制桩施工

钢筋混凝土预制桩能承受较大荷载，坚固耐久，施工速度快，但对周围环境影响较大，是我国广泛应用的桩型之一。常用的为钢筋混凝土方形实心断面桩和圆柱体空心断面桩，预应力混凝土桩正在推广应用。钢筋混凝土方桩的断面尺寸多为250~550mm，单根桩或多节桩的单节长度，应根据桩架高度、制作场地、道路运输和装卸能力而定。多节桩如用电焊或法兰接桩时，节点的竖向位置尚应避开土层中的硬土层。如在工厂预制，长度不宜超过12m；如在现场预制，长度不宜超过30m。混凝土强度等级不宜低于C30，桩身配筋率不宜小于0.8%，压入桩不宜小于0.5%，纵向钢筋直径不宜小于14mm。桩身宽度或直径大于或等于350mm，纵向钢筋不宜少于8根，桩的接头不宜超过两个。

（一）钢筋混凝土预制桩的制作、起吊、运输和堆放

钢筋混凝土预制桩多数在打桩现场或附近就地制作，为节省场地，现场预制桩多为叠浇法施工，重叠层数不宜超过四层。桩与桩间应做好隔离层，上层桩或邻桩的浇筑必须在下层桩或邻桩的混凝土达到设计湿度的30%以后方可进行。预制场地应平整、坚实，并防止浸水沉陷，以确保桩身平直。钢筋骨架的主筋连接宜用对焊。同一根钢筋的接头距离应大于30d，并不小于500mm。同一截面内的接头数不得超过50%。

预制桩的混凝土常用C30~C40混凝土应由桩顶向桩尖连续浇筑捣实，一次完成。制作完后，应洒水养护不少于7d，混凝土粗骨料尺寸宜为5~40mm。桩的混凝土达到设计强度的70%方可起吊；达到100%方可运输和打桩。

（二）钢筋混凝土预制桩的沉桩

1.捶击法

锤击法这是利用桩锤的冲击能克服土对桩的阻力，使桩沉到预定深度或达到持力层。该法施工速度快，机械化程度高，适用范围广，但施工时有振动，挤土、噪音和污染现象，不宜在市中心和夜间施工。

（1）打桩设备。打桩设备包括桩锤、桩架和动力装置

桩锤是对桩施加冲击力，将桩打入土中的主要机具。桩架是支持桩身和桩锤，将桩吊到打桩位置，并在打桩过程中引导桩的方向，保证桩沿着所要求方向冲击的打桩设备。动力装置取决于所选的桩锤。当选用蒸汽锤时，则需配备蒸汽锅炉和卷扬机。

①桩锤：桩锤主要有落锤、蒸汽锤、柴油锤和液压锤。目前柴油锤应用最多。

A.落锤：构造简中，使用方便，能随意调整其落锤高度，适合在普通黏土和含砾石较多的土层中打桩，一般用卷扬机拉升施打，但落锤生产效率低，对桩的损伤较大。落锤重一般为0.5~1.5t，重型锤可达几吨。

B.柴油锤：利用燃油推动活塞往复运动进行锤击打桩。柴油锤分导杆式和筒式两种，锤重0.6~6.0t，设备轻便，打桩迅速，每分钟锤击40~80次，可用于打大型混凝土桩和钢管桩等，是目前应用较广的一种桩锤。

C.蒸汽锤：利用蒸汽的动力进行锤击。根据其工作情况又可分为单动式汽锤与双动式汽锤。单动式汽锤冲击力较大，可以打各种桩，常用锤重3.0~10t，每分钟锤击次数为25~30次。双动式汽锤打桩速度快，冲击频率高，每分钟达100~120次，适合打各种桩，并能用于打钢板桩、水下桩、斜桩和拔桩。锤重0.6~6t。

D. 液压锤：是一种新型打桩设备，它的冲击缸体是通过液压油来进行提升与降落，冲击缸体下部充满氮气。当冲击缸体下落时，首先是冲击头对桩施加压力，接着是通过可压缩的氮气对桩施加压力，使冲击缸体对桩施加压力的过程延长，因此每一击能获得更大的贯入度。液压锤不排出任何废气，无噪音，冲击频率高，并适合水下打桩，是理想的冲击式打桩设备，但构造复杂，造价高，国内尚未生产。

（2）桩架：常用的桩架有两种基本形式：一种是沿轨道行驶的多功能桩架；另一种是装在履带底盘上的打桩架。

（3）打桩。打桩前应做好下列工作：清除妨碍施工的地下、地上的障碍物；平整施工场地；定位放线；设置供水、供电系统；安装打桩机等。桩基轴线的定位点，应设置在不受打桩影响的地点，打桩地区附近需设置不少于2个水准点。在施工过程中可据此检查桩位的偏差以及桩的入土深度。

（4）质量控制：打桩的质量视打入的偏差是否在允许范围之内，最后贯入度与沉桩标高是否满足设计要求，桩顶、桩身是否打坏以及对周围环境有无造成严重危害而定。

打桩的控制，对桩尖位坚硬、硬朗的黏性土、碎石土、中密以上的沙或风化岩等土层时，以贯入度控制为主，桩尖进入持力层深度或桩尖标高可作参考。如贯入度已达到而桩尖标高未达到时，应继续锤击3阵，每阵10击的平均贯入度不应大于规定的数值。桩尖位于其他软土层时，应以桩尖设计标高控制为主，贯入度可作参考。如控制指标已符合要求，而其他指标与要求相差较大时，应会同有关单位研究解决。当遇到贯入度剧变，桩身突然发生倾斜、移位或有严重回弹，桩顶或桩身出现严重裂缝、破碎等情况时应暂停打桩，并分析原因，采取相应措施。

2. 静力压桩

静力压桩是利用无振动、无噪音的静压力将桩压入土中，用于软弱土层和邻近怕振动的建筑物地基的处理。静力压桩可以消除由于打桩而产生的振动和噪音。

静力压桩过去是利用桩架的自重和压重，通过滑轮组成液压将桩压入土中。近年来多用液压的静力压桩机，压力可达400t。压桩一般分节压入，逐段接长，为此需要桩分节预制。当第一节桩压入土中，其上端距地面2m左右时将第二节桩接上，继续压入。压同一根桩，各工序应连续施工。如初压时桩身发生较大位移、倾斜，压入过程中如桩身突然下沉或倾斜，桩顶混凝土破坏或压桩阻力剧变时，都应暂停压桩，及时研究处理。

接桩的方法目前有三种：焊接法、法兰接法和浆锚法。前两种接桩方法适用于各类土层,后者只适用于软弱上层。共中焊接接桩应用最多钢连接固定,再次检查位置,若正确方可进行焊接。施焊时,应两人同时在对角对称地进行,以防止节点变形不均匀而引起桩身重斜。焊缝要连续、饱满。接桩时上、下节桩的中心线偏差不得大于10mm,节点弯曲矢高不得大于0.1%桩长。

二、混凝土灌注桩施工

混凝土灌注桩是直接在桩位上就地成孔,然后在孔内灌注混凝土或安装钢筋笼再灌注混凝土而成。根据成孔工艺不同,分为干作业成孔的灌注桩、泥浆护壁成孔的灌注桩、套管成孔的灌注桩、爆扩成孔的灌注桩和人工挖孔的灌注桩等。

(一)干作业成孔灌注桩

干作业成孔灌注桩通用于地下水位较低、在成孔深度内无地下水的土质,无须护壁可直接取土成孔。目前常用螺旋钻机成孔。

螺旋钻机利用动力旋转钻杆,钻杆带动钻头上的叶片旋转来切削土层,削下的土屑与土壁的摩擦力沿叶片上升排出孔外。在软塑土层含水量大时,可用疏纹叶片钻杆,以便较快地钻进。

(二)泥浆护壁成孔灌注桩

泥浆护壁成孔是用泥浆保护孔壁,防止塌孔和排出土渣中成孔,对不论地下水位高或低的土层皆适用。

1. 测定桩位

根据建筑的轴线控制桩定出桩基础的每个桩位,可用小木桩标记。桩位放线允许偏差20mm。正式灌注桩之前,应对桩基轴线和桩位复查一次,以免木桩标记变动而影响施工。

2. 埋设护筒

护筒是用4~8mm厚钢板制成的圆筒,其内径应大于钻头直径100mm。其上部宜开设1~2个溢浆孔。埋设护筒时先挖去桩孔处表土,将护筒埋土中。护筒中心与桩位中心的偏差不得大于50 mm。护筒与坑壁之间用黏土填实,以防漏水。护筒埋深在黏土中不小于1.0m;在沙土中不宜小于1.5m。护筒顶面应高于地面0.4~0.6m,并应保持孔内泥浆面高出地下水位1m以上。护筒的作用是固定桩孔位置、防止塌孔和成孔时引导钻头方向。

3. 制备泥浆

制备泥浆的方法应根据土质条件确定:在熟性土中成孔时可在孔中注入清水,

钻机旋转时,切削土屑与水拌合,用原土造浆,泥浆相对密度应控制在 1.1~1.2;在其他土中成孔时,泥浆制备应选用高塑性黏土或膨胀土;在沙土和较厚的火沙层中成孔时,泥浆相对密度应控制在 1.1~1.3;在穿过沙卵石层或容易塌孔的土层中成孔时泥浆相对密度应控制在 1.3~1.5.施工中应经常测定泥浆相对密度,并定期测定黏度、含沙率和胶体率等指标。废弃的泥浆、泥渣应妥善处理。

4. 成孔

(1) 回转钻机成孔。

回转钻机是由动力装置带动钻机回转装置转动,由其带动带有钻头的钻杆转动,由钻头切削土壤。根据泥浆循环方式的不同,分为正循环回转钻机和反循环回转钻机。

正循环回转钻机成孔由空心钻杆内部通入泥浆或高压水,从钻杆底部喷出,携带钻下的土渣沿孔壁向上流动,将土渣从孔口带出流入泥浆沉淀池。

反循环回转钻机成孔:泥浆或清水由钻杆与孔壁间的环状间隙流入钻孔,然后由吸泥泵等在钻杆内形成真空,使之携带钻下的土渣由钻杆内腔返回地面流向泥浆池。反循环工艺的泥浆上流的速度较高,能携带较大的土渣。

(2) 潜水钻机成孔。

潜水钻机是一种旋转式机械,其动力、变速机构和钻头连在一起,可以下放至孔中地下水中成孔,用正循环工艺将土渣排出孔外。

(3) 冲击钻成孔

冲击砖主要用于在岩土层中成孔,成孔时将冲锥式钻头提升一定高度后以自由下落的冲击力来破碎岩层,然后用掏渣筒来掏取孔内的渣浆。

5. 清孔

当钻孔达到设计要求深度后,即应进行验孔和清孔,清除孔底沉渣、淤泥,以减少桩基的沉降量,提高承载能力。对不易塌孔的桩孔,可用空气吸泥机清孔,气压为 0.5MPa,使管内形成强大高压气流向上涌,被搅动的泥渣随着高压气流上涌,从喷口排出,直至孔口喷出清水为止;对稳定性差的孔壁应用泥浆(正、反)循环法或掏渣筒排渣。孔底沉渣厚度对于端承桩≤50mm,对于摩擦桩≤300mm。清孔满足要求后,应立即吊放钢筋笼并灌注混凝土。

6. 浇筑水下混凝土

在无水或水少的浅桩孔中灌注混凝土时,应分层浇筑振实,分层高度一般为 0.5~0.6m,不得大于 1.5m。混凝土坍落度在一般黏性土中宜为 50~70mm;沙类土中为70~90mm；黄土中为60~90mm；水下宜为100~220min。水泥用量不少于360kg/m³，含沙率为40%~45%，并宜选用中粗沙，为改善和易性及缓凝性，宜掺外加剂。

水下混凝土浇筑常用导管法。其方法是利用导管输送混凝土并使之与环境水隔离，依靠管中混凝土的自重，压管口周围的混凝土在已浇筑的混凝土内部流动、扩散，以完成混凝土的浇筑工作。

套管成孔灌注桩是利用锤击打桩法或振动打桩法，将带有钢筋混凝土桩靴或带有活瓣式桩靴的钢套管沉入土中，然后灌注混凝t并拔管而成。若配有钢筋时，则在规定标高处应吊放钢筋骨架。

（三）锤击沉管灌注桩

1. 捶击沉管灌注桩

锤击沉管灌注桩施工时，用桩架吊起钢套管，对准预先设在校位处的预制钢筋混凝土桩靴。套管与桩靴连接处要垫以麻、单绳，以防止地下水渗入管内。然后缓缓放下套管，套入桩靴压进土中。套管上端扣上桩帽，检查套管与桩锤是否在同一垂直线上。套管偏斜≤0.5%时，即可用锤击打桩套管。先用低锤轻击，观察后如无偏移才正常施打，直至符合设计要求的贯入度或沉入标高，并检查管内有无泥浆或水进入，若无即可灌筑混凝土。套管内混凝土应尽量灌满，然后开始拔管。拔管要均匀，第一次拔管高度控制在能容纳第二次所需的混凝土灌注量为限，不宜过高，应保证管内保持不少于2m高度的混凝土。拔管时应保持连续不停密锤低击，并控制拔管速度。对一般土层，以不大于1m/min为宜，在软弱土层及软硬土层交界处，应控制在0.8m/min以内。桩冲击频率视锤的类型而定；单动汽锤采用倒打拔管，频率不低与70次/min；自由落锤轻击不得少于50次/min。在管底未拔到桩顶设计标高之前，倒打或轻击不得中断。拔管时还要经常探测混凝土落下的扩散情况，注意保持管内的混凝土略高于地面，这样一直到全管拔出为止。桩的中心距在5倍桩管径以内或小于2m时，均应跳打，中间空出的桩须待邻桩混凝土达到设计强度的50%以后，方可施工。锤击灌注桩宜用于一般黏性土、淤泥土、沙土和人工填土地基。

2. 振动沉管灌注桩

振动沉管灌注桩采用激振器或振动冲击沉管。

施工时，先安装好桩机，将桩套管下端活瓣合起来，对准桩位，徐徐放下套管，压入土中，勿使偏斜，即可开动激振器沉管。当桩管沉到设计标高，且最后30s的电流值、电压值符合设计要求后，停止振动，用吊斗将混凝土灌入桩管内，然后再开动卷扬机拔出钢管，边振边拔，从而振实桩的混凝土。

沉管时必须严格控制最后4分钟的贯入进度,其值按设计要求,或根据试桩和当地长期的施工经验确定。振动灌注桩可采用单打法、反插法或复打法施工。

3. 夯压成型沉管灌注桩

夯压成型沉管灌注桩(简称夯压桩)是在锤击沉管灌注桩的基础上发展起来的。它是利用打桩锤将内外钢管沉入土层中,由内夯管夯扩端部混凝土,使桩端形成扩大头,再灌注桩身混凝土,用内夯管和桩锤顶压在管内混凝土面形成桩身混凝土。夯压桩直径一般为400~500min,扩大头直径一般可达450~700mm,桩长可达20m,适用于中低压缩性黏土、粉土、沙土、碎石土、强风化岩等土层。

在沉管过程中,不用桩尖,外管封底采用干硬件混凝土或无水混凝土,经夯击形成柔性阻水、阻泥管塞。当不出现由内、外管间陈涌水、涌泥时,也不用上述封底措施;当地下水较大,出现涌水、涌泥现象严重时,也可在底部加一块镀锌铁皮或预制混凝土桩尖,以更好地达到止水目的。

(四)人工挖孔灌注桩

人工挖孔灌注桩是指采用人工挖掘方法进行成孔,然后安装钢筋笼,浇筑混凝土,成为支撑上部结构的桩。

人工挖孔桩的优点是:设备简单,噪音小,振动小,对周围的原有建筑物影响小;施工现场较干净;土层情况明确,可直接观察到地质变化情况,桩底沉渣能清除干净,施工质量可靠。当高层建筑采用大直径的混凝土灌注桩时,人工挖孔比机械成孔具有更大的适应性,因此近年来随着我国高层建筑的发展,人工挖孔桩得到较广泛地运用,特别在施工现场狭窄的市区修建高层建筑时,更显示其特殊的优越性。但人工挖孔桩施工时,工人在井下作业,施工安全应予以特别重视,要严格按操作规程施工,制订可靠的安全措施。

(五)灌注桩施工质量要求

灌注桩施工质量检查包括成孔及清孔、钢筋笼制作及安放、混凝土搅拌及灌注等工序过程的质量检查。成孔及清孔时主要检查已成孔的中心位置、孔深、孔径、垂直度、孔底沉渣厚度;钢筋笼制作安放时主要检查钢筋规格,焊条规格、品种,焊口规格,焊缝长度,焊缝外观和质量,主筋和箍筋的制作偏差及钢筋笼安放的实际位置等;混凝土搅拌和灌注时主要检查原材料质量与计量,混凝土配合比、坍落度等。对于沉管灌注桩还要检查打入深度、停锤标准、桩位及垂直度等。

对于一级建筑物和地质条件复杂或成桩技术可靠性较低的桩基工程,应采用静载检测和动测法检查；对于大直径桩还可以采取钻取岩心、预埋管超声检测法检查，数量根据具体情况中设计确定。

桩基验收应包括下列资料：

1. 正程地质勘查报告，桩基施工图、图纸会审纪要，设计变更单及材料代用通知单等。

2. 经审定的施工组织设计、施工方案及执行中的变更情况。

3. 桩位测量放线图，包括工程桩位线复核签证单。

4. 桩质量检查报告。

5. 单桩承载力检测报告。

6. 基坑挖至设计标高的基桩竣工平面图及桩顶标高图。

第五节　公路工程建设管理

一、合同管理

合同是当事人设立、变更和终止相互权利和义务关系的协议。经济合同是合同中的一种，其是法人之间为实现一定的经济目的、明确相互权利和义务关系的协议。公路工程承包合同属于经济合同的范畴，其是指在业主和参与公路工程项目实施各主体之间明确双方责任、权利和义务的具有法律效力的协议文件。

合同的主体、客体和内容被认为是构成合同的三大要素。合同的主体是指签约的当事人，是合同的权利和义务的承担者；合同的客体是签约人权利和义务所共指的对象；合同的内容是指签约人之间相互的权利和义务，如工程的合同质量、工期价格等。

公路工程合同管理，主要是指对各类合同的依法订立过程和履行过程的管理，主要包括合同文本的选择，合同条件的协商与谈判，合同书的签署，合同的履行检查、变更和违约、纠纷的处理，合同管理的总结评价等。

二、组织协调

是实现项目目标必不可少的方法和手段。公路工程的组织协调是指在公路工程项目的实施过程中，各个项目的参与单位需要处理和调整的协作关系，使相互之间加强合作、减少矛盾、避免纠纷，共同完成项目目标。

工程项目的控制目标是质量、进度和投资。在实施的全过程中,施工企业的首要任务就是组织协调各有关单位围绕控制目标采取有效措施。为了实现控制目标,需要创造内外部的条件和环境,如地质部门的配合协作,设计部门按时无误提供图纸,施工队伍具有较高施工水平和管理能力,设备、材料及时保质保量的供应,供电、供水单位的不间断供应,有关单位的密切配合,兄弟单位对建设项目的支持和帮助,这些无一不是完成既定目标的控制条件。

三、动态控制

动态控制是指在完成工程项目的过程中,通过对过程、目标和活动的跟踪,全面、及时、准确地掌握工程建设信息,将实际目标值和工程建设状况与计划目标和状况进行对比,如果偏离了计划和标准的要求就采取措施加以纠正,以便达到计划总目标的实现。这种控制是一个动态的过程。

工程在不同的空间展开,控制就要针对不同的空间来实施。工程项目的实施分不同的阶段,控制也就分成不同阶段的控制。工程项目的实现总要受到外部环境和内部因素的各种

干扰,因此,必须采取应变性的控制措施。计划的不变是相对的,计划总是在调整中运行,控制就要不断地适应计划的变化,从而达到有效的控制。监理工程师只有把握住工程项目动态的脉搏才能做好目标控制工作。

动态控制是在目标规划的基础上针对各级分目标实施的控制,以期达到计划总目标的实现。整个动态控制过程都是按事先安排的计划来进行的。一项好的计划应当首先是可行、合理的,其要经过可行性分析来保证计划在技术上先进、资源上允许、财务上可行、经济上合理。同时,要通过必要的反复完善过程,力求达到优化的程度。

四、风险管理

20多年来,我国的基础设施建设得到了快速发展,使许多长期困扰经济发展的问题明显得到缓解,拉动了相关产业的快速增长,对国民经济起到了重要的推动作用。当前在实施全过程的质量管理中,有一个环节往往被忽视或不重视,这就是工程的风险管理。

目前,公路工程项目风险管理还只侧重于项目后期,在项目前期之所以没有进行风险管理,一方面是由于国家项目管理程序中没有风险分析这一部分;另一方面就是建设单位(业主)不重视,没有意识到进行风险分析和管理可以克服项目的片面

性、有利于项目的科学决策的重要性。

工程实践证明,公路工程项目从立项到运营都存在着风险,对项目全过程实行风险管理可减少项目决策的不确定性,从而创造平静、稳定的工作环境,保证目标控制的顺利进行,更好地实现项目质量、进度和投资目标。

五、信息管理

所谓信息是指可以用语言、文字、数据、图表、音像或其他可以让使用者识别的信号来表示的,并可以进行传递、处理与应用的,能帮助人们作出正确决策的知识。公路工程实施控制的基础是信息,能及时、准确、完整地掌握信息,可使施工人员耳聪目明,卓有成效地完成施工任务。因此,信息管理工作的好坏将会直接影响工程施工的成败,重视信息管理工作、掌握信息管理的方法则是施工企业工程管理中的一项重要任务。

公路工程项目的信息管理,主要是指对有关项目的各类信息的搜集、储存、加工、整理、传递与使用等一系列工作的总称。信息管理的主要任务是及时、准确地向项目管理各级领导、各参加单位及有关人员等提供所需要的综合程度不同的信息,以便在项目进展的全过程中,动态地进行项目规划与管理,迅速正确地进行各种决策,及时检查决策执行结果,反映工程实施中暴露出来的各类问题,为实现工程项目的总目标服务。

六、环境保护

随着公路的高速发展,公路污染、公路对周边环境的影响等问题也大量凸现出来。如何解决公路建设带来的环境问题,如何按照现阶段我国实际情况分析评价公路建设各阶段对环境的作用与影响,采取何种措施减少或杜绝公路环境污染、恢复路域生态损失,是一个值得我们认真研究的重要课题。

目前,在我国公路工程建设中造成的环境问题很多,有些地方甚至非常严重。例如,选线不当会破坏沿线生态环境;防护不当会造成水土流失;公路带状延伸会破坏路域的自然风貌,造成环境损失;公路施工造成环境污染;公路通车营运期间产生的噪声、排放的尾气及扬尘对沿线造成环境污染等。在公路工程项目实施阶段,要做到主体工程与环境保护措施工程同步设计、同步施工、同步投入运行。在公路工程施工承发包中,必须依法做好环境保护工作,要将其列为重要的合同条件加以落实,并在施工方案的审查和施工过程中,始终把落实环境保护措施、克服建设公害作为重要内容。

七、目标控制

合理的目标控制是实现目标的手段,组织的设置、人员的配备和有效的领导是实现目标控制的基础。在工程项目计划执行过程中,必须进行目标控制。在实施过程中发现偏离目标时,应及时分析偏离的原因,确定应采取的纠正措施,直至工程项目目标实现为止。

目标控制是公路工程项目管理的重要职能,其是指项目管理人员在不断变化的动态环境中,为保证既定计划目标的实现而进行的一系列检查和调整活动。公路工程项目目标控制的主要任务,就是在项目前期策划、勘察设计、施工、竣工验收、交付使用等各个阶段采用规划、组织、协调等手段,从组织、技术、经济、合同等方面采取措施,确保工程项目总目标的顺利实现。

第三章 公路货物运输管理

第一节 公路货物运输认知

一、公路货物运输

1. 公路货物运输的含义

公路货物运输是指利用可以载货的货运汽车(包括敞车、集装箱车、厢式货车、特种运输车辆)、机动三轮货运车、人力三轮货运车、其他非机动车辆,在道路(含城市道路和城市以外的公路)上,使货物进行位移的道路运输活动。

在现代运输业的发展过程中,世界上许多国家有一个共同的发展规律,即海运、铁路运输发展在先,公路运输则后来居上。由于汽车已成为公路运输的主要运载工具,因此,现代公路运输主要指汽车运输。

2. 公路货物运输的优势及不足

(1)与其他运输方式相比较,公路运输的优势是:

①机动灵活、适应性强

公路运输既可以成为其他运输方式的接运方式,又可以自成体系,机动灵活。汽车的载重量可大可小,小者只有0.25吨,大者有几十吨、上百吨,当使用牵引车拖(半)挂车时载重量可达上千吨。汽车运输对客、货批量的大小具有很强的适应性,既可以单车运输,也可以拖挂运输。

②可实现"门到门"直达运输

由于汽车体积较小,中途一般也不需要换装,除了可沿分布较广的路网运行外,还可离开路网深入到工厂企业、农村田间、城市居民住宅等地,即可以把旅客和货物从始发地门口直接运送到目的地门口,实现"门至门"直达运输。在物流配送活动中,可以直接到达收货人的仓库卸货。

③有较高的运送速度

在中、短途运输中,由于公路运输可以实现"门到门"直达运输,中途不需要倒运、转乘就可以直接将客货运达目的地。因此,与其他运输方式相比,其客、货在途时间较短,运送速度较快,特别是高速公路网的建设使公路运输的运送速度得到很大的提高,有时汽车进行长途运输的运送速度甚至可以超过火车。运送速度快的意义在于加速资金周转,保证货物的质量、减少货物的在途时间,为生产企业、流通企业"零库存"的实现提供保障。所以高档、贵重鲜活易腐货物及急需运输的货物多数采用汽车运输方式。

④原始投资少,资金周转快

公路运输企业的固定资产主要是车辆、装卸机械、汽车站(场)。投资最大的公路,是由国家投资的,具有公用设施的性质。与铁、水、航运输方式相比,所需固定设施简单,车辆购置费用一般也比较低,因此,投资兴办容易,投资回收期短。

⑤车辆驾驶技术较易掌握

汽车驾驶技术比较容易掌握。汽车驾驶员的培训时间较短,仅几个月时间,而火车、轮船、飞机的驾驶技术则要数年才能掌握。汽车运输对驾驶员的各方面素质要求相对较低。

(2)与其他运输方式比较,公路运输的不足:

①运量较小,运输成本较高

汽车的单位工具载重量较铁路列车、船舶小得多,因此在人力的消耗和运输能力上远远小于铁路和水路运输。目前,世界上最大的汽车是由美国通用汽车公司生产的矿用自卸车,长20多米,自重610吨,载重350吨左右,但仍比火车、轮船的载重量少得多。由于汽车载重量小,行驶阻力比铁路大9~14倍,所消耗的燃料又是较高价格,因此,除了航空运输,就是汽车运输成本最高了。

②运行持续性较差

据有关统计资料表明,在各种现代运输方式中,由于受经济运距的影响,公路的平均运距是最短的,运行持续性较差。但其机动灵活,适应性强,可实现"门到门"直达运输等特点弥补了运行持续性不足的缺陷。

③安全性较低,污染环境较大

汽车运输的交通事故无论是在数量上,还是造成的损失总量,都较其他运输方式多。汽车所排出的尾气和引起的噪声也严重地威胁着人类的健康,是城市环境污染的最大污染源之一。为减少公害,各国都先后颁布法规对汽车的使用予以限制,我国于1985年正式颁布了车辆废气排放标准。

二、公路运输系统

1. 公路

(1)根据公路的使用任务、功能和适应的交通量,公路可分为五个等级。

①高速公路。

它是专指汽车分向、分车道行驶并全部控制出入(全部立体交叉)的干线公路。

四车道高速公路一般能适应按各种汽车折合成小客车的远景设计年限平均昼夜交通量为25000~55000辆；六车道高速公路一般能适应按各种汽车折合成小客车的远景设计年限平均昼夜交通量为45000~80000辆；八车道高速公路一般能适应按各种汽车折合成小客车的远景设计年限平均昼夜交通量为60000~00000辆。实际上，地形与地质条件特别困难的地区，高速公路也有修建成两车道的，如贵阳至遵义的贵遵高速公路。两车道就不可能有专门的超车道．超车一般在每隔一定距离设置的超车区进行。

2. 一级公路。

一般能适应按各种汽车折合成小客车的远景设计年限平均昼夜交通量为15000~30000辆，车道数为4。通往重点工矿区、港口、机场，专供汽车分向、分车道行驶并部分控制出入的公路。

③二级公路。

一般能适应按各种汽车折合成中型载货汽车的远景设计年限平均昼夜交通量为3000~7500辆，车道数为2，为连接政治、经济中心或大工矿区、港口、机场等地的专供汽车行驶的公路。

④三级公路。

一般能适应按各种汽车折合成中型载货汽车的远景设计年限平均昼夜交通量为1000~4000辆，车道数为2。为沟通县以上城市的公路。

⑤四级公路。

一般能适应按各种汽车折合成中型载货汽车的远景设计年限平均昼夜交通量为：双车道1500辆以下，单车道200辆以下。车道数为1或2，为沟通县、乡（镇）、村等的公路。不同等级的公路，路面路基质量、路面宽度、曲线半径、交通控制和行车速度都有较大的差距，对道路运输的运输质量、运输成本影响很大。在上述各等级公路组成的公路网中，高速公路及汽车专用一、二级公路在公路运输中的地位和作用相当重要。

（2）按照行政等级公路可划分为以下5个等级。

①国道。在国家公路网中，具有全国性的政治、经济、国防意义，并经确定为国家级的干线公路。

②省道。在省公路网中，具有全省性的政治,经济,国防意义,并经确定为省级的干线公路。

③县道。具有全县性的政治、经济意义,并经确定为县级的干线公路。

④乡道。乡道主要为乡村农民生产生活服务的公路。

⑤专用公路。由工矿、农村等部门投资修建，主要供该部门使用的公路。

2. 汽车站（场）

汽车站（场）是公路物流活动的结点，主要有货运站和停车场。主要工作是组织货源，受理托运，理货，并编制车辆运行作业计划、完成车辆调度等。

（1）货运站

公路运输货运站的主要功能包括货物的组织与承运、中转货物的保管、货物的交付、货物的装卸以及运输车辆的停放、保修等内容。简易的货运站点，则仅有供运输车辆停靠与货物装卸的场地。

公路货运站又可分为汽车零担站、零担中转站、集装箱货运中转站等。零担货运站一般是按照年工作量（即零担货物吞吐量）划分等级的，年货物吞吐量在6万吨以上的为一级站；年货物吞吐量在2万~6万吨的为二级站；年货物吞吐量在2万吨以下的为三级站。零担货运站应配备零担站房、仓库、货棚、装卸车场、集装箱堆场、停车场及维修车间、洗车台、材料库等生产辅助设施。集装箱货运中转站应配备拆装库、高站台、拆装箱作业区、业务（商务及调度）用房、装卸机械与车辆等。

（2）停车场

停车场的主要功能是停放与保管运输车辆。现代化的大型停车场还具有车辆维修、加油等功能。停车场内的平面布置要方便运输车辆驶入、驶出和进行各类维护作业，多层车库或地下车库还需设有斜道或升降机等，以便车辆进出。

3. 运输车辆

公路运输车辆是指具有独立原动机与载运装置，能自行驱动行驶，专门用于运送旅客和货物的非轨道式车辆。汽车是公路运输的最基本运输工具，它由车身、动力装置和底盘三部分组成。车身包括驾驶室和车厢两部分；动力装置是驱动汽车行驶的动力源，现代汽车的动力装置主要是汽油机或柴油机；底盘是车身和动力装置的支座，同时是传递动力、驱动汽车、保证汽车正常行驶的综合体。从事货运的车辆按用途一般可分为载货汽车、专用运输车辆特种车、牵引车和挂车等。

（1）载货汽车

按照货车的总质量不同，可分为：微型货车，总质量小于1.8吨；轻型货车，总质量为1.8~6吨中型货车，总质量为6~14吨重型货车，总质量大于14吨。不同类型的载货汽车所应用的场合是不同的。从载货汽车的型号看，微型和轻型载货汽车服务于规模不大、批量很小的货物运输，通常用于城市内运输。中型载货汽车适用范围比较广泛，既可在城市内承担短途运输任务，也可承担中、长途运输。重型载货汽车多用于经常性的大批量货物运输，如大型建筑工地、矿山等地区的货物运输，主要用于长距离的干线运输。目前在我国,中型载货汽车是主要车型,数量较多。

载货汽车的车身具有多种形式。敞车车身是载货汽车车身的主要形式,它适用于运送各种货物。厢式车身可以提高货物安全性,多用于运送贵重货物。自卸汽车可以自动卸货,适用于运送散装货物,如煤炭、矿石、沙子等。

(2)专用运输车辆

专用运输车辆是按运输货物的特殊要求设计的,主要包括:厢式车,即标准的挂车或货车,货厢封闭;敞车,即挂车顶部敞开,可装载高低不等的货物;平板,即挂车,无顶也无侧厢板,主要用于运输钢材和集装箱货物;罐式挂车,用于运输流体类货物;冷藏车,用于运输需控制温度的货物;高栏板车,车厢底架凹陷或车厢特别高,以增大车厢容积。

(3)特种车

特种车通常是在普通汽车底盘上安装专用的设备或车身,专供特殊用途而制造的汽车,例如消防车、救护车垃圾车、酒水车和各种工程车。

(4)牵引车和挂车

①牵引车也称"拖车",一般不设载客或载货车厢,它是专门用于拖挂或牵引挂车的汽车。牵引车可分为全挂式和半挂式两种。半挂式牵引车与半挂车一起使用,半挂车的部分重量由半挂式牵引车的底盘承载。全挂式牵引车则与全挂车一起使用,其车架较短。除专门牵引车以外,一般的载货汽车也可作为全挂式牵引车使用。

②挂车本身无动力装置,而是通过杆式或架式拖挂装置,由牵引车或其他车辆牵引,因此它必须与牵引车组合在一起才能作为一个完整的运输工具。挂车的车身通常也做成车厢的形式,可以运送货物。挂车有全挂车、半挂车、厢式挂车以及重载挂车等类型。全挂车由牵引车或作为牵引车使用的汽车牵引。半挂车则与半挂式牵引车一起使用。轴式挂车是一。种单轴车辆,专门用于运送长度较大的货物。重载挂车是大载重量的挂车,它可以是全挂车,也可以是半挂车,专门用于运送沉重的货物,其载重量可达到200~300吨。由于挂车结构简单,保养方便,而且自重较小,因此在汽车运输中应用广泛。

三、公路运输的类型

1. 按运输条件分类

可以分为一般货物运输和特种货物运输。特种货物运输又可以分为大件货物运输、危险货物运输、鲜活货物运输和贵重货物运输。

2. 按运输速度分类

可以分为普通货物运输和快件货物运输。应托运人要求，在规定的时间内将货物运达目的地的为快件货物运输。

3. 按运输组织方法分类

可以分为整车货物运输、零担货物运输和集装箱货物运输。

4. 按经营方式分类

可以分为公共货物运输、契约货物运输、自用运输业和汽车货运代理。

（1）公共货物运输专门经营汽车货物运输业务并以整个社会为服务对象，其经营方式有以下几种：

①定期定线运输。不论货载多少，在固定路线上按时间表行驶。

②定线不定期运输。在固定路线上视货载情况。派车行驶。

③定区不定期运输。在固定的区域内根据货载需要，派车行驶。

（2）契约货物运输是指按照承托双方签订的运输契约运送货物。与之签订契约的托运人一般都是一些大的工矿企业，常年运量较大而又较稳定。契约期限一般都比较长短的有半年、一年，长的可达数年。按契约规定，托运人保证提供一定的货运量，承运人保证提供所需的运力。

（3）自用运输业是指工厂、企业、机关自置汽车，专为运送自己的物资和产品，一般不对外营业。随着中国的改革开放和加入 WTO 以后，汽车市场的不断放开，汽车的价格降低，自置汽车的比例较以前已经有一定幅度的增长。

（4）汽车货运代理本身既不掌握货源也不掌握运输工具。他们以中间人身份一面向货主揽货，一面向运输公司托运，借此收取手续费用和佣金。有的汽车货运代理专门从事向货主揽取零星货载，加以归纳集中成为整车货物，然后自己以托运人名义向运输公司托运，赚取零担和整车货物运费之间的差额。

5. 按货物是否参加了保价运输或运输保险分类

可以分为货物保价运输、货物保险运输和既未保价又未保险的货物运输。保价运输与货物保险的目的是相同的，即两者都是发货人或托运人在货物运输前，为了在运输过程中，一旦被运送的货物出现损坏或丢失，可以通过向承运人或保险公司索赔得以补偿，而事先向承运人或保险公司支付一笔费用作为代价。保价运输承担责任、收取费用或理赔的对象是承运人，而货物保险承担责任、收费或理赔的对象是保险公司。

6. 按运输方式的多少分类

可以分为单一方式运输和公路参加的联合运输。

四、公路货运方式

1. 公路整车货物运输

在公路运输中,托运人一次托运的货物在3吨(含3吨)以上,或虽不足3吨,但其性质、体积、形状需要一辆3吨以上车辆进行运输的,称为整车货物运输。

判断一批货物是零担货还是整车货的依据不完全取决于货物数量、体积或形状的大小,还应考虑货物的性质、货物价值、对运费的负担能力等因素,对于特种货物(包括集装箱货物),无论数量、体积、形状如何,承运人通常均不按零担货承运。但以下货物必须按整车运输。

(1)鲜活货物,如冻肉、冻鱼、鲜鱼、活的牛、羊、猪、兔、蜜蜂等。

(2)需用专车运输的货物,如石油、烧碱等危险货物,粮食、粉剂的散装货等。

(3)不能与其他货物拼装运输的危险品。

(4)易于污染其他货物的不洁货物,如炭、皮毛、垃圾等。

(5)不易于计数的散装货物,如煤、焦炭、矿石、矿沙等。

2. 公路零担货物运输

我国汽车运输管理部门制定的《公路汽车货物运输规则》规定:托运人一次托运的货物,其重量不足3吨者为零担货物。按件托运的零担货物,单件体积一般不得小于0.01立方米(单件重量超过10千克的除外)不得大于1.5立方米;单件重量不得超过200千克;货物长度、宽度、高度分别不得超过3.5米、1.5米和1.3米。不符合这些要求的,不能按零担货物托运、承运。各类危险货物,易破损、易污染和鲜活等货物,般不能作为零担货物办理托运。

第二节 公路货物运输业务流程

一、公路整车货物运输业务

1. 公路整车货物运输的特点

为明确运输责任,整车货物运输通常是一车一张货票、个发货人。为此,公路货物运输企业应选派额定载重量(以车辆管理机关核发的行车执照上的标记的载重量为准)与托运量相适应的车辆装运整车货物。一个托运人托运整车货物的重量低于车辆额定重量时,为合理使用车辆的载重能力,可以拼装另一托运人的货物,即一车两票或多票,但货物总重量不得超过车辆额定载重量。整车货物多点装卸,按全程合计最大载重量计重,最大载重量不足车辆额定载重量时,按车辆额定载重量计算。托运整车货物由托运人自理装车,未装足车辆标记载重量时,按车辆标记载重量核收运费。

整车运输一般不需要中间环节或中间环节很少,送达时间短,相应的货运集散成本较低。涉及城市间或过境贸易的长途运输与集散,如国际贸易中的进出口商通常愿意采用以整车为基本单位签订贸易合同,以便充分利用整车货物运输的快速方便、经济、可靠等优点。

2. 公路整车货物运输的组织形式

(1) 多班(双班)运输

多班运输,是指在昼夜时间内的车辆工作超时一个班以上的货运形式。组织双班运输的基本方法是每辆汽车配备两名以上驾驶员,分日、夜两班轮流行驶。它也是提高车辆生产率的有效措施之一,但要注意安排好驾驶员的工作和休息时间,同时也考虑到定车、定人和车辆保修安排。在组织双班运输时,由于夜班比日班条件差,因此,除了工作时间长短不同外,在安排日夜班的运行作业计划时,一般应遵循以下原则:难运的安排在日班,好运的安排在夜班。

(2) 定点运输

定点运输,是指按发货点固定车队、专门完成固定货运任务的运输组织形式。在组织定点运输时,除了根据任务固定车队外,还实行装卸工人、设备固定和调度员固定等运输组织形式。实行定点运输,可以加速车辆周转,提高运输和装卸工作效率,提高服务质量,并有利于行车安全和节能。定点运输组织形式,既适用于装卸地点比较固定集中的货运任务,也适用于装货地点集中而卸货地点分散的固定性货运任务。

(3) 定时运输

定时运输,是指运输车辆按运行作业计划中所拟定的行车时刻表来进行工作。在汽车行车时刻表中规定汽车从车场开出的时间、每个运次到达和开出装卸地点的时间及装卸工作时间等。由于车辆按预先拟定好的时刻表进行工作,也就加强了各环节工作的计划性,提高了工作效率。要组织定时运输,必须做到各项定额的制定和查定工作,包括:车辆出车前的准备工作时间定额,车辆在不同运输路线上重、空载行驶时间定额,以及不同货种的装卸工作时间定额等。同时还应合理确定驾驶员的休息和用餐等生活时间,加强货源调查和组织工作,加强车辆调度和日常工作管理以及装卸工作组织等。

（4）甩挂运输

甩挂运输，是指利用汽车列车甩挂挂车的方法，以减少车辆装卸停歇时间的一种拖挂运输形式。在相同的运输组织条件下，汽车运输生产效率的提高取决于汽车的载重量、平均技术速度和装卸停歇时间三个主要因素。实行汽车运输列车化。可以相应提高车辆每运次的载重量从而显著提高运输生产效率。采用甩挂运输时，需要在装卸货现场配备足够数量的周转挂车，在汽车列车运行期间，装卸工人预先装（卸）好甩下的挂车，列车到达装（卸）货地点后先甩下挂车，装卸人员集中力量装（卸）主车货物，主车装（卸）货完毕即挂上预先装（卸）完货物的挂车继续运行。采用这种组织方法，就使得整个汽车列车的装卸停歇时间减少，为主车装卸停歇时间加甩挂时间。但需要注意周转挂车的装卸工作时间应小于汽车列车的运行时间间隔。甩挂运输应适用于装卸能力不足、运距较短、装卸时间占汽车列车运行时间比重较大的运输条件，并根据运输条件的不同而组织不同形式的甩挂运输。

3. 公路整车货物运输的业务流程

公路货物运输的一般流程是指货物从开始受理到交付收货人为止的生产活动。整车货物运输一般不需要中间环节或中间环节很少，送达时间短，相应的货运集散成本较低。具体流程如下：

（1）接单：公路运输主管从客户处接受（传真）运输发送计划；公路运输调度从客户处接出库提货单证；核对单证。

（2）登记：运输调度在登记表上分送货目的地，分收货客户标定提货号码；司机（指定人员及车辆）到运输调度中心拿提货单，并在运输登记本上确认签收。

（3）调用安排：填写运输计划；填写运输在途、送到情况；追踪反馈表；电脑输单。

（4）车队交接：根据送货方向、重量、体积、统筹安排车辆，将运输计划报客户处，并确认到厂提货时间。

（5）提货发运：按时到达客户提货仓库；检查车辆情况；办理提货手续；提货，盖好车棚，锁好箱门；办好出厂手续；电话通知收货客户预达时间。

（6）在途追踪：建立收货客户档案；司机及时反馈途中信息；与收货客户电话联系送货情况；填写跟踪记录；有异常情况及时与客户联系。

（7）到达签收：电话或传真确认到达时间；司机将回执单用EMS或FAX传真回公司；签收运输单；定期将回执单送至客户处；将当地市场的地址及时反馈给客户。

（8）回单：按时准确到达指定卸货地点；货物交接；百分之百签收，保证运输产品的数量和质量与客户出库单一致；了解送货人对客户产品在当地市场的销售情况。

（9）运输结算：整理好收费票据；做好收费汇总表交至客户，确认后交回结算中心；结算中心开具发票，向客户收取运费。

二、公路零担货物运输业务

1. 公路零担货物运输的特点

零担货运由于其货物类型和运输组织形式的独特性，使零担货物运输形成了自己独有的特点．概括地说表现在如下几方面：

（1）货源的不确定性和来源的广泛性

零担货物运输的货物流量、数量、流向具有一定的不确定性，并且多为随机性发生，难以通过运输合同方式将其纳入计划管理范围。

（2）组织工作的复杂性

零担货物运输不仅货物来源、货物种类繁杂，而且面对繁杂的货物和各式各样的运输要求必须采取相应的组织形式，才能满足人们的货运需求。这样就使得零担货物运输环节多，作业工序细致，设备条件繁杂，对货物配载和装载要求高。

（3）单位运输成本较高

为了适应零担货物运输的要求，货运站要配备一定的仓库、货棚、站台以及相应的装卸、搬运、堆制的机具和专用厢式车辆。此外，相对于整车货物运输而言，零担货物周转环节多，更易于出现货损、货差，因此赔偿费用较高，从而导致了零担货物运输成本较高。

（4）适应于千家万户的需要

零担货物运输非常适合商品流通中品种繁多、批量小、批次多、价格贵重、时间紧迫、到站分散的特点。因此它能满足不同层次客户对商品流通的要求，方便大众对物资生产和流动的实际需要。

（5）运输安全、迅速、方便

零担货运由于其细致的工作环节与广泛的业务范围，并承担一定的行李、包裹的运输，其班车一般都有规定的车厢，所装货物不会受到日晒雨淋，成为客运工作的有力支持者，同时体现了安全、迅速方便的优越性。

（6）零担货物运输机动灵活

零担货物运输都是定线、定期定点运行，业务人员和托运单位对货运情况都比较清楚，便于沿途各站组织货源。往返实载率高，经济效益显著。对于经常性、时令性和急需的零星货物运输具有尤为重要的意义。

2. 公路零担货运的组织形式

（1）固定式

固定式也称"汽车零担货运班车"，即所谓的"四定运输"，指的是车辆运行采取定线路、定班期、定车辆、定时间的一种组织形式。这种组织形式要求根据营运区内零担货物流量、流向等调查资料，结合历史统计资料和实际需要，在适宜的线路上开行定期零担货运班车。

①直达式

直达式是指在起运站，将各发货人托运到同一到达站，而且性质适合配装的零担货物，同一车装运直接送至到达站。途中不发生装卸作业的一种组织形式。

②中转式

中转式是指在起运站将各托运人发往同一去向，不同到达站，而且性质适合于配装的零担货物，同车装运到规定的中转站中，卸货后另行配装，重新组成新的零担班车运往各到达站的一种组织形式。

零担货物的中转作业一般有三种方法：落地法即全部落地中转，是将整车零担货物全部卸下交中转站入库，由中转站按货物的不同到站进行重新集结，另行安排零担货车分别装运，继续运到目的地；坐车法即部分落地中转，由始发站开出的零担货车，装运有部分要在途中某地卸下并转至另一路线的货物，其余货物则由原来车继续运送到目的地；过车法即直接换装中转，当几辆零担车同时到站进行中转作业时，将车内部分中转零担货物由一辆车向另一辆车上直接换装，而不经过仓库货位上卸货，组织过车时，既可以向空车上过，也可向留有货物的重车上过。

这三种方法各有优劣。落地法简便易行，车辆载重量和容积利用较好，但装卸作业量大，仓库和场地的占用面积大，中转时间长。坐车法部分货物不用卸车，减少了作业量，加快了中转作业速度，节约了装卸劳力和货位，但对留在车上的货物的装载情况及数量不易检查清点。过车法在完成卸车作业时即完成了装车作业，提高了作业效率，加快了中转速度，但对到发车辆的时间等条件要求较高。容易受意外因素干扰而影响运输计划。

零担货物的中转还涉及中转环节的理货、堆码、保管等作业，零担货物中转站必须配备相应的仓库等作业条件，确保货物安全及时准确地到达目的地。

③沿途式

沿途式是指在起运站将各个托运人发往同一线路，不同到站，且性质适宜配装的各种零担货物同车装运，按计划在沿途站点卸下或装上零担货再继续前进，运往各到达站的一种组织形式。这种形式组织工作较为复杂,车辆在途中运行时间也较长,但它能更好地满足沿途各站点的需要,充分利用车辆的载重和容积,是一种不可缺少的组织形式。

（2）非固定式

非固定式是指按照零担货流的具体情况,根据实际需要,随时开行零担货车的一种组织形式。这种组织形式由于缺少计划性,必将给运输部门和客户带来一定不便。因此只适宜于在季节性或在新辟零担货运线路上作为一项临时性的措施。

3. 公路零担货运的业务流程

零担货物运输业务是根据零担货运工作的特点,按流水作业形式构成的一种作业程序。

（1）托运受理

托运受理是指零担货物承运人根据经营范围内的线路、站点运距、中转站及各车站的装卸能力、货物的性质及受运限制等业务规则和有关规定接受托运零担货物并办理托运手续。受理托运时,必须由托运人认真填写托运单,承运人审单无误并签章后方可承运。

（2）过磅起票

零担货物受理人员在接到托运后,应及时验货过磅,认真点件交接,做好记录。按托运单编号及货物标签填写零担货物运输货票,收取运杂费。

（3）仓库保管

零担货物进出仓要照单入库或出库,做到以票对票、票票不漏、货票相符。零担货物仓库应严格划分货位,一般可为待运货位、急运货位、到达待交货位。零担货物仓库要具有良好的通风能力、防潮能力、防火能力、安全保卫能力及必要的灯光设备。

（4）配载装车

①零担货物的配载原则：中转先运,急件先运,先托先运,合同先运；尽量采用直达方式,必须中转的货物,则应合理安排流向；充分利用车辆载货量和容积；严格执行混装限制规定；加强对中途各站待运量的掌控,尽量使同站装卸的货物在重量和体积上相适应。

②装车准备工作。按车辆容积、载重和货物的形状、性质进行合理配载,填制配装单和货物交接清单；填单时应按货物先远后近、先重后轻、先大后小、先方后圆的顺序进行,以便按单顺次装车,对不同到达站和中转的货物要分单填制；将整理后的

各种随货单证分别附于交接清单后面;按单核对货物堆放位置,做好装车标记。

③装车。按交接清单的顺序和要求点件装车;将贵重物品放在防压、防撞的位置,保证运输安全;驾驶员(或随车理货员)清点随车单证并签章确认;检查车辆、关锁及遮盖捆扎情况。

(5)车辆运行

零担货运班车必须严格按期发车,按规定线路行驶,在中转站要由值班人员在路单上签证。有车辆跟踪系统的要按规定执行,使基站能随时掌控车辆在途情况。

(6)货物中转

对于需要中转的货物需以中转零担班车或沿途零担班车的形式运到规定的中转站进行中转。中转作业主要是将来自各个方向的仍需继续运输的零担货物卸车后重新集结待运,继续运至终点站。

(7)到达卸货保管及交付

零担班车到站后,对普通到货零担及中转联运零担分别理卸。同时根据仓库情况,将普通到货按流向卸入货位后,对需要中转的联运货物,应办理中转手续。零担货物的卸车交货应注意以下几点:

班车到站时,车站货运人员应向随车理货员或驾驶员索阅货物交接单以及随车的有关单证,并与实际装载情况核对,如有不符应在交接清单上注明。

卸车时,应向卸车人员说明有关要求和注意事项,然后根据随货同行的托运单、货票等逐批、逐件验收。卸车完毕后,收货员与驾驶员或随车理货员办理交接手续,并在交接清单上签字。交接完毕后,将到达的货物记入零担货物到达登记表,并迅速以到货公告或到货通知单通知收货人前来提货。

三、公路特种货物运输

公路特种货物运输是指货物在运输、配送、保管及装卸作业过程中,需要采用特殊措施和方法的公路货物运输。特种货物一般分为四大类,即危险货物、大件(长大笨重)货物、鲜活货物和贵重货物。

1. 危险货物运输

(1)危险货物的含义和类型

凡具有爆炸、易燃毒害、腐蚀、放射性等性质,在运输、装卸和储存保管过程中容易造成人身伤亡和财产损毁而需要特别防护的货物均属危险货物。

危险货物分为9类。即爆炸品;压缩和液化气体;易燃液体;易燃固体、自燃物品和遇湿易燃物品;氧化剂和有机过氧化物;毒害品和感染性物品;放射性物品;腐蚀品;杂项危险物质与物品。

(2)危险货物运输组织

①配备符合规定的驾驶员和押运员。驾驶员和押运员必须经过专门培训并取得危险货物运输从业资格证、押运证。要学习掌握一定的化工知识,熟悉承载货物的物理化学性质、危险特性、注意事项,如货物的比重、闪燃点、毒性、膨胀系数等。出车时要带齐驾驶证、准运证、从业资格证、押运证以及行驶证、车辆年检合格证、养路费凭证和容器安全检验合格报告等证件,以备检查。

②车辆安全状况和安全性能合格。必须对车辆的安全技术状况进行认真检查,发现故障必须排除后才可投入运行。要特别注意检查容器的安全性能,逐个部位检查液位计、压力表、阀门、温度表、紧急切断阀、导静电装置等安全装置是否安全可靠,杜绝跑、冒、滴、漏等情况的发生,故障未处置好不得承运。要保持驾驶室干净,不得有发火用具,危险品标志灯牌完好。

③应急处理准备充分。要检查随车消防器材的数量及有效性。随车携带不发火的工具、专业设备、劳动防护用品,不得穿钉子鞋和化纤服装。押运员要携带掌握承载货物的事故技术处置方案(包括危险特性、处置措施、消防处置措施),产品生产厂家联系电话及交通事故、治安、消防、救护、环保等报警电话。

④装载货物要注意细节。装载货物要到现场负责监督,详细核对货物名称、规格、数量是否与托运单证相符。要按照堆码整齐、靠紧妥帖、平整牢固、均匀平衡、易于点数的基本要求进行。各种危险化学品不能混装,做到一车一货。承载易燃易爆品时,车辆排气管要戴防火罩,桶装危险品的桶与桶之间要用编织袋充填空隙。容器罐装液体时,应预留容积不得少于总容量5%的膨胀余量。装载有毒有害货物时,要站在上风处。更要注意的是,装载的任何化工产品都要加盖雨布,以防交会车时飞落的烟头。

⑤精心驾驶,平稳行车。行车要遵守交通、消防、治安等法律法规。主动避让各种车辆,应控制车速,保持与前车安全距离,严禁违法超车。不能疲劳驾驶,不开英雄车/赌气车、霸王车,使车辆保持平稳、中速行驶。驾驶中要尽量少用紧急刹车,以保持货物的稳定,确保行车安全。

⑥行车途中勤检查。危险品运输的事故隐患主要是从泄漏开始的。由于行车途中车辆颠簸震动,往往容易造成包装破损,因此,行车途中要勤于检查。当行驶两小时后要查看一下桶盖上有无溢出,用专用扳手拧紧,如密封圈失效应更换;铁桶之间的充填物有无跌落,车厢底部四周有无泄漏液体,如有查出漏桶,将漏点朝上;捆绑

的绳索是否松动等。在高温季节时，液体会膨胀，更换密封圈时要注意慢慢开，等放走气体后再完全打开，以避免开盖过急液体喷出伤人。

⑦选择行驶路线得当，行车时间恰当。运输危险品要选择道路平整的国道主干线，不能因贪图路近而走复杂的路段。行车要远离城镇及居民区，非通过不可时，要再检查一次，确认安全无泄漏后再过境。不能在城市街道、人口密集区停车吃饭休息。提倡白天休息，夜间行车，以避让车辆、人员高峰期。万一发生泄漏，个人力量无法挽回时，要迅速将车开往空旷地带，远离人群、水源。一旦发生交通事故，要扩大隔离范围，并立即向有关部门报警。

⑧小心卸货，防止污染。危险物品大多具有毒性、腐蚀性，稍不注意就容易污染环境。特别是液态、气态产品容易污染空气、土地和水源。卸货时尤其要注意，经过长途运输后，外包装都会有一定破损，在没有专用站台的地方卸货时要铺上跳板或木杠，用绳拉住桶缓缓落地，或用废轮胎垫地，以起到缓冲作用。同时要告知货主，对危险品不要急于使用，要搁置一段时间，等各种性能平稳后再使用。值得提醒的是，如发现车厢里有泄漏的痕迹，不要急于清洗，要先用锯末或沙子清扫一遍，让其干透，蒸发后，在远离水源的地方用水冲洗，以免污染环境。

2. 大件货物运输

（1）大件货物的含义和类型

大型物件是指符合下列条件之一的货物：一是货物外形尺寸。长度在14米以上或宽度在3.5米以上或高度在3米以上的货物。二是重量在20吨以上的单体货物或不可解体的成组（捆）货物。

大件运输包括超限和超重两个方面。超限设备（货物）是指装载轮廓尺寸超过车辆限界标准；超重设备（货物）是指车辆总重量对桥梁的作用超过设计荷载。大型火力发电设备中的发电机定子、转子、锅炉汽包、冷壁除氧水箱、高低压加热器、大板梁等，以及大型水力发电设备中的转轮、上下机架、转子、定子、主轴、座环、导水机构、闸门启闭机以及主变压器、厂用变压器、联络变压器、电抗器及高压电气设备等均为超限或超重设备。凡承运上述设备（货物）亦称为"大件运输"。

（2）大件货物运输组织

①在办理托运手续时，除按一般规定外，托运人必须提交货物说明书，以及装卸、加固等具体要求，在特殊情况下，还须向有关部门办理准运证。承运人应根据托运人提供的有关资料进行审核，掌握货物的具体特征，选择适合的车辆，在具备安全运输条件和能力的情况下，再办理承运手续。

②承运人应根据大件货物的外形尺寸及质量,在起运前会同托运人勘察作业现场和运行路线,了解沿途道路线形和桥涵通过能力,并制定运输组织方案。涉及其他部门的应事先向有关部门申报并征得同意,方可起运。

③制定货物装卸、加固等技术方案和操作规程,并严格执行,确保合理装载、加固牢靠、安全装卸。装卸作业由承运人负责的,应根据托运人的要求、货物的特点和装卸操作规程进行作业。由托运人负责的,承运人应按约定的时间将车开到装卸地点,并监装、监卸。

④运输大件货物,属于超限运输的,应按规定向公路管理机构申请办理《超限运输车辆通行证》并按照核定的路线行车。在市区运送大件货物时,要经公安机关和市政工程部门审查并发给准运证,方可运送。

⑤按指定的线路和时间运行,并在货物最长最宽、最高部位悬挂明显的安全标志。白天行车时,悬挂标志旗;夜间行车和停车休息时装设标志灯,以警示来往车辆。特殊的货物,要有专门车辆引路,及时排除障碍。

⑥运输费用由承、托双方协商确定。因运输大型特型笨重物件发生的道路改造、桥涵加固清障、护送、装卸等费用,由托运人负担。

3. 鲜活易腐货物运输

(1) 鲜活易腐货物的含义和类型

鲜活易腐货物是指在运输过程中,需要采取一定措施防止货物死亡或腐坏变质,并须在规定运达期限内抵达目的地的货物。鲜活货物分为易腐货物和活动物两大类,其中占比例最大的是易腐货物。易腐货物是指在一般条件下保管和运输时,极易受到外界气温及湿度的影响而腐坏变质的货物。易腐货物主要包括肉、鱼、蛋、水果、蔬菜、鲜活植物等。活动物包括禽、畜、兽、蜜蜂、活鱼、鱼苗等。

(2) 鲜活易腐货物运输组织

承运时,承运方必须对货物的质量、状态进行认真检查,对已有腐烂变质象征的货物时,托运前应作适当处理。对不符合规定质量的鲜活货物不能受理。受理托运鲜活货物,托运方应提供最长运输期限及途中管理、照料事宜的说明书,有关部门提供的动植物检疫证明和准运手续,对于运输途中需要饲养和照料的动植物,托运人必须派人押运。对于易腐需冷藏保温的货物,托运人应告知货物的冷藏温度和提出在一定时间内的保持温度的要求。

承运方要根据货物的种类运送季节、运送距离、运送方向以及托运方的要求和承运方的条件等情况,选择合适的车辆、确定货物的装载方法和沿途提供的服务等。鲜活、易腐货物原则上用专车专运,不得与其他货物混装。装载时,水果、蔬菜、鲜活植物等各货件之间应留有一定的间隙,使空气能在货件间充分流动。车厢底板最好有底格,装货时应使货件与车壁留有适当空隙,以便使经、由车壁和底板传入车内的热量可以由空气吸收而不至直接影响货物。运送应及时,运行中不得随便紧急制动,并配合押运人定时停车照料。易腐货物要快速运输,压缩货物在途中时间,以保障货运质量。

4. 贵重货物运输

(1)贵重货物的含义和类型

贵重物品是指价格昂贵、运输责任重大的货物。主要包括:黄金、白金、铱、铑、钯等稀有贵重金属及其制品;各类宝石、玉器、钻石、珍珠及其制品;珍贵文物(包括书、画、古玩等);贵重药品;高级精密机械及仪表;高级光学玻璃及其制品;现钞、有价证券以及毛重每公斤价值在人民币 2000 元以上的物品。

(2)贵重货物运输组织

受理托运贵重货物,托运人按货物实际价值,自行选择保险或保价的一种,在运单上准确填写投保货物的声明价格。贵重货物包装必须完好、牢固,一张运单托运的货物,凡不具备同品名、同规格、同包装的,应提交物品的清单;对国家或地方政府规定禁运、限运以及需办理准运证明的,托运人应随同运单提交有关部门的文件或证明,方能受理。

为确保贵重货物运输安全,托运人应对物品属性以及运输、装卸、保管注意事项和运抵时间、期限等提出特约要求,要有托运方委派专门人员跟车押运。

整批量大的贵重货物,原则上受理后实行整车运送,安排适宜货物的、性能良好的货车或专用车直达运输;小批量零星贵重货物,拼装零担运输的应在运单上盖有"贵重货物"戳记,便于承运前、到达后的车站稳妥装卸和保管。为确保货物安全,应尽可能实行快运,超长运距应配备双班驾驶员,日夜兼程。

四、公路货物运单

1. 公路货物运单的作用

公路货物运输托运单也叫"运单",是由公路运输管理部门印发、货主向公路运输单位托运货物时填写的单证。公路货物运单是承、托双方订立的运输合同或运输合同证明,其明确规定了货物承运期间双方的权利、责任和义务。货物运单的主要作用有:

(1)托运单是公路运输部门开具货票的凭证;

(2)托运单是调度部门派车、货物装卸和货物到达交付的依据;

(3)托运单是在运输期间发生运输延滞、空驶、运输事故时判定双方责任的原始记录;

(4)托运单是货主托运货物的原始凭证和到达交付的交货凭证,也是运输单位承运货物的原始依据。

2. 运单的内容

托运单的具体内容、格式各单位不完全相同,但托运单的基本内容应明确以下事项:

(1)托运人和收货人的名称[姓名、地址(住所)、电话和邮政编码];

(2)货物的名称、性质、件数、重量、体积以及包装方式;

(3)双方约定的其他事项。

3. 运单填写应注意的事项

托运单一般由托运人填写,并应在托运单上加盖与托运人名称相符的印章,托运单的填写有严格的要求。

(1)一张运单托运的货物必须是同一托运人;对拼装分卸的货物应将每一拼装或分卸情况在运单记事栏内注明。

(2)易腐、易碎、易溢漏的液体、危险货物与普通货物以及性质相抵触、运输条件不同的货物,不得用同一张运单托运。

(3)托运人要求自理装卸车的,经承运人确认后,在运单内注明。

(4)托运人委托承运人向收货人代递有关证明文件、化验报告或单据等,需在托运人记事栏内注明名称和份数。

(5)托运人、收货人的姓名、地址应填写全称,起运地、到达地应详细说明所属行政区;

货物名称、包装、件数、体积、重量应填写齐全。

(6)托运有特殊要求的货物,应由托、承双方商定运输条件和特约事项,填注于运单上。

(7)内容准确完整,字迹清楚,不得涂改,如有涂改应由托运人在涂改处盖章证明;托运人对所填写的内容及所提供的有关证明文件的真实性负责,并签字盖章;托运人或承运人改动运单时,亦须签字盖章说明。

第三节 公路货物运输费用的计算

一、公路货物运输的运价类别

公路运价是公路运输经营者因提供公路运输服务而提取的运费的基准价格,它以运输产品价值为基础,以供求关系为依据。运价包括客运运价、行李包裹运价和货物运价。在这里仅讨论货物运价。根据不同的分类标准,公路货物运价可划分为不同类别。

1. 按运价适用的范围划分

(1)普通运价。普通运价是运价的基本形式,通常按照货物的种类或等级制定。常常作为其他运价形式的参照标准。

(2)特定运价。特定运价是普通运价的一种补充形式,适用于特定货物、车型、地区或运输线路,其运价水平比普通运价高或低。

(3)优待运价。优待运价属于优待减价性质,适用于某些部门或有专门用途的货物,也适用于返程运输的货物。

2. 按货物运输的种类划分

(1)整车货物运价。整车运价适用于一批按重量、体积或形状要求,需要以一辆车装载,按整车托运的货物。

(2)零担货物运价。零担运价适用于每批不够整车条件运输,而按零担托运的货物。由于零担货物批量小,到站分散,货物种类繁多,在运输中需要比整车的花费要多,因此同一品名的零担运价要比整车运价高。

(3)集装箱货物运价。集装箱运价是指运用集装箱运输货物时所规定的运价。集装箱运价一般有单独制定的集装箱运价和以整车或零担为基础计算的集装箱运价两种形式。集装箱运输价格一般低于零担运价,高于整车运价。

二、公路货物运输的计价标准

1. 计费重量

(1)计量单位

①整批货物运输以吨为单位。

②零担货物运输以千克为单位。

③集装箱运输以箱为单位。

(2)重量确定

①一般货物:无论整批、零担货物,计费重量均按毛重计算。整批货物以吨为单位,尾数不足100千克的,四舍五入。零担货物起码计费重量为1千克。重量在1千克以上,尾数不足1千克的,四舍五入。

②轻泡货物:指每立方米重量不足333千克的货物。装运整批轻泡货物的高度、长度、宽度,以不超过有关道路交通安全规定为限度,按车辆标记吨位计算重量。

零担运输轻泡货物以货物包装最长、最宽、最高部位尺寸计算体积,按每立方米折合333千克计算重量。

③包车运输按车辆的标记吨位计算。

④货物重量一般以起运地过磅为准。起运地不能或不便过磅的货物,由承托运双方协商确定计费重量。

⑤散装货物,如砖、沙、石、土、矿石、木材等,按体积由各省、自治区、直辖市统一规定重量换算标准计算重量。

2. 计费里程

(1)里程单位

货物运输计费里程以千米为单位,尾数不足1千米的,进整为1千米。

(2)里程确定

①货物运输的营运里程,按交通运输部和各省、自治区、直辖市交通行政主管部门核定、颁发的《营运里程图》执行。《营运里程图》未核定的里程由承、托双方共同测定或经协商按车辆实际运行里程计算。

②出入境汽车货物运输的境内计费里程以交通主管部门核定的里程为准;境外里程按毗邻(地区)交通主管部门或有权认定部门核定的里程为准。未核定里程的,由承、托双方协商或按车辆实际运行里程计算。

③货物运输的计算里程,按装货地点至卸货地点的实际载货的营运里程计算。

④因自然灾害造成道路中断,车辆需绕道行驶的,按实际行驶里程计算。

⑤城市市区里程按当地交通主管部门确定的市区平均营运里程计算;当地交通主管部门未确定的,由承托双方协定确定。

3. 计时包车货运计费时间

计时包车货运计费时间以小时为单位。起始计费时间为4小时;使用时间超过4小时,按实际包用时间计算。

整日包车,每日按8小时计算;使用时间超过8小时,按实际使用时间计算。时间尾数不足半小时舍去,达到半小时进整为1小时。

4. 运价单位

(1)整批运输:元/吨·千米。

(2)零担运输:元/千克·千米。

(3)集装箱运输:元/箱·千米。

(4)包车运输:元/吨位·小时。

(5)出入境运输,涉及其他货币时,在无法按统一汇率折算的情况下,可使用其他自由货币为运价单位。

三、公路货运运价价目

1. 基本运价

(1)整批货物基本运价:指一整批普通货物在等级公路上运输的每吨千米运价。

(2)零担货物基本运价:指零担普通货物在等级公路上运输的每千克千米运价。

(3)集装箱基本运价:指各类标准集装箱重箱在等级公路上运输的每箱千米运价。

2. 吨(箱)次费

(1)吨次费。对整批货物运输在计算运费的同时,按货物重量加收吨次费。

(2)箱次费。对汽车集装箱运输在计算运费的同时,加收箱次费。箱次费按不同箱型分别确定。

3. 普通货物运价

普通货物实行分等计价,以一等货物为基础,二等货物加成15%,三等货物加成30%。

4. 特种货物运价

(1)长大笨重货物运价。一级长大笨重货物在整批货物基本运价的基础上加成40%~60%;二级长大笨重货物在整批货物基本运价的基础上加成60%~80%。

(2)危险货物运价。一级危险货物在整批货物基本运价的基础上加成60%~80%;二级危险货物在整批货物基本运价的基础上加成40%~60%。

(3)贵重、鲜活货物运价。在整批(零担)货物基本运价的基础上加成40%~60%。

5. 特种车辆运价

按车辆的不同用途,在基本运价的基础上加成计算。特种车辆运价和特种货物运价两个价目不可同时加成使用。

6. 非等级公路货运运价

非等级公路货物运价在整批(零担)货物基本运价的基础上加成10%~20%。

7. 快速货运运价

快速货物运价按计价类别在相应运价的基础上加成计算。

8. 集装箱运价

（1）标准集装箱运价。

标准集装箱重箱运价按照不同规格的箱型的基本运价执行，标准集装箱空箱运价在标准集装箱重箱运价的基础上减成计算。

（2）非标准箱运价。

非标准箱重箱运价按照不同规格的箱型，在标准集装箱基本运价的基础上加成计算，非标准集装箱空箱运价在非标准集装箱重箱运价的基础上减成计算。

（3）特种箱运价。

特种箱运价在箱型基本运价的基础上按装载不同特种货物的加成幅度加成计算。

9. 出入境汽车货物运价

出入境汽车货物运价，按双边或多边出入境汽车运输协定，由两国或多国政府主管机关协商确定。

四、公路货运其他收费

1. 调车费

应托运人要求，车辆调出所在地而产生的车辆往返空驶时应计收调车费。

2. 装货（箱）落空损失费

应托运人要求，车辆开至约定地点装货（箱）落空造成的往返空驶里程，按其运价的 50% 计收装货（箱）落空损失费。

3. 道路阻塞停运费

汽车货物运输过程中，如发生自然灾害等不可抗力造成道路阻滞，无法完成全程运输，需要就近卸存、接运时，卸存、接运费用由托运人承担。

4. 车辆处置费

应托运人要求，运输特种货物、非标准箱等需要对车辆改装、拆卸和清理所发生的工料费用，称为车辆处置费。车辆处置费应由托运人承担。

5. 车辆通行费

货物运输需支付的过渡、过路、过桥、过隧道等通行费由托运人承担，承运人代收代付。

6. 运输变更手续费

托运人要求取消或变更货物托运手续，应收变更手续费。

7. 延滞费

车辆按约定时间到达约定的装货或卸货地点,因托运人或收货人责任造成车辆和装卸延滞时应计收延滞费。

8. 检验费

在运输过程中国家有关检疫部门对车辆的检验费以及因检验造成的车辆停运损失,应由托运人承担。

9. 装卸费

装卸费应由托运人承担。

10. 排障费

运输大型特型笨重物件时,因对运输路线的桥涵、道路及其他设施进行必要的加固或改造所发生的费用,称为排障费。排障费由托运人承担。

11. 保管费

货物运达后,明确由收货人自取的,从承运人向收货人发出提货通知书的次日(以邮戳或电话记录为准)起计算,第 4 天开始核收货物保管费;应托运人的要求或托运人的责任造成的需要保管的货物,计收货物保管费。货物保管费由托运人承担。

五、公路货物运费的计算

公路货物运费在货物托运、起运时一次结清,也可按合同采用预付费用的方式,随运随结或运后结清。托运人或者收货人不支付运费、保管费以及其他运输费用的,承运人对相应的运输货物享有留置权,但当事人另有约定的除外。运费尾数以元为单位,不足 1 元时四舍五入。货物在运输过程中因不可抗力灭失,未收取运费的,承运人不得要求托运人支付运费;已收取运费的,托运人可以要求返还。

1. 整批货物运费计算

整批货物运费 = 吨次费 × 计费重量 + 整批货物运价 × 计费重量 × 计费里程 + 货物运输其他费用

2. 零担货物运费计算

零担货物运费 = 计费重量 × 计费里程 × 零担货物运价 + 货物运输其他费用

3. 计时包车运费计算

包车运费 = 包车运价 × 包用车辆吨位 × 计费时间 + 货物运输其他费用

第四章 运输需求

第一节 运输需求概述

一、运输需求的概念

1. 需求理论概述

（1）需求的基本概念

运输经济学过去似乎有一个传统就是主要从作为供给方的运输业角度进行运输经济分析。这当然是有一定道理的，但也容易对需求方的真正特点和意愿认识不足，甚至有把供给方的意愿强加给对方的倾向，这不利于更客观地认识和了解运输经济问题。因此，我们从运输需求出发开始我们的分析。

运输需求理论是从微观经济学的消费者需求理论发展而来的。在微观经济学中，需求（demand），是指当其他条件相同时，在某一价格水平下，消费者愿意并且能够购买的商品数量。在某一价格下，消费者愿意购买的某一物品的数量称为需求量。在不同价格下，需求量会不同。因此，在其他条件相同时，一种物品的市场价格与该物品的需求数量之间存在着一定的关系。这种关系若以图形来表示（图4-1），便称为需求曲线（demand curve）。需求曲线中，每一个价格水平都对应着一个需求量。需求曲线有一种明显的特征，即需求定律。需求定律（the law of demand），指的是当一种商品的价格上升时（同时保持其他条件不变），购买者便会趋向于购买更少的数量。同理，当价格下降，其他条件不变时，对该商品的需求量会增加。需要注意地是，可以影响需求量的因素多如天上繁星，而价格只是其中之一罢了。例如，春运期间，汽车票的价格上升，而其需求量也增加了。这现象并没有推翻需求定律；汽车运输的需求量上升，并不是因为其价格的变化，而是因为春节人们要回家。

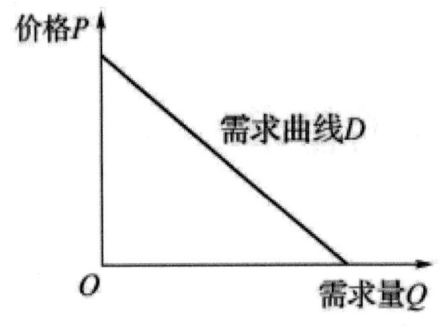

图 4-1 需求曲线示意图

（2）需求量的含义

需求量是指在某一价格下消费者意图购买的商品1服务的数量。此处，需求量只是"意图"的概念，不是事实，也无从观察。这与运输市场中的成交量（运输量）是两回事。成交量是事实，是可以观察到的；一样物品的购买量与出售量永远相同，二者是同一回事，只是从成交量的不同视角来看罢了。因此，切勿混淆"需求量（某一价格条件下的需求数量）"和"运输量（需求和供给相互影响下的实际成交量）"。对于运输来说，运输量的大小当然与运输需求的水平有着十分密切的关系，但运输量本身并不能完全代表社会对运输的需求，因为运输量还要取决于运输供给的状况。

此外，还要注意，"需求量"与"需求"是不同的概念。前者是因价格变动而变动的。而后者的变动，是因为价格之外的其他因素引起的。春运期间（是个变量），影响了"需求"，使整条需求曲线向右移动。因为这种移动，需求量也就增加了，但这增加可不是由价格变动引起的。很明显，要以需求定律来表达公路票价与公路运输需求量的关系，我们必须假设分析的时期不变。

（3）价格的含义

现代经济学之父亚当·斯密认为价值有两种：一是使用价值（use value），二是交换价值（exchangevalue）。使用价值是一个消费者对某物品在边际上所愿意付出的最高代价；交换价值是获取该物品时所需要付出的代价，在市场上，就是该物品的市价；价格是就货币而言的物品的交换价值。有些物品没有市场，所以没有市价，在此我们用代价来取代市价，代价也是要付出或放弃的物品的最高边际使用价值。需要注意地是，市价是一种代价，但代价不一定是市价。例如，我们在"五一"长假时去买火车票，除了按车票上的数值支付货币（票价）之外，可能还要向代购点或者黄牛支付手续费，这里的票价加上手续费等于火车票的市价。除了市价之外，我们可能还要忍受购买车票过程中的奔波之苦（这是一种市价之外的代价）。可见，购买某一运输服务的代价可能会远高于车票的市价,在需求分析时,我们要注意市价与代价的区别。

(4)需求量的变动与需求变动的区别如图4-2所示,需求量变动和需求变动的含义:需求量是在某一时期内,在某一价格水平上,消费者购买的商品数量,商品价格的变动引起购买量的变动,我们称之为需求量的变动,它表现为需求曲线上的点的移动(例如由A点移动到B点)。而需求是在一系列价格水平时的一组购买量,当商品价格之外的因素变化引起购买数量发生变化时,我们称这种变化为需求变动,它表现为需求曲线的移动(例如需求曲线D移动到D')。当所要购买的数量在每一价格水平增加(或减少)时,称为需求增加(或需求减少)。切勿混淆"沿着曲线的移动(需求量的变动)"和"曲线的移动(需求的变动)"。区别的关键在于价格变动时其他条件是否保持不变。

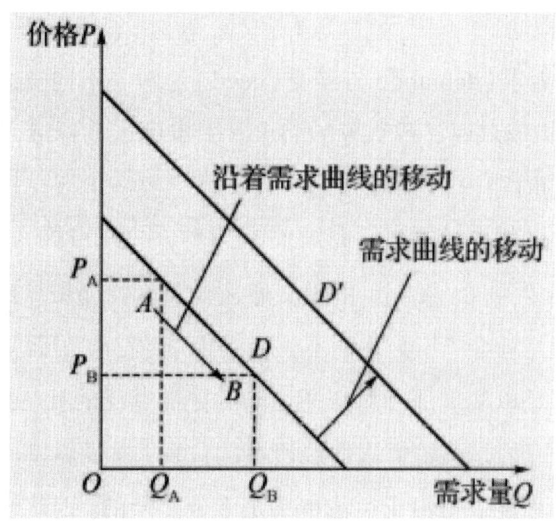

图4-2 运输需求与价格的关系

2.运输需求概述

(1)运输需求产生的原因

汤普森(1974)曾经把现代社会的人们为什么"需要"交通运输归结为以下七个原因:

①自然资源分布的非均衡性,这意味着任何一地都不可能提供当地居民所需要的全部物品,因此需要运输来使不同地区之间互通有无。

②现代社会的高度物质文明依赖于专业化分工,而大工业既需要从各地获得多样化的原材料,也需要为自己的产品去开拓远方市场。

③优良的运输系统有助于实现由技术革新、自动化、大批量生产与销售以及研究

与开发活动支持的规模经济。

④运输还一直承担着重要的政治与军事角色；对内而言，一个国家需要良好的运输系统以支持有效的国防并增强政治上的凝聚力；对外而言，强大的运输能力是一个国家强盛的重要标志，也是那些大国实现海外野心和统治殖民地的手段之一。

⑤良好的交通是增加社会交流与理解的基础，并有助于解决由于地域不同而产生的问题；对于很多不发达国家，提供基本的交通条件目前还是解除些地区封闭状态的首要途径。

⑥交通条件的改善使得人们在自己的居住地点、工作地点以及日常购物、休闲地点之间可以做出很多选择和安排，这在很大程度上影响了人们的生活方式。

⑦现代交通有助于国际文化交流，以便人们了解其他国家的文化特点，并通过国际展览、艺术表演、体育比赛等方式向国外展示本国文化。

（2）运输需求的概念

需要说明的是，需求（demand）与需要（need）是两个不同概念。从经济上讲，有支付能力的需要，方构成对商品或服务的需求。引申到运输领域，运输需求（transport demand），是在一定的时期内，定的价格水平下，社会经济生活在货物与旅客空间位移方面所提出的具有支付能力的需要。同需求样，具有实现位移的愿望和具备支付能力是运输需求的两个必要条件。不过，由于交通运输具有社会服务的性质，因此也有观点认为它应该满足的是社会"需要"，而不仅仅是市场"需求"，而只依靠以简单盈利为目标的市场力量就不足以实现那种对交通运输的更加宽泛的社会标准和要求。

运输需求分析研究的是运输需求曲线所在的位置、曲线斜率以及曲线在何种因素影响下左移或右移的程度。但由于运输市场是十分复杂的，因此运输需求分析的难度也很大。从运输市场是"一组运输服务"的概念来看，根据分析问题的需要，现实中可以存在着无数多各种各样从很小到非常大的运输服务的组合，因此运输市场的种类几乎是没有穷尽的，而每一组这样的运输服务都对应着一条自己的需求曲线。

二、运输需求的特点

与其他商品的需求相比，运输需求主要具有以下特点：

1. 派生性

运输需求总体上是一种派生性需求而非本源性需求，这是运输需求的一个重要特点。所谓派生性需求（derived demand）是指一种商品或服务的需求是由另一种或几种商品或服务需求派生而来，是由社会经济中的其他活动所引发出来的一种需求。人们希望旅行，一般是为了在最后的目的地能得到某些利益。因此，旅程本身要尽可能的短或快捷。自然，也有"爱驾车兜风者"，但他们总是少数。同样，货物运输的使用者把运输看成他们总生产函数中的成本，因此，会尽量设法使之减少。显然，货主或旅客提出位移要求的最终目的往往不是位移本身，而是为了实现其生产、生活中的其他需求，完成空间位移只是中间的一个必不可少的环节。

2. 广泛性

运输需求产生于人类生活和社会生产的各个角落，运输业作为一个独立的产业部门，任何社会活动都不可能脱离它而独立存在，因此与其他商品和服务的需求相比，运输需求具有广泛性，是一种带有普遍性的需求。

3. 多样性

货物运输服务提供者面对的是种类繁多的货物。承运的货物由于在重量、体积形状、性质、包装上各有不同，因而对运输条件的要求也不同。在运输过程中，必须相应采取不同的技术措施。对旅客运输需求来说，对服务质量方面的要求也是多样的。这是由于旅客的旅行目的收入水平、自身身份等不同，对运输服务质量（安全、速度方便、舒适等）的要求必然呈多样性。

4. 空间特定性

运输需求是对位移的要求，而且这种位移是运输消费者指定的两点之间带有方向性的位移，也就是说运输需求具有空间特定性。例如，农产品产地在 A 地，而市场在城市 B，这就决定了农产品的运输需求必然是从 A 地到城市 B，带有确定的空间要求。又如，建于1937年的美国旧金山的金门大桥是世界上最大的单孔吊桥，也是世界上最繁忙的大桥之一，现在每天有10万辆汽车通过。它本来有8车道的宽阔道路，4车道去，4车道来，俗称"4+4"模式，但建成不久就发现堵车严重。人们发现，每天的车流在不同的时段，在左右两个半幅路面的分布是不均匀的（上下班的车流高峰正好相反），高峰时经常出现半边拥堵半边闲的景象。于是，一个加拿大的年轻人给他们提了一个建议：将现有的"4+4"模式，按不同时段的交通流量调整为"6+2"模式和"2+6"模式，以适应不均匀的来往需求。这一简单地改变，竟使严重的堵车问题迎刃而解。对于货运来说，运输需求在方向上的不平衡性更为明显特别是一些受区域分布影响的大宗货物如煤炭、石油、矿石等，都有明显的高峰方向，这是造成货物运输量在方向上不平衡的主要原因。需要注意的是，在这种会随着时间变化的运输需求面前，运输供给常常难以及时做出反应，而在短期内表现得完全无弹性，但它又需要尽可能地去满足需求。所以，在运输需求量急剧增加之时（如春运），只好以大幅度地降低运输质量去适应需求，求得均衡。而在运输需求量大幅度减少之时，又只得靠闲置设备去求得均衡。

5. 时间特定性

客货运输需求在发生的时间上有一定的规律性。例如，周末和重要节日前后的客运需求明显高于其他时间，市内交通的高峰期是上下班时间；蔬菜和瓜果的收获季节也是这些货物的运输繁忙期。这些反映在对运输需求的要求上，就是时间的特定性。运输需求在时间上的不平衡引起运输生产在时间上的不均衡。时间特定性的另一层含义是对运输速度的要求。客货运输需求带有很强的时间限制，即运输消费者对运输服务的起运和到达时间有各自特定的要求。从货物运输需求看，由于商品市场千变万化，货主对起止的时间要求各不相同，各种货物对运输速度的要求相差很大；对于旅客运输来说，每个人的旅行目的和对旅行时间的要求也是不同的。例如，在每天的上下班时间，特别是雨雪天的上下班时间，出行者对出租车有较大的需求，在其他时段，则需求减小。而出租车数量的配置，一般是固定的，一旦投入营运就成为有效供给，因而在每个时段大致都是相同的。这就难免出现在上下班的高峰时段"打车难"、在其他时段有的出租车只好"扫马路"的现象。

6. 部分可替代性

不同的运输需求之间一般来讲是不能互相替代的，例如人的位移显然不能代替货物位移，由北京到兰州的位移不能代替北京到广州的位移，运水泥也不能代替运水果，因为这明显是不同的运输需求。但是，在另一些情况下，人们却可以对某些不同的物质位移做出替代性的安排。例如，电煤的运输可以被长距离高压输电线路的输电替代；在工业生产方面，当原料产地和产品市场分离时，人们可以通过生产力布局的确定在运送原料还是运送生产成品或半成品之间做出选择。人员的一部分流动在某些情况下也可以被现代通信手段所替代。

三、运输需求分析的复杂性

1. 运输量与运输服务的区别

传统的需求分析中，效用函数只考虑了商品数量与商品价格的关系，而未考虑商品品质对商品价格的影响。针对这一问题，美国学者兰卡斯特（Lancaster，1996年）提出了特征消费理论，又称 Lancaster 偏好理论。他认为，进入效用函数的不是商品（goods）本身，而是商品特性或者属性（characteristics or atributes），他同时提出了三大假设：物品本身并不直接提供效用，而是通过物品的特性对消费者产生效用；一种物品本身往往具备一种以上的特性，不同物品可能具备相同特性；物品组合可能与单独物品所具备的特性不同。从这个意义上说，人们需求的不仅仅是运输量，而是包含着一系列特征的运输服务。

2. 运输量的计量单位

我们可以用吨数来表示货物运输数量的一个方面，就像可以用人数来表示旅客运输数量的一个方面一样，因此货运发送吨数和客运发送人数是运输领域中的两个重要统计指标。但是，如果仅仅使用吨数和人数这两个指标，那么运输活动中的另外一个最重要的因素—运输距离就无法反映出来，于是人们一般同时也采用另外两个复合指标来衡量运输的数量。在货运中这个复合指标是吨千米（ton-kilometer），它是所运货物的吨数与运输距离的乘积；在客运中这个复合指标是人千米（passenger-kilometer），它是所运的人数与运输距离的乘积。有了吨千米的指标，我们就可以同时从货物的重量和运输的距离两个角度把握货物运输量了，同样人千米指标可以帮助我们从人数和运输距离两个角度把握旅客运输量，这更加接近运输产品即货物与旅客的空间位移的概念。因此，吨千米和人千米在运输领域中是最常用的统计和分析指标。但尽管如此，吨千米和人千米这两个指标仍然存在着自己的局限性，我们下面以货运产品为例说明这种局限性：

（1）货物位移指的是货物在空间位置上的变化，而吨千米只是这种变化在重量和距离方面的一个度量单位，例如 1 000 吨千米既可以表示把一吨货物运送 1 000 千米，也可以表示把 100 吨货物运送 100 千米，但它们是不同质的空间位移。我们不能把吨千米作为运输业的产品，就像不能把"吨"作为煤炭或钢铁工业的产品一样。

（2）货物位移是具体的，每一个货物位移都有确定的货物和起运终到地点。起运终到地点不同，尽管货物和运距都一样，也是不同的位移；起运终到地一样但货物不同，也不是同一种运输产品。不同的运输产品之间不能互相替代。但吨千米却是一种抽象物，它可以体现各种货物位移在重量和距离方面的共性，但同时也把其他方面的特征抽象掉了。

（3）即使是相同的货物位移，在运输服务质量上也可能差别很大，例如货物运送速度的差别货物完好程度的差别、方便客户程度的差别等，吨千米不能反映这些差别。

（4）货物位移对应着包括装卸等其他作业的货物运输的完整过程，有时候一个运输过程要包括好几次装卸，吨千米则无法包含这些内容。

（5）相同的货物位移可能产生出不同的吨千米数。例如，两地之间的运输无论使用哪一种运输工具，货物位移都是相同的，但铁路公路、水运和航空各有自己的线路或航线，产生的吨千米数就不一样。即便是同一种运输工具，也会因为选择的路径不同而出现吨千米数的差异。

(6)因为各种运输方式计费重量和统计方法的规定,货票单据和统计报表上的吨千米数字很多时候并不是实际的货物位移量;而当货物经过两种以上运输方式联运的时候,每个运输部门所统计的吨千米数与真正的货物位移差别就更大了,它们可能只代表整个货物位移的一部分。

3. 运输价格的计量单位

至于运输经济分析中所使用的运输价格的概念,不少运输经济学家主张对货物运输应该使用"吨千米平均运费",对旅客运输则应该使用"人千米平均运费",认为把它们作为运输价格往往比公布的运价表上的数字更具有现实性和对于具体运输流的可比性。吨千米平均运费和人千米平均运费的计算,是用某次(或某类)运输服务所收取的全部收入总额除以该次(或该类)运输服务所产生的全部吨千米数或全部人千米数。当然这只是对应着受雇运输的情况,如果是私人或自有运输费用,那么则应该是用某次(或某类)运输活动所支付的全部费用除以该次(或该类)运输活动所产生的全部吨千米数或全部人千米数。

然而吨千米平均运费或人千米平均运费作为体现单位运输产品运价水平的指标,也不是十分理想的,原因仍然首先在于可获得的收入或费用总额以及吨千米和人千米这些累计运输量往往存在着很大程度上的非同质性。如果收入或费用总额或者累计运输量的成分结构发生变化,这些指标的解释能力就会打折扣。例如,由于公路运输的崛起,美国铁路在二战后一个时期逐渐失去了货运量中价值较大的那些部分,因此尽管总的运量在增加,但增加的大都是低运价的货物,结果铁路的总收入反而下降了。为了扭转收入下降的局面,铁路公司一度提高了货物运价水平,但实际上并没有奏效,于是在那一个时期,美国铁路的运价水平在提高,但其综合性的吨千米平均运费却是下降的。

此外,不同类别的运输需求对运价变动的弹性不一样,这也会使平均运费的使用受到限制。例如,航空客运中不同方向和航线、长短途、不同出行目的的旅客的需求价格弹性差别,就会让使用平均运费作指标进行的一些分析结论与实际价格引起的市场变动难以对应起来。

平均运费的问题还在于有些额外成本它们可能体现不出来,因此代表不了使用者的完全成本。例如,与私人交通和自有运输的灵活性相比,公共运输一般都需要在固定的场站集中承运,这就引出来一个这些固定场站的可达性成本问题,如果可达性较差,那么对公共运输的真正使用成本会增加很多,而这也是公共运输竞争力下降的一个重要原因。又例如,所有的运输都是要耗费时间的,而对使用者来说时间有价值或者说时间可以计算成本,平均运费一般却并不包括这种越来越为人们所重视的运输时间成本在内。

4.真实的运输需求曲线

由于运输市场的复杂性和确定有关计量指标的难度,因此运输经济分析需要格外谨慎。例如,可能的真实运输需求曲线并不是像图4-1的直线,而是类似图4-3凹凸不平的走向。而在这种需求曲线上,要想准确确定其中任何一点的弹性值显然都是很困难的。

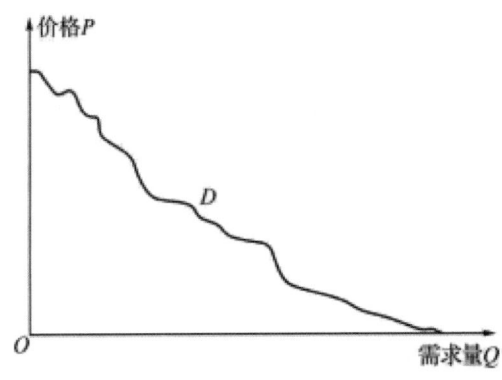

图4-3 可能真实的运输需求曲线

人们或许会问,既然吨千米、人千米、吨千米平均运费和人千米平均运费存在着这些局限性,那么我们为什么不选择其他更合适的指标来对运输市场进行分析呢?答案是可能没有更好的指标。一个指标在多大程度上能够正确体现其所代表的内容,主要取决于根据这些指标汇总的数据其组成部分对于外部影响反应的一致性。运输经济分析的复杂性来源于运输市场的复杂性,在于网络上的运输业产品或服务以及供求关系的极端多样化,而不仅仅在于计量指标的选取。当然,对研究对象的描述难度,在很大程度上决定了研究工作的难度,这也是我们必须提醒分析者在确定所要分析的运输市场边界和搜集有关数据资料时,以及以此作为依据得出结论并制定政策或经营对策时,必须格外谨慎小心的主要原因。

第二节 货物运输需求

一、生产地的区位决定

1.运输与土地利用的关系

毫无问题,在运输与经济的发展之间存在着联系,但二者之间的因果关系却很难说清楚。是高收入导致高水平的流动性，抑或高收入来自高水平的流动性？答案不是一眼就能看出来。另外，虽然人们现在已充分认识到这些相互作用，但要建立能全面反映所有这些联系的综合理论，实际上却很困难。运输和土地利用变化不断对空间的充分利用作修正的事实，使问题进一步复杂了。因为存在不中断的因果循环，所以难以断定在哪一点插入这个变化的连续体是切合实际的。因此，从实际出发，人们必须做出相当谨慎的判断，是把土地利用看作是受运输的影响，还是反过来运输受土地利用的影响。

在某种程度上，最后的决定必须取决于正在考虑的问题。城市规划专家往往把运输视为影响因素，他们注意的焦点在于城市空间的规模与结构。例如，为什么出现某种人口密度，或者为什么发生特定的城市经济互相作用。与之相对应，运输经济学家通常接受特定的土地利用模式，并在它的约束内研究提供有效率的运输服务的方法。

在短期的运输需求分析中这种假设是可以成立的，而且我们只能在各生产地与消费地的位置已经确定的情况下讨论运输供求的短期平衡。但如果是在一个很长的时期中，又是什么因素决定了这些生产地和消费地所在的位置呢？而交通运输条件又在其中起着什么作用？有不少地理因素是人类无法控制的例如气候条件、土地和矿产资源的分布、可通航的水域等，于是人类生产和经济活动的分布在历史上就自然形成了，像种植业和采矿业的地理位置、水运航道的走向等，人们的运输活动只能去适应这些已有的地理分布。但许多产销地点的布局与运输条件以及运输价格之间是有相互影响的，特别是一些制造业的选址与交通运输的关系非常密切。例如，我国的汽车工业（我国的第一汽车制造厂位于长春市）早期主要集中在东北地区，更重要的是与钢铁（鞍钢）、煤炭（在长春四平间）、木材（兴安岭）和其他原材料工业在周围分布，水陆交通方便以及人口较集中有很大关系。但随着我国的工业重心逐步向南部地区迁移，东北作为汽车工业产地的主要优势就不那么明显了，一些最新的汽车厂主要改在我国东南部地区设点，其中节约运输费用因素的考虑起着重要作用。因此可以说，一方面制造业的布局是决定运输需求的重要因素，而另一方面，运输条件及运输成本又在某种程度上决定了制造业的区位。

2. 工业区位理论

（1）工业区位分析的基本思想

工业区位分析的基本思想，是根据加工过程中原材料或产成品减重或增重的程度确定加工厂的位置。凡加工过程减重程度较大的产业，被认为应该设立在原料集中的地点；而加工过程增重程度较大的产业，则应设立在靠近市场的地点。前者我们可以看到例如造纸厂(包括纸浆厂)和糖厂等,绝大多数都设立在原料产地,例如加拿大和北欧国家有丰富的木材资源可以造纸,但它们大量出口的是加工过程中已经减重很多的纸张或纸浆,而不是造纸的初始原料,制糖厂也大都建在甘蔗或甜菜产地;而后者如饮料业,则大多设立在靠近消费地的地方,最明显的例子就是全球最大的饮料厂商—美国可口可乐公司为了节约运输成本,而把自己的分装厂建在了全世界几乎所有被它打开市场的国家。即使所有地方的气候条件、土壤肥力、矿产资源及人口密度等各方面的情况都没有差别,从长期看也仍然会有地区之间的货物运输需求。这种结论乍看起来有些费解,既然所有的地方都有同样的生产条件,那么它们都可以生产自己所需要的各种消费品,为什么还需要地区之间的贸易和运输呢?原因在于生产的专业化可以获得更高的效率,每一种产品的生产都有一定的规模经济,在该范围内生产规模越大,产品的单位生产成本越低,这就使得每一个地区并不是生产所有自己需要的产品都合理,而是低成本地集中生产某些产品,并用自己具有成本优势的产品去交换其他自己需要的产品。这样,地区之间的贸易和运输就是不可避免的了。

(2)杜能的工业区位理论

在农业区位方面最著名的要数另一位区位理论的早期代表人物杜能(J.H.Thunen)提出的理论。杜能关于工业区位的主要思想与其在分析农业区位时的思想保持一致。

如图 4-4 所示,在均质的大平原上,以单一的市场和单一的运输手段为条件,研究农业经营的空间形态及产地与市场间距离的关系。

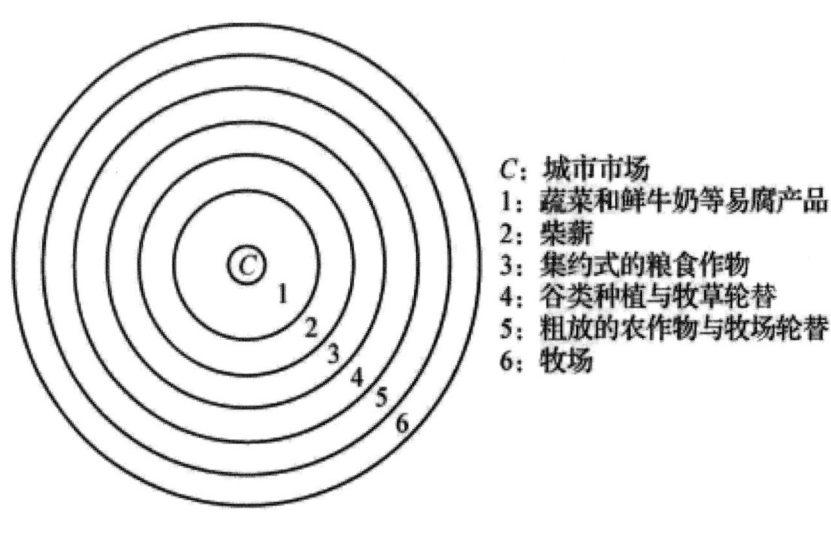

图 4-4 杜能的工业区位理论

按照19世纪的运输条件，杜能证明了易腐产品和重量大、价值低从而不利运输的产品应该靠近市场生产，而不易腐坏和每单位重量价值较高、相对较易运输的产品则可适当远离市场进行生产。这样，以市场为中心就会形成一个呈同心圆状的农业空间经营结构，即所谓的"杜能环"。杜能认为，运输费用是决定利润的决定因素，而运输费用则可视为工业产品的重量和生产地与市场地之间距离的函数。因此，工业生产区位是依照产品重量对它的价值比例来决定的，这一比例越大，其生产区位就越接近市场地。杜能的分析虽然很形式化，他的假设条件距离现实也很远，但他的开创性工作为区位理论的形成做出了巨大贡献，也成为后来农业区位、土地和地租分析进一步发展完善的基础。

（3）韦伯的工业区位理论

工业区位理论的另一位代表人物韦伯（A.Weber）认为工业区位的形成主要与运费、劳动力费用和生产集聚力三个因素有关，其中运费具有把工业企业吸引到运输费用最小地点的趋势，而劳动力费用和生产集聚力具有使区位发生变动的可能。他的方法是先找出最小运输成本的点，然后再考虑劳动力成本和聚集效益这两项因素。他认为，工业区位的决定应最先考虑运输成本，而运输成本是运输物品的重量和距离的函数。

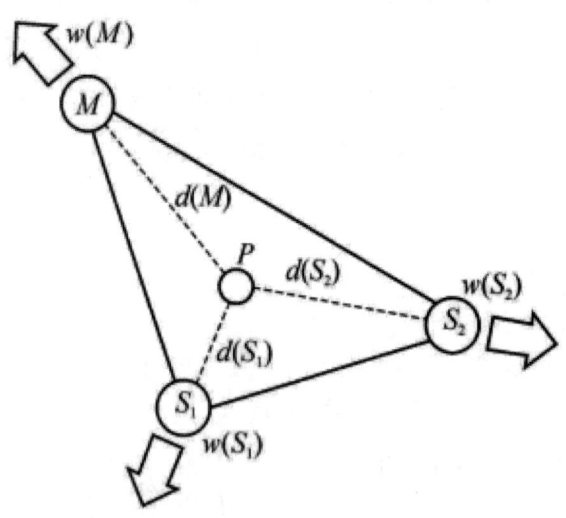

图 4-5 韦伯的工业区位理论

如图 4-5 所示，所有潜在的顾客都定位于 M，而制造厂所需的两种原材料分别位于 S_1 和 S_2。假设所有其他生产因素在所有潜在生产地都可自由地获得，并且从地形学来说，假设所有活动都在一个均匀平面上运行。假定运输费用与间隔的距离，和所运货物的重量成正比。因此制造厂的选址，取决于不同原材料所在地和市场的相对拉力。于是,问题在于为制造厂寻求总成本为最小的地点 Z,换句话说,就是能使 TC(运输总成本)达到最小的地点 P,即:

Min:TC=w(M)×d(M)+w(S_1)×d(S_1)+w(S_2)×d(S_2)

其中:w(M)为在 M 处所消费的最终产品的重量;

w(S_1)为生产最终产品 w(M)所需的在 S_1 处所能得到的原材料的重量;

w(S_2)为生产最终产品 w(M)所需的在 S_1 处所能得到的原材料的重量;

d(M)、d(S_1)和 d(S_2)分别为选址地点距市场 M,原料产地 S_1 和 S_2 的距离。

3. 区位理论的发展

(1)工业区位理论的不足

虽然工业区位的理论模型可以使人们看清运输所起的作用,但运输在现实世界中的实际意义还需要详细的经验研究。首先,韦伯的分析隐含地假设运输费用与距离呈线性关系,但是有充分的证据说明,短途运输和部分满负荷常常是相当不经济的。虽然韦伯原来建议,可以通过调节区位三角形的边来取得最经济的效果,但这要求做相当复杂的修正。困难在于,在这些情况下,区位和运输费用是共同决定的;如果不知道最后定位处,就不可能估计出长途运输的经济重要性(如果有的话)。但是,有人提出,如果其他不变,递减的运费率(即每英里的运费率随距离降低)在某些情况下会使企业或者迁移到原材料产地或者迁移到最终产品市场。另外,有学者认为韦伯的最小成本区位方法并不正确,因为企业选择的目的是获得最大的利润,而最低的生产成本往往并不能带来最大利润。正确的方法应当是找出最大利润的地方,因此需要引入需求和成本这两个空间变量。还有人发现,在很多情况下,运输成本只是总生产成本的很小一部分,以致要获得并寻求最低成本地点所需信息的费用,较之忍受次优情况低效率的损失似乎更多。我们可以通过观察运输成本在生产成本中的相对重要性,分离出这种对运输成本不敏感的行业。

(2)现代企业选择的影响因素

过去数十年来世界工业结构的改变,特别是从基础工业到制造业与服务业的转移,使运输对区位决策的影响不断减小,至少在地区之间是如此。此外,几乎在所有工业化国家中遍布各地的运输和通信网络,使接近良好的运输系统比过去容易了许多。但是,上述成本统计也可能会使人对运输因素的影响产生稍许扭曲的印象。尤其是,虽然在很多部门中运输成本可能只占产出成本的较小比例,然而,它们对于利润却有着值得注意的影响。例如,在 20 世纪 60 年代的一些制造业中,运输成本可能相当于多达 25% 的利润。还有,虽然运输成本在某些行业一般可能较低,但它们在地区间可能有很大不同。应该记住,简单的成本估计可能掩盖运输的其他特性(如速度、规律性等等)的变化,而这些变化会对决策者产生影响。可靠的城市间运输、良好的国际运输联系以及高质量的当地运输(这些是雇用稀缺的熟练劳动力所必须具备的条件),对现代高技术产业是特别重要的。问及企业家的选址或再选址决策的动机时,一些调查结果也表明了运输因素的重要性。从这些研究中得到的一个结论是,在战后充分就业和加强土地利用控制的期间,接近市场和原料供应地在选址决策中常常不如稀缺熟练劳动力的可获得性和工厂可建得更大等因素重要。

对于新兴的高技术产业来说,由于它的产品"轻、薄、短、小",高技术产品运费一般占产品成本比重微不足道,其布局中的交通运输问题因此往往被忽视,其实不然。很多近期的研究表明,影响高技术企业选址的主要是良好的旅客运输设施,这是因为高技术产业的发端是耗资巨大而且发展迅速的,需要大量科学研究与工程技术专家。而从实验室和其他研究与开发设施到娱乐场所之间的地方交通质量十分重要,正是因为科学技术专家在选择工作地点时很重视这个条件。良好的都市内部客运和生活环境质量都是在传统工业布局中很少考虑的,然而对于高技术产业却很重要。此外,在新技术革命的今天,虽然电讯已十分发达,金融家厂商和技术开发人员仍然需要方便的交通以面对面地洽谈业务和掌握信息。对于成功的企业来说,这类人员频繁地乘坐飞机,他们研究与开发活动区位对机场设施的要求是较高的,此时不仅考虑节约时间,更重要的是安全和可靠程度。如果他们不能经常见到同行,会感到十分不舒服。一份在美国的调查表明研究与开发人员平均每月乘坐 8~12 次飞机,而在制造工厂的人员平均每月只坐 0.07~0.25 次飞机。接下来的影响因素才是长途运输工具或货物运输工具的质量。在较小的国家内,这种功能由公路或铁路来实现;而在世界范围,航空运输就显得格外重要。大多数著名高技术公司都有跨国经营的特点,由于技术上的和组织上的创新,研究与开发活动和生产活动、总部与分厂在地理上都是分离的,因此高技术产业具有临空型布局特点。例如,从日本运往东南亚的集成电路原材料、零部件等加工成半成品,再运回日本或送往美国,几乎全为航空运输,期间产品和零件需要平稳地在世界上空航行数千千米。

(3)满意策略

除了认为运输条件在区位选择中常常不是最主要的因素外,现在越来越多的经济学家认为,企业并非总是受成本最小化的观念所左右。因此,即使能分离出对企业而言很重要的那些因素,也不应把这些因素归入成本最小化的构架之中。在许多情况下,其他条件相同的情况下,运输成本低于某一水平的地方被认为是可以接受的。

更多的时候，人们一般选取最先碰到的合意地方。因此，在选址时企业常常采取"令人满意"的政策，而不是力求利润或收益的最大化或者是成本的最小化。在选择过程中，作为决策者的个体无法做出完全理性的决策，他只能尽力追求在他的能力范围内的有限理性。于是，决策者通常会定下一个最基本的要求，然后考察现有的备选方案，如果有一个备选方案能较好地满足定下的最基本的要求，决策者就实现了满意标准，他就不愿意再去研究或寻找更好的备选方案了。这是因为一方面，人们往往不愿发挥继续研究的积极性，仅满足于已有的备选方案；另一方面，由于种种条件的约束，决策者本身也缺乏这方面的能力。因此，决策者承认自己感觉到的世界只是纷繁复杂的真实世界的极端简化，他们满意的标准不是最大值，所以不必去确定所有可能的备选方案，由于感到真实世界是无法把握的，他们往往满足于用简单的方法，凭经验、习惯和惯例去办事。因此，导致的企业选址结果也各有不同。在这种情况下，运输成本所起的确切作用变得几乎难以确定，但是看来一旦选定了区位，只有运输成本大幅上升，才能克服似乎伴随着这种管理目标的基本惯性。

二、货运需求的影响因素

1. 运价水平

（1）货物的运价弹性

对货运市场进行需求分析的意图之一，是想确定某一种或几种运输方式的运输需求对于运输价格变化的弹性。甚至有学者认为这是运输需求分析最重要的目的，比预测总的运输需求更有实用价值，因为在现实中运输企业需要根据对运输需求弹性的分析决定自己在运输市场上的价格水平，政府也需要了解和掌握诸如社会运输需求对提高燃油税措施的反应程度等动向。国外学者曾经做过不少这方面的研究工作，但不同研究者得出的结论差别很大。例如，美国曾有人对铁路和公路货运的需求价格弹性进行计算，其结果是铁路为-0.6，而公路为-1.8。这两个数字的含义是，当这两种运输方式的平均运输价格分别上升10%，铁路的运输周转量将下降6%，而公路的运输周转量下降18%；另一些计算的结果却是铁路与公路的货运需求弹性都处于-0.2至-0.5之间；还有专家对铁路与公路之间货运需求的交叉价格弹性进行过实际分析，结果是两者之间的交叉价格弹性值远远小于各自的需求价格弹性。这些结论遭到更多专家的质疑，认为人们普遍感觉到的是铁路的需求价格弹性应该大于公路，因为一种运输方式的市场份额如果比较大，那么它的需求价格弹性值应该比较小才合理。

为什么实际的弹性分析与计算结果与人们感觉到的有差距呢？有些解释说是计

算方法有误,也有说计算的假设条件设立有问题,当然也有解释认为弹性计算所根据的运输市场概念过于宽泛,也就是说用于确定运输市场范围的那"一组运输服务"包括的内容过大,因而提出用划小运输市场范围的方法去改善运输需求弹性计算的准确性。有几位美国学者在20世纪80年代采用了以划分货物品类细分市场的办法,他们单独挑出"新鲜水果和蔬菜"这一类货物,对铁路和公路运输的交叉弹性进行了分析,当时美国这类货物的绝大多数是由公路承运的。虽然"新鲜水果和蔬菜"这个货物品类从某种程度看仍旧很大,因为它又包括很多种不同的水果和蔬菜,其中每一种的运输需求弹性都可能是不一样的,而且分析计算所搜集的数据资料包括了很多不同的始发到达地点、不同的运输批量和运输质量,也就是说"新鲜水果和蔬菜"这一单独品类的货物运输仍旧不能算是"同质"的但据认为分析结果还是比那之前很多类似的研究有了改进。当时计算的结果是这样的:当铁路运价提高10%,铁路的需求减少3.4%,公路的需求上升1.9%;当公路运价提高10%时,公路的需求减少5%,而铁路的需求上升10%。这一结果与前述"一种运输方式的市场份额如果比较大,那么它的需求价格弹性值应该比较小"的判断逻辑就比较接近了。

实际上,每一种货物运输由于运输对象、地理条件和其他种种因素的影响,其真正的需求弹性是非常复杂的,不同的人从不同角度或使用不同的分析方法都可能得出不同的结果,因此要想十分准确地计算任何一组运输需求的价格弹性都几乎不可能,我们只能从大体上去把握每一种运输需求弹性的变化范围,并进行必要的比较。

进一步地说,即使运输需求弹性值计算准确,我们又能在多大的程度上将其推广使用呢?某一年的运输弹性是否能代表该时期以前和该时期以后的运输市场情况?某种货物的运输弹性是否能代表其他货物的运输弹性?某地的运输需求弹性是否能代表其他地区之间或者全国的运输需求弹性?显然都不能。每一个特定运输市场(即一组运输服务)中的运输需求条件都是唯一的,我们不能武断地随意把特定案例中的运输需求弹性值用在其他的运输环境里。这并不是说运输需求弹性的分析没有真正的实用价值,而是说这种弹性分析必须根据研究目的和各种给定的条件非常细致地去进行,否则就达不到预期的分析目的,甚至会得出错误的结论。需求弹性的概念很简单,但需求弹性分析即使在其他产业中也不是轻易就能给出结论的,在运输行业中只不过由于情况比较复杂,因此要求作结论时更谨慎一些罢了。

最后,当某一条特定运输线的运价水平发生变动,它所影响的可能不只是该线路上的运输量,所有有关的产品供给地都会重新调整自己最合适的运输终到地点,也就是说,所有可能的始发到达地的产品供给曲线和需求曲线都会对新的运输均衡产生影响。

因此，在网络上考虑运输需求问题情况十分复杂，因为原来已经存在的特定运输服务组别可能会发生变化，运输距离使运输市场的范围都改变了。例如，从1960~1995年间，美国铁路每吨英里的实际货运收入从 7 美分降至 2.5 美分，而同期美国铁路货运的平均运距增加了 37%。另一个例子则是，当决定采用"零库存"生产组织方式时，美国的汽车制造厂商就需要放弃过去距离比较远的零部件供应渠道，而在更近的距离内采购，以便使零部件的适时制供应更加可靠。因此，我们在运输领域应用一般经济学分析方法的时候应该比较谨慎，要注意运输需求对价格变化的敏感反应，往往不是体现在货运吨数的增减或者运输方式之间的转移上，而是体现在运输距离的远近上。

（2）货运的非价格成本

有些必须考虑的影响因素是"运输的非价格成本"（non-rate cost to transport）或"非价格的运输成本"，我们也可以把它称为"附加的用户成本"。运输的非价格成本本身不是运输价格的组成部分，但是一旦发生这种成本并且其水平达到某种高度，那么它所起的作用与提高运价水平是相似的，也会减少运输需求（或者使运输需求曲线向左移动）。例如，某产品的产地价格是每公斤 9 元，其销地价格是每公斤 10 元，两地之间的正当运输费用是每公斤 0.5 元，在这种情况下可能就会有经销商愿为获得剩余的那平均每公斤 0.5 元的利润，而将该产品从产地运到销地去销售。但如果出现每公斤平均为 0.6 元的额外非价格运输成本，那么产地价加上运费和非价格运输成本的总计就会超过销地价格，经销商则无疑会对该种产品的运销失去兴趣，结果是运输需求下降。

某些产品的性质使其属于易腐坏、易破损或易被偷盗丢失的货物，那么在运输这些产品时，货主就需要多付出额外的费用，例如保证活牲畜运输中的饲养和清洁条件并安排专人押运，易破损货物的特殊包装条件，易损易盗货物的保险费用等，这些额外费用就属于运输的非价格成本。又如运输是需要时间的，而在市场经济中"时间就是金钱"的概念已经被普遍接受。在运输过程中的货物对货主来说有相应在途资金被占用的问题，货物本身价值越高，运输所耗费的时间越长，被占用资金所需付出的代价（至少等于同期的银行利息）就越大，而这笔代价也是由运输引起但不包括在运输价格中的。还有，在市场经济还不完善的情况下，很多货主在运输中受到承运方工作态度或服务水平较差的影响，例如不能按合同提供运输车辆、运输被延误、货物出现不应有的损害或灭失、出现责任事故后不能及时得到应有的赔偿等情况时有发生，这些情况给货主带来的损失显然也是运输的非价格成本。无论是上述的哪一种情况，运输的非价格成本越高，运输需求就越受到限制。

2. 经济发展水平与产业结构

（1）经济发展水平与货运需求

货物运输需求是派生需求，这种需求的大小决定于经济发展水平。各国在不同经济发展阶段对运输的需求在数量和质量上有很大区别。从西方发达国家的交通运输发展过程看，工业化初期，开采业和原材料对大宗、散装货物的需求急剧增加；到机械加工工业发展时期，原材料运输继续增长，但增长速度已不如前一期，而运输需求开始多样化，对运输速度和运输质量方面的要求有所提高；进入精加工工业时期，经济增长对原材料的依赖明显减少，运输需求在数量方面的增长速度放慢，但运输需求越发多样，在方便、及时、低损耗等运输质量方面的需求越来越高。出现这些变化的深层次原因在于，经济的发展使得人们更为富裕，人们的消费行为也发生了改变，由需求弹性较低的货物转向需求弹性较高的货物，或是由农产品转向制造业产品及服务业的服务。因此，对产业结构而言，亦会因消费者消费取向的不同而有所转变；在产业结构因经济发展而改变时，会出现货物种类和货运服务特性的改变，从而使货运需求发生变化。根据经济学理论，专业分工越细，规模经济效益越容易得到发挥，从而可以降低生产成本，但相对而言，专业分工的细化也导致了运输成本的增加；例如厂商采取适时制（JIT）生产策略，可有效降低存货成本、增加生产的弹性，但必须为之付出较高的运输成本。当某一地区的产业结构变得更为复杂或单纯化时，会影响到区域（包括境内、入境与出境的）货运量，并对区域间货运量分布的形态产生影响。

在货运需求分析中，最大的一组运输服务可能要算把一个国家所有的货运吨千米加总在一起了，即把所有不同始发到达地点之间、通过不同运输方式、不同批量和不同品类的货物位移加总的合计。

（2）货运需求的地区不平衡性

此外，要注意我国货运需求层次地区分布的不平衡性。首先，我国国土面积广大，地区资源分布不均，比如中西部主要是大量能源、原材料的产地，而东南部主要集中的是加工产品的生产，这就使得我国各地区由于货物产品的不同，拥有着不同的货运需求层次。同时，区域经济发展不平衡带来货运需求层次地区分布不均。比如西部地区的经济发展落后于东部沿海，人民消费水平也较低，产品的生产及需求不如东部地区多样，使得西部的货物运输需求层次比较单一简单，而东部就相对要复杂得多。

（3）货运消费者对载运工具的选择

我们来分析一下货运需求变化时运输消费者对载运工具的选择。我们前面已经提到，货物的批量是由储存和运输等物流环节共同决定的。虽然对于载运工具来说，都有一定的装载容积以及相对较"经济"的装载量，运输者必须保证运送的货物达到一定的装载量以满足运输工具一次的装载能力。但对于商品的生产者（货运消费者）来说，装载量越大，其产品的存储数量和时间也越大或越长，而产品存储所造成的成本显然也会越高。如果产品的价值较低且市场需求较稳定，那么，充分利用载运工具的运输能力能够显著地降低运输成本而又不会带来其他成本的大幅度增加。而对于一些单位价值很高、市场需求变化很快的产品来说，过长时间或过大数量的存储显然是不经济且存在极大市场风险的。此时，那些装载容积较小、相对灵活方便的运输工具，特别是卡车的优势就体现出来了，因为它们几乎可以随时启运，大大减少产品的存储成本。所以产品生产地对运输需求的影响，还应该包括存储和装载方面的考虑。极端的情况是适时制生产组织方式的情况，一些汽车公司首先采用了这种生产组织方式，使每一个前方生产者的加工品正好在下一个生产者需要的时候直接供应到位，以最大限度地减少不同工序、车间或分厂之间原材料、零配件及半成品的存储量，甚至做到"零库存"。为了适应这种适时制的生产组织方式，运输组织也必须做到非常准确及时，因为假如某项供应一旦不能及时到位，就可能引起整个生产链停顿的严重后果，而某项供应提前到位也会引起不必要的存储，达不到适时制的目标。这种生产组织方面的变化对运输服务的可靠性提出了空前的要求，因此比较可靠的运输方式被用户青睐，而对那些运输组织环节复杂、时常出现运输延误的运输方式，其运输需求就可能下降。

（4）不同运输方式的发展

如果把总的货物运输需求拆分到不同运输方式我们就可以看到比总量略微具体一些的运输需求。在目前的几种主要运输方式中，铁路公路、水运和管道承担了大部分货物运输，航空货运正在崛起，但从承担的运输总量来看相对还比较小，即使在航空运输最发达的国家，航空所占的货运比重也很小。

3. 偏好

（1）发货人对运输企业的要求

运输服务质量对运输需求是有实际影响的。然而对于经济计量分析来说，运输质量的概念目前却很难发挥更多的作用，原因在于很难给出运输质量的准确定义并进而收集到能够进行定量分析的实证数据。每一种运输服务都存在着很多方面的特点，对某些发货人来说运输能力的大小可能是最重要的，对另一些发货人来说运输速度可能更重要，对第三类发货人可能更看重运输的可靠性包括正点服务，还有很多发货人可能对承运人的形象和服务态度十分注重等等。

不少国外学者对运输质量问题进行过研究，包括使用问卷方式调查用户对各方面运输质量的评判，但这些研究似乎仍没有为经济计量分析提供必要的信息。例如，某一次问卷调查的结果是有30%的客户认为运输速度是他们选择承运人时的主要标准，而运价水平只排在第三位，但结论到了这种程度我们仍旧无法判别运输速度提高多少可以使运输需求曲线向右移动到什么位置。若要使质量因素能够真正在运输需求的经济计量分析中起作用，就要能够收集到足够有说服力的数据，使其成为经济计量模型中的一个变量，例如可以用运输速度这个指标取代地区GDP。如果做到了这一点，我们就可以在固定运输速度的情况下分析运价对需求量变化的影响，或在固定运输价格的情况下分析运输速度对运输需求的影响。然而到目前为止，运输质量的定量分析方法仍很不成熟。

（2）自备运输问题

在经济生活中还有一种现象，就是尽管专业受雇运输公司的能力越来越大，服务也不断改善，但还有很多一般的工商企业保留了自备运货车或车队。也就是说，这些企业或多或少要把部分运输能力控制在自己手里，除了必需的内部运输和短途接运，有些还要用于完成中远距离的运输任务。这种情况在各国都很普遍。

第三节　旅客运输需求

一、人们的交通需要

1. 交通需要的含义

在旅客运输需求分析中要涉及一个概念，就是运输"需要"。一般来说，需要（need）的概念比需求（demand）要大因为需求只是有支付能力的那部分需要。由于需求要受个人收支预算的限制，所以仅仅按需求去分配社会资源就会由于收入水平的差别而产生出一些不平等。因此有人主张，运输服务，至少其中的一部分，应该按照"需要"进行分配而不是按照有效的"需求"进行分配。其中心思想是，在现代社会中每一个人都应该有权利享受一些不低于基本水平的教育、医疗等服务，而不论他们收入的多少,交通运输也应该属于这一类服务,人们也有权享受某种最低标准的运输供给。

任何一个国家或地区,都会有一些低收入者,还有残疾人、老人和儿童,这些人相比之下需要些特殊的运输服务,任何一个国家也都会有一些地区的经济开发水平较低同时交通条件较差,需要外界提供一些它们自己难以实现的运输服务,这些运输服务仅靠市场上自发的供求平衡力量往往无法满足。因此,需要被认为是既包括可以用市场去满足的需求,同时也包括要依靠市场以外力量去满足的那些基本要求,这后一部分运输需要有时也被称作"公益性运输"或"普遍服务"。在1977年英国运输部公布的运输政策中曾这样定义社会运输需要,"它包括人们作为现代社会成员所必需的工作、采购、休闲和其他活动的运输需要"。

2. 交通需要与政府补贴

在西方国家的运输政策中可以看到一些属于此类公益性运输的处理办法。例如,在英国1930年的公路运输法中,有关公路运输执照的条款就包括公共需要的概念,并被解释成是与有效市场需求不同的服务,由于经营者可能在这种营业中亏损,因此有权获得补贴。英国1968年的运输法中更是明确规定,有222种运输服务由于社会原因造成的财务亏损可以由政府补贴;英国政府多年来一直同时在航运和航空的基础设施与运营两方面同时对地处苏格兰地区的一些岛屿给予资助;20世纪70年代开始建立满足老人和残疾人交通需要的系统;1985年的运输法又授权各地方政府对城市和农村的公共汽车给予补贴。在美国,1978年航空业放松管制法规定了对为小城市提供的航空服务实行补贴。加拿大1987年的运输法也明确规定了为该国北部地区的航空服务提供政府补贴。

但即使承认了运输需要与需求的差别并采用政府补贴的办法处理,在现实中还是存在很多问题,特别是大量界限不清的交叉补贴会引起公共交通企业降低效率。因此,有一部分学者虽然支持妥善解决低收入人群和残疾人的交通困难,但并不同意用"需要"去作为分配资源的机制,主张仍然以普通经济学原理去支持交通运输领域基本的市场运行制度。他们认为应该采用明晰的收入补贴等办法,从根源上解决收入问题或劣势问题(政府和其他机构补贴给社会运输服务的钱可以视为社会对这种服务的有效需求,于是人们可以把这种状况看作类似于传统消费理论的情况,正如"需求"反映个人购买一种特殊服务的愿望一样政府对"需要"的响应反映了社会为它的某些成员购买特殊的运输服务的愿望),而不要搞混杂的交叉补贴。这样才可以实现让市场的有效需求正确反映一般消费者购买具体运输服务的意愿,而政府为特定群体社会性运输服务提供的专项补贴也不致造成不必要的效率损失。总而言之，上述问题的存在确实给运输需求分析又增加了一定难度。

二、客运需求的影响因素

1. 运价水平

（1）客运需求弹性

客运需求也受运价水平的影响，如果我们已经比较清楚地知道了运输需求与运输价格之间得相互关系，就可以在价格与需求坐标系中画出一条运输需求曲线，可以根据运价水平的变化考察运输需求量的变化。当然，这只是理想条件下的，现实条件下客运需求分析中所使用的变量往往不应该简单处理，例如价格可能并不仅仅是乘客所支付的票价，而是包括了其他许多有关又相互影响的因素，像时间成本就是其中最重要的一项，此外还有安全舒适和方便等。但由于这种综合性的运输成本不容易准确掌握或计算，因此，在现实中，很多情况下人们还是利用容易取得的价格资料进行运输需求分析。这当然会带来一些问题，其中一个就是对运输需求的价格弹性计算结果往往与人们预料的相差很多，而且一般都是偏低。例如，20世纪70年代以来很多学者对美国、英国、澳大利亚等国城市内或城市间客运以及跨北大西洋航空客运分析出来的运输需求价格弹性都比较低，从最低的-0.08到最高的-0.61不等。

（2）客运需求弹性的影响因素

与货运需求弹性的计算结果类似，客运需求弹性也因计算者、计算目的、使用数据来源、计算期间和分析范围的不同而差异很大。运输需求弹性的计算如果过于笼统，它与特定和现实的运输需求特性就会背离较大。于是有学者建议要注意分类对运输需求弹性进行分析，他们认为至少可以从这样几个不同层面去观察客运需求的价格弹性变化：

第一是出行的目的不同。人们的出行目的大体可归类为：出差旅游探亲、访友、购物及其他几类。一般认为公务出差的旅行需求对运价的弹性要低于以旅游度假及探亲访友为目的的旅行，前者更倾向于选择更加快速、舒适、便捷的运输方式，因为前者的机会成本通常要高于后者。美国学者的分析结果，相对于旅行费用而言，开私人小汽车度假的旅行需求弹性值为-0.955，长途公共汽车的需求弹性值为-0.694，铁路为-1.2，航空为-0.378；而对于公务旅行来说，小汽车的弹性值为-0.7，公共汽车为-0.3，铁路为-0.57，航空为-0.18。相比之下，公务旅行的需求价格弹性要小于度假旅行。由于公务旅行需求的价格弹性要比个人出行小得多，因此航空公司就可以依此而制定不同的定价策略以增加收入。当然，出行目的本身不能孤立地对方式选择发生作用,而是与其他因素综合作用于方式选择的全过程。

第二是费用支付方式的不同。例如,私人小汽车的燃油等直接费用相对于既包括燃油,又包括保险、保养和折旧等间接费用的全成本来说只是一部分,这使得驾车人的需求弹性按燃油费用与按全成本计算相比就有差别;而公交车票又分别有一次性票按时间的期票和按里程的累积优惠票等等,结果使需求的价格弹性也不同。

第三是长短期的弹性不同。例如,人们对市内公交车票涨价的反应,在短期内往往是需求明显减少(抗拒心理),但一段时间以后,当人们的心理逐渐适应,这种反应会软化,因此表现为需求价格弹性短期较高而长期较低。然而燃油价格对人们驾车行为的影响却是一种相反的情况,当20世纪70年代石油危机导致燃油价格上升时,在短期内人们的驾车距离似乎没有很大变化(人们可能寄期望于油价在将来有所回落,同时,对车辆的投资是种固定成本),但在更长的时期内它对人们选择居住和上班地点以及选择车型都发生了影响。

第四是运输距离或支付总额的差别。都是20%的上涨率,但5元票价和500元票价两种基数却会使人反应不同(因为上涨的金额相对于普通人的收入具有明显的差别),研究结果是休闲旅行需求在长距离的价格弹性要大于短距离。例如,一项研究说美国航空旅行需求的价格弹性在400英里时为-0.525,而在800英里时为-1.0。

2. 收入水平

人们的收入水平与交通需求之间有一定联系,过去有人提出,由于在出行时间预算上的限制,人们在出行行为方面具有相对的稳定性,即人们花在出行方面的时间和出行的总次数变化不大,如果以休闲为目的的出行增加,那么以工作为目的的出行就会减少,如果选择使用汽车或飞机出行,那么原来以步行或骑自行车的出行次数就会相应减少。但后来的研究表明,人们的平均出行时间和次数都随着收入水平的提高在增加。不少学者对同一国家不同收入水平的家庭,或不同人均收入水平的国家进行过对比分析,结论基本是相同的。

需要注意的是,虽然可以认为交通在总体上属于经济学中的优质品,即消费随收入增加的物品,但也有人认为如果分更细来看,其中的私人交通特别是人们对小汽车的需要与收入增加的相关性更加明显,而对市内公共交通的需要却可能是在减少的。

3. 其他运输服务的价格和质量

(1)客运需求的交叉弹性

对任何一种交通工具的需求,无疑会受到与其竞争或与其互补的其他交通工具的影响,这其中也包括收费或价格方面变动的影响。需求的交叉价格弹性是可以用来分析需求受其他交通工具价格影响程度的有效工具。

需要说明的是,即使在同一种运输方式内部,也可能存在不同运输企业之间的竞争,而分析这种运输企业之间的需求交叉价格弹性,对企业的经营也是很现实和极有实用价值的。此外,对于互补型的运输工具或运输企业,例如市内道路交通为市际铁路和航空集散客流,或者支线航空公司与干线航空公司共同组成轴辐型结构等,需求的交叉价格弹性应该是负值。

2013年,美国人上下班使用公共交通的比例只有5.2%,独自驾驶私人小汽车的占76.4%,其余的人利用其他方式包括合伙搭乘小汽车等,但美国有几座大城市,如纽约、旧金山芝加哥、华盛顿和费城等,仍保持了相对较高的公共客运使用率,其中纽约的通勤出行中,公共交通占比甚至高达55%。据分析,这与这些以金融、商业或政府职能为主的大城市就业地点大都集中在城市中心,因此公共客运相对比较容易发挥优势有关,如果居住和工作地点都十分分散,公共客运的发展就比较困难。

除了计程出租汽车,公共客运都是集体运输,即要把数量不等的旅客集中到一部交通工具上运载,因此公共客运一般都需要设定专门的运行线路、停到站和运行时刻。与私人交通相比,公共客运的不方便之处就是不能随时随地满足每个人的出行需要,而必须等待规定运行时刻,并只能在确定的运行线路和停到站;此外,旅客往往还需要利用个人交通(包括徒步)去衔接公共客运所不能满足的那部分路程。这使得公共客运比随时随地可听凭个人支配的私人交通工具缺少了一定的吸引力,再加上其他的原因,公共客运在很多国家和城市都被私人小汽车排挤了,引起了很严重的交通堵塞问题。从20世纪40年代后期到70年代,美国城市公共客运一直迅速下降,20世纪70年代以后大体保持在每年85亿人次的水平上,而私人小汽车此时已经占据了绝对优势。世界上很多国家的

城市交通大体也是这样一种趋势。一些城市曾经采取了比较积极的态度,努力把私人小汽车的乘客转移到公共客运上,但到目前为止成功的例子相当少。似乎只要道路的拥挤状况不到极端,或者市内停车位的收费还能接受,私人小汽车的拥有者们就对公共客运的降价措施根本不予理会。根据对世界上100座城市所进行的调查分析,公共客运需求对客运票价的平均弹性值只有-0.45。也就是说,如果城市公交票价降低10%,其运量只会增加4.5%。极而言之,即使公交票价降低100%,即完全免费,公共客运的运量也只增加45%;如果原来选择公共交通的居民比重不大,那么大多数在公共交通免费的情况下仍然还会以私人小汽车出行为主。

(2) 公共交通服务水平的重要性

还曾有学者对 20 年时间内影响美国波士顿市公共客运的若干影响因素,包括收入水平、就业人数、公交票价和公交服务质量等,进行了分析。居民收入水平对波士顿城市公交需求的影响是负面的,因为人们收入增加一般更愿意选择使用私人小汽车而放弃使用公共交通,该弹性值为 -0.715,在该期间人们的收入水平实际增长了 44.5%,对公交需求的估计影响程度为 -30.1%;就业人数对公交需求的影响是正的,其弹性值为 +1.75,在该期间波士顿就业人数实际增加了 8.3%,对公交需求的估计影响程度为 +12.7%;公交需求对票价的弹性值为 -0.234,在该期间公交票价下降了 42.4%,对公交需求的估计影响程度为 +12.1%;公共交通服务水平的提高可以鼓励人们更多地使用公共客运,公交需求对其的弹性值为 +0.358,在该期间波士顿城市公交开行的车英里数实际增加了 38.3%,对公交需求的估计影响程度为 +10.9%。从总的情况看,这 20 年间对公共交通正的影响累计共为 35.7%,负的影响为 30.1%,正负相抵后波士顿城市公共交通的需求只增长了 5.6%。

如果政府官员和学者希望能使公共客运吸引到更多的乘客,那么就必须研究如何克服公共客运的那些弱点,或者能在其他如成本、速度和舒适性等方面具有更大的补偿能力。有很多研究表明,人们对公交票价高低的敏感度正在下降。例如,20 世纪 70 年代末一项对英国中西部的运输市场研究显示,当时只有 27.1% 的人还坚持公交车降低价格是最重要的问题,而其余大多数人的观点都认为服务质量的改进更重要,其中 14.6% 的人选择了速度上的可靠性,10.4% 选择了频率高,另外 10.4% 的人认为应该增加候车站的遮篷,还有 10.0% 的人则更看重车辆的清洁程度。还有研究指出,在原来服务质量比较差的情况下,改进质量特别有助于增加公共交通的需求。

但是,公共交通的服务质量与所在地区的人口密度以及人们对它的使用强度又有很大关系,因为如果乘客过少就很难维持较好的公交车况和较高的服务频率。所以大城市本来应该是能够充分发展公共交通,用优质公交服务引导居民减少对私人小汽车依赖的理想地方,可惜的是很多大城市由于政策失误反而导致居民选择小汽车并放弃公共交通,致使交通状况恶化。另外,对公共交通服务水平的定量分析并不容易。在波士顿的案例中,分析者使用了城市公交车辆开行的车英里数这指标,应该说具有一定意义,因为公交开行的车英里数越多,说明提供的服务越多,对乘客应该越方便。但实际上公共交通的服务质量仍然是一个在经济学上很难分析的问题,因为它可能包含的意义太多了,除了公交车辆开行的车英里数以外,像公交线路的多少和长度、发车频率、行驶时间站点设置、转换车时间长短等,都对人们是否更多地选择公交产生着影响,而公交服务的另外些指标,如舒适程度、可靠性、安全性等,在定量分析方面也仍然是十分困难的。

(3)停车服务对小汽车出行的影响

最后,对于小汽车来说,停车的便利性与停车服务的价格(停车费)也对小汽车出行的需求产生着重要的影响。例如,纽约市的汽车需求量较低,不仅是因为那里的公共交通很方便,同时,高昂的停车费也是许多车主的噩梦。曼哈顿商业区车多路狭,允许路边停车的路段很少,停车大多要驶入大楼的地下停车库,在这里1小时收费10美元算是便宜的。因此,许多驾车来纽约,为免停车费时费钱,多将车停在长岛(纽约市与曼哈顿毗邻的地区)甚至邻近的新泽西州,然后乘地铁到曼哈顿游览;当地的中产阶级上班和到市中心区活动也多乘地铁,平时汽车放在车库内,假日到外地或郊区旅游时才用。当然,国内一些城市的停车费也不便宜,南京市主城区核心干道的路边停车费已达到20元/小时(第一小时12元,之后每小时20元),达到甚至超过了很多国际大都市的水平。而国内大城市市中心住宅的一个车位的价格基本达到了中高档车的价格。例如广州市某高档小区的车位甚至高达110万元。因此也有人称,买得起车的不一定是富人,有车位的才是富人。

4. 人口数量

我们讨论的客运需求曲线是谁的需求呢?我的,你的,还是每个人的?答案并不明确。虽然决定需求的基本因素是"个人"的感受,但在现实世界中,我们所能直接观察得到的往往是市场需求。市场需求(market demand)所代表的是某一市场范围内所有个人需求的总和。市场需求曲线则是将在每一价格水平下所有个人的需求量加总而得到的。市场需求曲线也符合需求向下倾斜的规律;当价格下降时,较低的价格通过替代效应吸引了新的顾客;若既经过替代效应又经过收入效应,则价格的下降就会刺激原有的顾客购买更多的数量。

5. 出行偏好

即使在同样的收入水平上,有人可能爱好外出旅游,但也有人可能更偏重文艺和体育方面的享受,有人出远门喜欢乘飞机,但也有人就喜欢坐火车,有人热衷于拥有并随时使用新型轿车,甚至把这作为自己身份或个性的标志,但也有人宁愿多骑自行车,以便实现自己关注环保的意愿,这就是人们喜好或嗜好的不同。尽管在经济学中找不到关于喜好的准确定义,也很难将其精确地数量化,但它对于运输需求的影响还是很广泛和重要的,应该在需求分析中考虑到这种影响。人们在交通行为中的喜好也是会发生变化的，例如随着收入提高和闲暇时间增多，大多数人还是愿意享受私人小汽车所能给人带来的更多自由和方便。也有学者更强调喜好所具有的惯性，认为尽管存在着从众心理，但人和人毕竟不一样，这导致了人们在选择出行行为上的多样化。还有学者甚至分析了人们在交通行为的喜好上存在着"路径依赖"现象，认为一旦作出初始选择，例如个人在大城市郊外购买了住房并使用私人小汽车作为主要交通工具，他就很难再改变一种相对固定的日常交通模式，这种现象对一个城市的交通规划和布局也是类似的。对于中国人的出行来说，有一种独特的路径依赖现象—春节时哪怕千辛万苦也要回家过年。回家过年的观念已历经千年而深入人心，这也直接导致了令中国客运交通行业最为头疼的问题—春运。

三、有关私人交通的分析

1. 小汽车需求的影响因素

私人交通工具的拥有和使用在旅客运输中起着非常重要的作用，私人交通需求与私人交通工具的拥有量以及这些私人交通工具的行驶距离（使用量）有密切关系。虽然这几年我国私人小汽车的拥有量增长很快，但由于基础薄弱，目前离一些发达国家每千人500辆的水平仍相差较远。另外，发达国家的私人交通工具已基本上是私人小汽车，在发展中国家，私人小汽车数量增加的同时也仍然保留有大量私人自行车、摩托车等。

很多人早就对小汽车的需求进行过研究，一般结论是小汽车的需求与居民收入、小汽车售价以及其互补品（主要是燃油）的价格关系比较密切，其中收入水平是最重要的影响因素。国外学者的很多研究表明，私人交通需求的增长与居民的人均收入水平关系十分密切，但人均收入增长对私人交通需求的影响主要体现在拥有私人小汽车的数量上，而不是体现在每辆车每年的行驶距离上，例如，美国的一项研究材料指出私人小汽车拥有量相对于人均收入水平的弹性值是0.8，而每辆车每年的行驶距离相对于人均收入水平的弹性值只有0.1。也就是说，假定人均收入水平增加了10%，那么私人小汽车拥有量可能会提高8个百分点，而平均每辆车每年的行驶距离只增加1%。

而影响社会上小汽车存量的另一个因素是小汽车的使用寿命。小汽车的报废是一种经济性的决策，它受新车（使用中汽车的替代品）价格和燃油与汽车修理（使用中汽车的互补品）价格或收费的影响。此外，在经济衰退时期，人们会推迟使用中汽车的报废和新车的购买，因此在这种时期道路上汽车的平均车龄就比较长，而在经济繁荣时期道路上汽车的平均车龄就会相对较短。当小汽车价格的上涨快于通货膨胀率上涨时，汽车的使用寿命当然也会长些。小汽车之间的区别除了它们的使用期长短不同，还包括车子的大小和特性。轿车品类的繁多使得人们有可能根据经济形势的变化，在不改变车辆拥有总数的情况下，通过改变使用的车型去调整和适应。例如当油价发生变化时，人们的反应不是多买车或少买车，而是选择买大车还是买小车。有些人家拥有不止一部汽车，因此当油价出现升降，他们就会很自然地决定多开小车或多开大车。与小汽车有关的最大开支是购买和拥有车辆的成本，而不是驾驶车辆的费用。

对于中国人来说，还有一个影响小汽车购买的重要因素—面子。要不要买车、买多大的车、买什么品牌的车、什么时候买车，这些都或多或少地与"面子工程"有关，而不仅仅考虑自身的出行需要。例如，每年春节前夕，我国很多城市小汽车的销售都会出现一个小高峰。其实也不难理解拿着新发的奖金，带着积累了很久的存款，买辆新车在春节期间走亲访友，无疑是节前最喜庆的消费方式。

2. 私人交通方式的选择

在美国，还有一种重要的私人交通工具是私人航空，主要用于城市间交通。20世纪90年代中期美国私人航空所产生的旅客周转量约为100亿人英里，大致与美国铁路客运的周转量相当，在总客运周转量中约占0.4%。而在20世纪80年代初，美国私人飞机的拥有量达到20多万架，私人航空所产生的旅客周转量有150亿人英里，当时在总客运周转量中占到1%。80年代以后美国私人航空运输量的下降与同期美国商业航空的大幅度增长是同步发生的，在那一期间商业航空的客运周转量增长了近1倍。人们估计，私人航空需求的缩小与商业航空由于放松管制而导致的服务改善和价格降低有关。从这里我们也得到了一个启示，即私人交通相对于公共交通的某些优势并不是绝对无法超越的。与西方发达国家不同的是，在中国这样的发展中国家，由于私人小汽车尚不那么普及，因此很多私人交通仍旧依靠步行或骑自行车。

3. 私人交通的分析方法

需要注意地是，由于私人交通不是消费者在运输市场上购买的，因此它没有市场价格，为了分析私人交通的需求曲线，经济学家们把私人交通的需求量与私人交通所需要支出的单位费用建立起联系，也就是说，用私人支付的交通费用代替价格来确定需求曲线。道理显而易见，私人交通除了需要购买交通工具，还有很多其他需要开销的费用，包括车辆的保险维修燃油停车费等等，居民收入与所有这些开销的相对关系也影响着私人交通的数量和需求，但影响不如对私人小汽车拥有量影响那样大。这也许可以看作是一种必需的替代，但也有人反对说成本不应该是与需求直接挂钩的变量，而应该与供给挂钩。此外，不同国家经济发达水平城市化水平和城市结构、人均收入水平、生活习惯和已有的基本交通设施都有很大差别，因此对私人交通需求的各种影响因素发挥影响的程度也差别很大，需要仔细分析研究，不能一概而论，也不能把其他国家的分析结论轻易照本宣科。

四、旅行时间价值

1. 旅行时间价值的概念

旅行时间价值（values of travel time）是人们对旅行时间的评价，是由于旅行者在旅途中耗用的时间存在机会成本所产生的价值。在许多国家的交通运输规划中，旅行和运输时间的节省通常是一项重要的考虑内容，时间的节省构成了运输投资效益的主要组成部分，所以人们进行了大量有关旅行时间价值的研究。

2. 旅行时间价值的计量

西方学者对旅行时间的价值计量一直分为两种情况分别对待，一种是工作时间的旅行，另一种是非工作时间的旅行。工作旅行包括运输工具驾驶员、服务员的在途工作和一般公务旅行，其时间价值一般被认定是旅行者工资的100%。但这里面有这样一些假定每个人的工资都等于他所创造的边际产品；工资包括了他的全部劳动所得；分析范围不包括涉及重大政治、军事或商业事件时的情况等。非工作旅行包括以通勤通学购物、社交旅游、娱乐等为目的的旅行，一般认为非工作旅行的时间价值要低于工作旅行的时间价值，相当于旅行者工资的某个百分比，但研究结果差别很大。学者们一向比较关注城市居民上下班通勤的时间价值，也许这是因为相比之下通勤属于最有规律的出行行为而且旅行者的数量最大。

对旅行时间价值的研究需要借助行为科学，过去学者们多采用显示性偏好（revealed preferences）的分析方法，但近年来学者们开始更多地使用表述性偏好（stated preferences）的方法，它们之间的区别是前者注重实际观察到的人们已经做出的选择是什么，而后者则更多根据并未实际发生、但人们在调查表上对各种情况明确表述的选择意愿进行分析。

3. 旅行时间价值的影响因素

尽管已有的研究存在着众多的分歧，但可以相信旅行时间的确是有价值的，而且会由于以下各种影响因素的不同而有差别：(1)旅行目的。由于旅行目的不同，人们对相应的旅行时间价值评价也不一样。(2)所在国家与地区。大多数的研究学者都认为一个国家的旅行时间价值与该国的经济发展水平和人民生活水平成正比，因此发达国家的旅行时间价值高一些,不发达国家的旅行时间价值低一些。(3)旅行发生的时段不同,旅行时间价值也是不同的。例如工作日一天中旅行时间价值随着各个时段的不同而波动,早晨上班高峰期人们对旅行时间价值的评价最高,而在其余时间特别是晚上,由于人们对时间的安排不那样严格,因此对旅行时间价值的评价则会相对较低。(4)旅行者收入与职业。收入越高的人,旅行时间的价值越大;反之,收入较低的旅行者,其旅行时间价值较低;对于家庭妇女退休者失业者和儿童而言,他们的旅行时间价值与全职工作者的平均工资显然也存在较大差异。(5)零碎的和整块的时间节省。一般认为整块的时间节省比零碎的时间节省产生的经济效益要大。(6)平均旅行时间价值和边际旅行时间价值的区别。(7)某一特殊时点的重要性。例如,严格的上班考勤制度会提高通勤者的旅行时间价值,下班时要不要接孩子对旅行时间价值显然也有影响。

第五章 运输供给

第一节 运输供给概述

一、运输供给的概念

1. 供给的基本概念

现在我们从需求转到供给。供给(supply),指的是特定市场上在一定时期内,当其他条件不变时,在某一价格下,生产者愿意且能供应的商品或服务的数量。供给的大小通常用供给量来描述,而供给是指在不同价格水平时的不同供给量的总称。在不同价格下,供给量会不同。因此,在其他条件相同时,一种物品的市场价格与该物品的供给量之间存在着一定的关系。这种关系若以图形来表示(图5-1),便称为供给曲线(supply curve)。

供给曲线也有着一种明显的特征,即当一种商品的价格上升时(同时保持其他条件不变),生产者便会趋向于生产更多的数量,在图上这表现为供给曲线向上倾斜。供给曲线向上倾斜的重要原因之一是"边际收益递减规律"。边际收益递减规律又称"边际产量递减规律",指在技术水平不变的条件下,增加某种生产要素的投入,当该生产要素投入数量增加到一定程度以后,增加一单位该要素所带来的产量增加量是递减的。

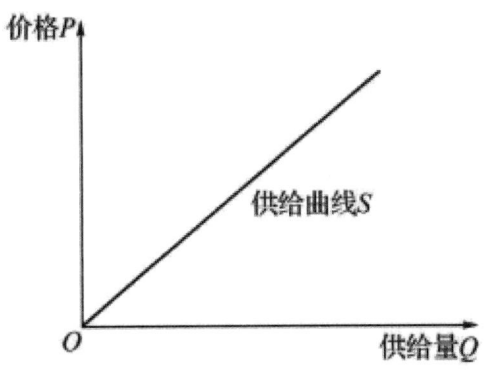

图 5-1 供给曲线示意图

2. 运输供给的基本概念

运输供给（transport supply）是指运输生产者在某一时刻，在各种可能的运输价格水平上，愿意并能够提供的各种运输产品的数量。与一般商品的供给相比，运输供给的特点在于其涵盖的范围很广；运输供给包括了运输基础设施的供给、载运工具的供给以及它们共同提供的运输服务供给。运输供给在市场上的实现要同时具备两个条件：一是运输供给者有出售运输服务的愿望；二是运输供给者有提供运输服务的能力。

二、运输供给的特点

1. 运输服务的不可储存性

运输市场出售的不是实物产品，而是不具有实物形态、不能储存，不能调拨的运输服务，消费者在运输市场中的购买，不是为了直接占有运输产品，而是通过运输实现旅客和货物的"位移"。运输业并不像工农业那样改变劳动对象本身的性质和形态，而只是改变劳动对象（旅客和货物）在空间上和时间上的存在状态，具体体现在空间位置的移动，即"位移"。但位移并不是任何抽象的笼统的位移或运输，而是有具体条件的，包括目的地、时间等要求和规定的场所变动，它的数量和质量都要受到用户的检验。运输服务的供给过程和运输服务的消费过程融合在一起，二者不可从时空上进行分离。同时运输服务又具有矢量的特征，不同的起始点和目的地之间的运输形成了不同的运输产品，它们之间不能相互替代，即使是相同起始点和目的地之间的运输存在运输方向的问题。因此，不存在任何可以存储转移或调拨的运输"产成品"，运输服务的供给只能以提高运输效率或新增运力来适应不断增长的运输市场需求。即使这样，当面对变幻莫测的运输需求时，运输服务的不可储存性带来的困难仍然难以克服。

以出租车供给为例，由于潜在的顾客很少正好位于空出租车巡行的地方，因此即使在总需求曲线与总供给曲线的交汇处，仍将有未满足的需求（此时，只有出租车总是精确出现在需要的地点，需求才会完全得到满足）。若要提供充分的搭车服务，就必须提供超过总需求的出租车数量。只有这样，出租车市场的需求量才能等于所提供的车辆数，才不存在由于不能乘上出租车而放弃等候的失望的旅客。当然，在那些准备付费并使用出租车的人获得一种良好的服务时—提供的车辆远超过需求量—短暂的等候时间和充足的载运能力有可能是在资源使用上的浪费。

同时，运输产品的生产过程和消费过程不可分离的特征对运输产品或运输服务的质量提出了特殊要求。当旅客发现运输服务质量较差时，他往往已经身处运输过程之中,一般很难立即退出该过程,改变自己的行程安排;货主发现运输质量有问题时,更是在运输过程完成之后。这使得旅客和货主不能像普通商品的消费者一样,把质量不符合标准的商品拿回去退换,他只能消费自己事先选择了的运输过程,不管它是时间上的延误感觉上的不舒适或是货损货差。如果运输过程中发生安全方面的事故,更会带来无法弥补的生命财产损失。运输产品的这种特性使得运输市场上对运输质量的要求应该更加严格,特别是在事前对运输业者提供服务的监督和检查比在其他市场上更为重要,以切实保护运输消费者的利益。为了在发生意外事故时尽可能补偿旅客或货主的经济损失,各国的运输市场还普遍实行了运输保险的制度,有些甚至采取强制性保险的方式。

2. 运输供给的分散性

运输市场既有空间上的广泛性,又有具体位移的特定性。运输产品进行交换的场所,是纵横交错遍布各地的运输线路和结点。客运市场交换主要集中在车站码头、机场等地;货运市场则更为分散,哪里有货物运输需求,哪里就会有形成货运交易场所的动力。但旅客和货物位移是具体的,只有相同的旅客和货物在相同起运终到地点的运输才是相同的运输产品。不能用运水果代替运石油,也不能用兰州向乌鲁木齐的运输代替广州向上海的运输,甚至在同一运输线上不同方向的运输也是完全不同的运输产品。然而同一种运输产品可以由不同的运输方式提供,并行的几种运输工具可以提供相同但质量上(比如运输速度方便、舒适程度等)有差别的运输产品。在具体的运输市场上,不同运输生产者的竞争,不仅发生在同一部门内部的不同企业之间,也发生在不同的运输方式之间。可以互相替代的运输工具共同组成运输市场上的供给方,它们之间存在着合作竞争关系。因此,虽然某些运输线路或结点的流量很大,但从更大的区域范围来看,运输供给仍然是极为分散的,并不存在大系统层面上的一致性。

3. 运输供给的离散性

运输供给具有定的不连续性,或称离散性。长期来看,一条双向4车道的高速公路,如果由于通行能力不足需要扩容的话,将会直接扩建为双向6车道甚至双向8车道的高速公路而不存在太多的"中间状态"(如仅增加原有4个车道的车道宽度)。又如,如果由于一辆2轴的卡车运能不足而需要更换车型的话,车主通常会选择更换3轴以上的卡车。2轴车"升级"到3轴车之间便是运输能力的一次飞跃,不存在运能的连续增加过程。短期来看,运输供给的离散性可能更为明显。例如,5个成年人打车,通常一辆出租车无法提供超过4个成人的运输服务,因此还需要另一辆(也能乘坐4个人的)出租车来提供服务,尽管这看似很不经济。从运输服务质量的角度来看,也存在着离散性。例如普通飞机上的座位分为商务舱和经济舱两类,对于一位既嫌商务舱的条件太优越(当然,他/她真正反感的是商务舱的高票价)又嫌经济舱太简陋的旅客来说,航空公司并不能提供介于商务舱和经济舱之间的"折中"服务。综上所述,运输供给的离散性导致了运输供给与运输需求有时难以完全吻合,或者说,运输供给者有时无法恰到好处地提供消费者所需的运输服务。

4. 运输供给的部分可替代性

现代运输市场中有铁路、公路、水运、管道、航空多种运输方式及多个运输供给者存在,有时几种运输方式或多个运输供给者都能完成同一运输对象的空间位移,于是这些运输供给之间存在一定程度的可替代性,这种可替代性构成了运输方式之间竞争的基础。当然,由于运输产品具有时间上的规定性和空间上的方向性,因此不同运输供给方式的替代性受到限制;各种运输方式的技术经济特征、发展水平、运输费用和在运输网中的分工也不同,所以运输方式之间的替代是有一定条件的。对于客运来说,旅客在旅行费用、服务质量、旅行速度之间进行权衡,选择运输方式;对于货运来说,运输费用、运输速度方便程度是选择运输方式的依据。因此,各种运输方式之间存在的既不是异功能的协同关系,也不是同功能的竞争关系,而是在某些区间为同功能、某些区间又为异功能的一种相互有弱可替代性的关系,反映到综合运输系统中这种关系有时就呈现竞争性、有时又为协同性。此外,运输服务的消费者通常还拥有其他的选择权力,决定是否改变他们的生产方式和生产地点(针对货物运输)或者改变他们的居住、工作地点和消费方式(针对客运方式),所以运输本身也是在与不同形式的人类活动进行竞争。

5. "有效"供给范围较大

铁路、公路、航空等很多运输方式的特征之一是资本密集度高,造成运输业单位产值占用资金的数量明显高于其他生产和服务部门。资本密集度高往往意味着在总成本中固定成本比变动成本的比重要大,这使得很多运输方式的短期成本曲线较为平坦,就是说与那些变动成本很大的产业相比,运输成本曲线的U字形不明显。当短期平均成本曲线在相当大的产出范围内具有较平坦的形状时,平均成本随运量变动则只有较小的改变。对于运输供给者来说,处于由边际成本确定的理想"最优"供给量的运输成本,与其周围非最优供给量所对应的成本可能相差不大。而且,运输供给者还可以通过运输服务质量的下降从一定程度上抵消成本变动的不利影响。因此,"有效供给"对运输生产者来讲就有一个较大的范围,换句话说,其经济运能是一个较大的范围。例如,如果火车的客座率由80%增加到100%甚至120%,则由于上述运输业的短期变动成本所占的比重较小,使得运量的增加而引起的总成本的增加微不足道。然而,当这种情况发生时,伴随而来的是运输条件的恶化,旅客必须在买票、候车、行李托运、行李检查的过程中花费大量的时间和精力。这些服务质量下降所引起的成本大部分由消费者承担了。如果把这笔费用加在运输业的账上,则其成本曲线将会是另外一种形状。也就是说铁路运输供给者把一系列改善服务条件必需的费用(如改造客站、增加售票点)转嫁给了消费者,从而降低了运输成本,使供给曲线向下移动,在运价不变的情况下增加了供给。

6. 运输供给的规模经济性

在经济学中,规模经济意味着当固定成本可以分摊到较大的生产量时会产生的经济性,是指随着厂商生产规模的扩大,其产品的平均单位成本呈现下降趋势。范围经济则意味着对多产品进行共同生产相对于单独生产的经济性,是指个厂商由于生产多种产品而对有关生产要素共同使用所产生的成本节约。运输供给的规模经济,是指随着网络上运输总产出的扩大,平均运输成本不断下降的现象。这是一个十分笼统的概念,因为它包含着很多不同的内容。运输业的范围经济,是指与分别生产每一种运输产品相比较,共同生产多种运输产品的平均成本可以更低,这可以是指某一运输企业的情况,也可以是指某一运输网络或载运工具(如线路、节点、车辆和车队等)的情况。运输业的规模经济和范围经济概念与一般工商业的规模经济和范围经济的区别在于这个特殊的多产品行业使得其规模经济与范围经济几乎无法分开,并使它们通过交叉方式共同构成了运输业的网络经济。

(1)运输是地理空间上的活动,运输网络在空间幅员上的规模越大,线路越长,网点越多,其服务覆盖的区域范围就越大,因此从运输网络的幅员大小看,可以考察运输企业是否具有管辖线路越长或网络覆盖区域越大单位运输成本越低的效果。

(2)从运输线路的通过密度上看,可以考察具体运输线路上是否具有运输量越大就导致该线路的单位运输成本越低的效果。例如条铁路从开始修建时的单线到复线以至多线,牵引动力也从蒸汽机车到内燃机车再到电力机车,加上行车指挥技术的不断进步,其通过能力也从起初的上百万吨到几百万吨几千万吨甚至上亿吨,运输能力越来越大,效率越来越高,平均成本则不断降低。公路管道和水运航线等也具有类似的现象。

(3)从单个运输设备的载运能力(如列车牵引重量、车厢容积、飞机客座数或轮船载重吨位等)上看,则可以考察是否具有载运能力越大其单位运输成本就越低的效果。目前的趋势是载运工具越造越大，400座以上的大型客机、万吨货物列车和驳船队、30万吨矿石船、50万吨油轮、6000~8000TEU（标准箱）的集装箱轮都已经司空见惯了。

（4）从运输企业拥有车（船、机）队中车辆数的多少，可以考察是否车队的规模越大，经营效率越高或单位运输成本越低。例如机队的规模既与在航线上所能提供的服务频率有关，又与保持合理的维修队伍及合理的零部件数量有关，有数据说在只有一架客机单独使用时所需储备的零部件数量相当于飞机价值的50%，而当拥有10架相同客机时所需要储备的零部件数量仅相当于飞机总价值的10%。我国目前拥有500余架民用客机，分别属于数十家航空公司，飞机总数还不如国外一家大公司拥有的数量，因此每一家公司的机队都很难达到应有的合理规模。

（5）由于客货发送量越来越大，而且存在大量同种运输方式内部或不同运输方式之间的中转换装、联运、编解和配载等问题，交通网络内港站或枢纽（包括车站、港口、机场、配载中心以及它们的结合体等）与相关线路或相关运输方式的能力协调变得十分重要；而且在网络内线路运输费用已经比较低的情况下，有关枢纽上的高昂中转费用就会变得十分突出。港站的处理能力经济表现为，港站处理的客货发到与中转数量或处理的载运工具发到、中转、编解和配载数量越大单位成本越低。目前在世界上不难找到每年发送数千万人次的机场、接卸十几万吨或几十万吨位货轮的码头、吞吐1 000万TEU以上集装箱的港口、每天处理上万辆车的铁路编组站或几千吨货物的公路零担转运中心。枢纽的能力必须与整个网络相协调，在能力不足的情况下，枢纽决定或限制了网络系统的整体能力；反过来说，枢纽的规模和能力也是其所在运输网络发达水平的标志。

（6）还可以从运输距离角度考察是否具有单位运输成本会随着运距的不断延长而下降的效果。由于运输成本都可分成随运距延长成比例变化的途中成本和与运距无关的终点成本，因此运输经济中一直有所谓"递远递减"的规律，特别是终点成本所占比例较高的铁路、水运和航空运输这特点更为明显。

因此，与运输活动有关的规模经济可以划分成多种不同的类型，即运输网络幅员经济、线路通过密度经济、港站（或枢纽）处理能力经济、车（船、机）队规模经济、载运工具能力经济和运输距离经济等。运输业由多种运输方式组成，各种运输方式都既可分成基础设施与客货运营两部分，而且根据客货流或服务对象的特点（如远途或近途，整车或零担，定点定线服务与否等）又可进一步划分为若干运输类别，这使得讨论运输业的规模经济问题平添了很大的难度，不可以简单地一概而论。可以在运输业中找到很多存在规模经济的例子（例如公路零担运输需要组织较大的车队和在较大的网络内通过沿途接卸和轴辐式中转的结合提供服务），同时也可以找到大量不具有规模经济的例证（如个体运货卡车和船户、个体出租车等）。

而运输业范围经济的存在使得其规模经济概念的把握更加困难。前面已经提到运输产品及其计量上的复杂性，此外在通常情况下，运输基础设施特别是运行线路往往需要客货运混用，例如铁路客货运公司利用同个铁路网络，同时提供客货运服务并生产出多种客运和货运产品，一般要比分别建立两个各自拥有客货运专线的铁路公司分别进行客货运的成本要低。虽然同时从事客货运输也会导致一定程度的范围不经济，其原因在于线路上开行了速度不同的列车，导致能力损失和出现拥挤现象等，因此在运量特别巨大的铁路上有可能增建客运专线，但符合这种条件（例如客货运输密度已分别超过 7000 万吨和 5000 万人次）的情况应该是很少的。又如，尽管公路客货车辆对路面厚度等的不同要求会导致公路造价的差别，但世界上单独修建供客车或货车行驶的公路似乎也很少，因为双方的车流密度往往都达不到把公路分开建的要求。可以看出，即使是在同一运输线路上被运送，甚至就在同一部载运工具上的旅客和货物，也会对应着很多不同的运输产品。因此运输业在很大程度上也是存在范围经济的，产生范围经济的一个主要原因是设施和设备的共同使用可更充分地发挥效率，从而降低运输成本。如果不考虑运输服务质量上的差别，对运输产品可以根据客货运、货运中的不同货种、同类货物不同的运送时间等进行分类，可以看出几乎每一个特定的位移都是一个特殊的运输产品。运输业就是这样一个提供极端多样化产品的特殊行业，同样的运输位移可以由不同的运输行业（即不同运输方式）分别提供，而每一个运输行业和运输企业往往又都面对着不同的运输市场。

三、运输供给的影响因素

1. 运输价格

运输服务的价格（简称运价）是影响运输供给的最重要的因素。在其他因素不变的情况下，商品价格与供给量呈同增同减的变动关系。但由于运输业的商品价格在许多运输对象和运输范围内受到政府的严格管制，使得对于运输供给弹性的实证分析变得较为复杂。运输供给的价格弹性是指在其他条件不变的情况下，运价变动所引起的供给量变动的灵敏程度，运输供给的弹性系数 E_{st} 为：

E_{st} = 运输供给量变动的百分比 / 运输价格变动的百分比

当 $E_{st}>1$，我们说运输供给是富有弹性的；

当 $E_{st}<1$，我们说运输供给是缺乏弹性的；

当 $E_{st}=1$,我们说运输供给是单位弹性的。

影响供给弹性的因素主要有如下几方面:

(1)运输成本。运输业提供一定运量所要求的运价,取决于运输成本。如果成本随运量变化而变化的幅度大,则供给曲线比较陡,因而供给就缺乏弹性;反之则富于弹性。

(2)调整产量的难易程度。一般来说,能够根据价格的变动灵活调整产品产量的产业,其供给的价格弹性就大;反之,难于调整的,其供给弹性就小。

(3)考查时间的长短。时间因素对于供给弹性来说,比对需求弹性可能更为重要。时间越长,供给就越有弹性;时间越短,供给就越缺乏弹性。

2. 运输成本

考察运输供给决定因素的基本点在于,运输供给者提供运输服务为的是利润,而不是乐趣或博爱。因此,决定运输供给的一个关键因素便是运输成本。相对于运输市场价格而言,当某种运输服务的成本比较低时,运输供给者大量提供该运输服务就会有利可图;当运输成本相对于市场价格而言比较高的时候,运输供给者就会提供比较少的服务数量,而转向其他地区甚至退出该行业。运输成本的影响因素很多,但主要取决于投入品价格和技术进步。劳动、能源或设备等投入品的价格显然会对既定产出水平的运输成本产生重大的影响。例如,20 世纪 70 年代石油价格急剧攀升,提高了运输供给者的能源开销,从而导致了运输成本的增加,致使运输供给者降低了供给。另一个同样重要的决定因素是技术进步,即降低提供同样运输服务所需的投入品数量。这种进步包括从应用科学突破到现有技术的更新与挖掘,或者仅仅是生产流程的重新组织。例如,近 10 多年来,运输工具的制造越来越富有效率,今天生产一辆普通小汽车所需花费的劳动时间可能远远低于 10 年前的情况。这种技术进步使得汽车制造商可以在相同成本下生产更多的汽车。另外举个例子,如果电子商务可以让运输业者更方便地获取货源信息,那么,这种进步同样也会提高运输的效率并降低运输成本。

3. 相关物品或服务的价格

运输成本并非运输供给曲线的唯一决定因素,运输供给也受相关物品价格的影响,特别是那些能够轻易地进行替代的相关物品的价格。例如,汽车公司通常会制造不同类型的汽车,如果一种类型的汽车需求增加而导致价格上升的话,它们就会将更多的生产线转向生产改种车型,如此一来,其他类型汽车的供给就会下降;如果卡车的需求和价格上升,整个公司就会更多地转向生产卡车,从而降低轿车的供给。

4. 政府政策

出于环境、能源或安全等方面的考虑,政府会鼓励或限制某些运输形式,而税收和财政补贴会影响运输投入品的价格。政府的运输管制对于竞争企业的数量和它们的运输产品价格都会产生影响。

5. 特殊因素

最后，一些特殊因素也会影响运输供给。气候条件对公路运输和航空运输有着重要的影响，而对未来政府政策和市场状况的预期通常也会对运输供给决策产生重大的影响。如果运输企业对未来的经济持乐观态度，则会增加供给；如果企业对未来的经济持悲观态度，则可能减少供给。

四、五种运输方式的技术经济特点

1. 铁路运输

（1）铁路运输的优势

运输能力高。铁路运输能力承运远高于公路、水路运输的大批量旅客或货物，一般每列客车可载旅客1 800人左右，一列货车可装2000~3 500吨货物，重载列车可装20000多吨货物；每列车小时运输能力（运输能力可以用装载能力来衡量，使用每小时可完成的吨千米数来表示，运输能力由运输工具技术参数推算求得的，而不是由统计平均求得）为 3.4×10^4~5.3×10^5 吨千米；单线单向年最大货物运输能力达1 800万吨，复线达5500万吨；运行组织较好的国家，单线单向年最大货物运输能力达4000万吨，复线单向年最大货物运输能力超过1亿吨。

运行速度快，时速一般在80~120千米，高速铁路更是高达200~300千米每小时。

运送距离远。据统计，铁路的平均运距分别为公路运输的25倍，为管道运输的1.15倍，但不足水路运输的一半，不到民航运输的1/3。

运输成本低。虽然铁路的基本建设投资较大，但其运输的单位成本低于公路运输，如果考虑装卸费用，对一些装卸成本较高的货物，铁路运输成本低于内河运输成本。

能保证运输的经常性、连续性和准时性。铁路运输受气候和自然条件的影响较小，能在很多恶劣气候条件下持续运行，且到发时间准确性高，在运输的经常性和连续性方面占有优势。

通用性能好。既可运客又可运各类不同的货物，也可方便实现驮背运输、集装箱运输及多式联运。

运输能耗低。每千吨千米耗标准燃料为汽车运输的1/11~1/15，为民航运输的1/174，但是这两种指标都高于沿海和内河运输。

环境适应性强。铁路运输过程受自然条件限制较小。

运行平稳舒适。火车运行比较平稳，安全可靠。

（2）铁路运输的不足

灵活性差。由于铁路运输受轨道限制，灵活性较差，一般需要其他运输方式的配合和衔接，才能实现"门到门"的运输。

运送时间长。在运输过程中需要有列车的编组、解体、中转改编等作业环节，占用时间较长，因而增加了货物的送达时间，不适宜短途货物运输。

货损率高。由于装卸次数较多，货物损毁或灭失事故通常比其他运输方式比例高。

基建投资大。始建投资大，单线铁路每千米造价为100万~300万元之间，复线造价在400万~500万元之间甚至更高，高速铁路每千米造价则超过1亿元；

建设时间长，一条干线要建设5~10年；占地太多，如路基、站场等，一旦停止营运，不易转让或收回，沉没成本较大。

（3）铁路运输方式的适用范围

基于铁路运输的上述技术经济特点，铁路运输适宜于内陆地区大宗低值货物的中、长距离运输；适合于大批量、可靠性要求不高的一般货物和特种货物的运输；适合于大批量一次高效运输，也较适合于散装货物（煤炭、金属、矿石谷物等）、罐装货物（如化工产品、石油产品等）的运输；高速铁路则适宜运送时间价值较高的旅客，由于速度很快，运距1000千米时仍具有较强的竞争力。从投资效果看，在运输量比较大的地区之间建设货运铁路比较合理，在高时间价值客运需求比较大的地区之间建设高速铁路比较合适。

2. 水路运输

（1）水路运输的优势

载运量大。在五种运输方式中，水路运输能力最大，在长江干线，一支拖驳或顶推驳船队的载运量已超过万吨，运输能力达到每船小时1.8×10^5~5.3×10^5吨千米；国外最大的顶推驳船队的载运量达3万~4万吨，运输能力达到每船小时1.8×10^3~1.8×10^6吨千米；世界上最大的油轮已超过50万吨。

运输成本低。我国沿海运输成本只有铁路的40%，美国沿海运输成本只有铁路运输的1/8，长江干线运输成本只有铁路运输的84%，而美国密西西比河干流的运输成本只有铁路运输的1/3~1/4。

平均运距长。据统计，海洋运输的平均运距较长，分别是铁路运输的2.3倍，公路运输的59倍，管道运输的2.7倍，但次于航空运距，是其值的68%。

水运建设投资省。水运主要是利用"天然航道"，除必须投资购置船舶、建设港口之外,沿海航道几乎不需投资,整治内河航道也仅仅只有铁路线路投资的20%~30%。

劳动生产率高。由于船舶的装载量大,其劳动运输生产率高于其他运输方式。据统计,沿海水运的劳动生产率是铁路运输的6.4倍左右,长江干线运输的劳动生产率是铁路运输的1.26倍左右。

通用性好。既可运客,也可运货,特别是大件货物运输,还能方便实现集装箱运输和多式联运。在运输条件良好的航道,通过能力几乎不受限制。

代表着国际声望。远洋运输在我国对外经济贸易方面占重要地位,我国有超过90%的外贸货物采用远洋运输,是发展国际贸易的强大支柱,战时又可以增强国防能力,这是其他任何运输方式都无法代替的。

（2）水路运输的不足

运输速度慢。船舶运输平均航速较慢,在途时间长,不能快速将货物运达目的地,会增加货主流动资金的占有量。

可达性差。水路运输只能在固定水路航线上进行运输,需要其他运输手段的配合和衔接,才能实现"门对门"的运输。

受自然条件影响大,连续性较差。内河航道和某些港口受季节影响较大,冬季结冰,枯水期水位变低,难以保证全年通航。

（3）水路运输方式的适用范围

水路运输适宜于运距长、运量大、时间性不太强的各种大宗货物运输。在21世纪的今天,在航空仍不能解决大批量货物运输的现实情况下,量大、价廉和较为便捷的海上运输仍将是联系全球性经济贸易的主要方式,承担着全球性、区域间的货物运输,成为世界经济全球一体化和区域化服务的主要纽带。

3. 公路运输

汽车现已成为道路运输的主要载运工具,所以现代道路运输主要指汽车运输。下面从公路运输的技术经济角度介绍道路运输的主要特性及其适用范围。

（1）道路运输的优势

灵活、方便性。主要体现在以下几个方面：①空间上的灵活性,可以实现门到门运输服务;②时间上的灵活性,根据货主的需求随时启运,旅客运输虽然实行"五定",但随着运输网点的发展及运输组织与管理水平的提高,旅客候车时间逐渐缩短,许多干线上基本上实现了随到随走;③批量上的灵活性,在各种运输方式中,道路运输的启运批量最小;④运行条件的灵活性,汽车运输服务的范围不仅在高等级公路上,还可延伸到等级外道路上,甚至可以辐射到乡村便道上;⑤服务上的灵活性,既可自成体系组织运输,又可作为其他运输方式的衔接运输。

送达速度快。汽车运输活动空间领域大,可以深入工厂、矿山、车站码头、农村、城镇街道等,这一特点是其他任何运输工具所无法比拟的,因而汽车运输在送达速度上、直达性上有着明显优势。

包装简便,货损少。因汽车运输途中货物撞击少,加之一般没有中转装卸作业,货损少。同时,对货物的包装比较简便,可以节约包装费用。

普通公路投资少,修建公路的材料和技术比较容易解决,易在全社会广泛发展,可以说是公路运输的最大优点。

除此之外,汽车运输操作人员容易培训;近距离运输中少量的货物运费较小;抢险、救灾以及战时,也是最有效的运输方式。

（2）道路运输的不足

运输能力较小。每辆普通载货汽车可以运送30吨以内的货物,超载的汽车列车可以运送80吨货物,运输能力为每车小时2100~4800吨千米;长途客车一般只能运送40~50位旅客,仅相当于一列普通火车运送能力的1/36~1/30。

运输成本高。公路建设占地多,成本高,二级公路每千米造价为300万~500万元之间,高速公路每千米造价更是高达3000万~5 000万元之间。加之汽车的运能较小,导致汽车的运输成本分别是铁路运输的11.1~17.5倍,是沿海运输的27.7~43.6倍,是管道运输的13.7~21.5倍但比民航运输成本低,只有民航运输的6.1%~9.6%。

劳动生产率低。衡量某种运输方式的生产效率高低主要是看完成吨千米运输所产生的消耗大小。据统计,汽车运输的劳动生产率只有铁路运输的10.6%,沿海运输的1.5%,内河运输的7.5%,但比航空运输的劳动生产率高,是航空运输的3倍。

运输能耗很高。据统计,汽车的能耗分别是铁路运输能耗的10.6~15.1倍,是沿海运输能耗的11.2~15.9倍,是内河运输的13.5~19.1倍,是管道运输能耗的4.8~6.9倍,但比民航运输能耗低,只有民航运输的60%~87%。环境适应性差。汽车的运行易受外界干扰,受自然条件限制较大。

（3）汽车运输方式的适用范围

因此,公路运输比较适宜在内陆地区运输短途旅客、货物,因而,可以与铁路、水路联运,为铁路、港口集疏运旅客和物资,可以深入山区及偏僻的农村进行旅客和货物运输;在远离铁路的区域从事干线运输。近年来,由于高速公路网的逐步建成,汽车运输将会逐渐形成从短途运输到短、中、长途运输并举的格局。

4. 航空运输

航空运输之所以能在短短半个世纪内得到快速发展，是与其自身的特点分不开的，与其他运输方式相比，航空运输主要有以下特点：

（1）航空运输的优势

运行速度快。这是航空运输最大的优势，现代喷气式客机的巡航速度为 800~900 千米/小时，比汽车、火车快 5~10 倍，比轮船快 20~30 倍。距离越长，航空运输所能节约的时间越多，快速的特点也越显著。

机动性好。飞机在空中飞行，受航线条件限制的程度比汽车、火车、轮船小。它可以将地面上任何距离的两个地方连接起来，可以定期或不定期飞行。尤其对灾区的救援、供应、边远地区的急救等紧急任务，航空运输已成为不可少的手段。

货物包装要求相对较低。由于飞机航行的平稳性和自动着陆系统的缓冲性，减少了货损的比率，货物空运的包装要求通常比其他运输方式低，因此可降低包装要求。

具有独特的经济特性。从经济方面来讲，航空运输的成本及运价均高于铁路、水运，是一种价格较高的运输方式。但如果考虑时间的价值，航空运输有独特的经济价值，因此，随着经济发展、人均收入水平的提高及时间价值的提高，航空运输在运输中的比例呈上升趋势。

（2）航空运输的不足

载运量小。除了极少数的超级货机，普通飞机舱容积和载重量都较小，运输能力为每飞机小时 8×10^3~1.3×10^3 吨千米，但通常只能承运小批量、体积小的货物。

运输成本高。飞机或航空器造价高，运营能耗大，运载成本和运价比地面运输高。

易受气候条件限制。因飞行条件要求高，航空运输在一定程度上受气候条件限制，影响其正常、准点性。如遇大雨、大雾、大雪台风等特别天气，不能一贯保证客、货运送的准点性和正常性。

可达性差。航空运输难以实现"门到门"的运输服务，需要借助于其他运输工具转运，主要是需要借助于汽车运输工具。

（3）航空运输方式的适用范围

综上所述，航空运输比较适宜于 500 千米以上的长途、国际乃至洲际客运，以及时间性强、鲜活易腐和高价值货物的中长途运输。

5. 管道运输

（1）管道运输的优势

运量大。一条油管线，根据其管径的大小不同，小时运输能力为 1 800~55 300

吨千米，每年的运输量可达几百至几千万吨，甚至上亿吨。例如，一条直径720毫米的管道可年输送原油2 000万吨，几乎相当于一条单线铁路的单向输送能力，一条管径1220毫米的管道，年输量可达1亿吨以上。

运输安全可靠，连续性强。可以实现封闭运输，减少损耗，避免对空气、水源、土壤的污染，实现可持续发展。

能耗小、成本低效率高。在各种运输方式中，管道运输能耗最小，每吨千米的能耗不足铁路运输的1/7，在大批量运输时与水运接近。又由于管道运输属于一种连续不断的作业方式，几乎不存在空载，因而运输成本低。以石油运输为例，管道运输、水路运输、铁路运输的运输成本之比在1∶1∶1.7左右。

不受气候影响。由于管道密封且多埋于地下，几乎不受气候的影响，因此，可以确保运输系统长期稳定地运行，送达货物的可靠性较好。

占地少，建设速度快、费用低。管道埋于地下部分占管道总长度的95%以上，永久占用的土地只为铁路的1/9，公路的1/40。管道建设只需铺设管线、修建泵站，土石方量比公路、铁路建设少得多，建设周期短，建设费用低。管道可以走捷径，运输距离短，而且在平原地区大多埋在底下，不占农田。

（2）管道运输的不足

灵活性差，专用性强。管道运输功能单一，只能运输石油、天然气及固体料浆（如煤炭、粉煤灰等），货源减少时也难以改变线路。

管道运输量与最高运输量间的幅度小。在油田开发初期，采用管道运输困难时，还要以公路、铁路、水陆运输作为过渡。而当运输量降低，并超出合理的运行范围时，运输成本会显著增大。

（3）管道运输方式的适用范围

适用于单向、定点、量大的流体且连续不断货物的运输（如石油、天然气、煤浆、某些化学制品原料等）。

第二节　运输成本

一、运输成本概述

1. 运输成本与运输供给

经济学分析中需求与供给是一对相互联系的概念，但是在实际经济分析中成本概念有时比供给的意义更重要。这是因为任何厂商或产业都有自己特定的成本曲线，而它们在市场上的供给曲线只不过是其成本曲线的一部分，对运输业者和运输行业来说也是这样。因此可以说，如果我们比较好地理解了运输成本，也就自然理解了运输供给。

学习经济学时要切记的一个重要原则是：资源是稀缺的。这就意味着每次我们采用一种方法使用资源时，我们就放弃了用其他方法利用该资源的机会。这在我们的日常生活中很常见，我们必须决定如何使用有限的时间和收入。我们是否应该参加明天的旅游活动？应当周末去外地旅行还是去买一辆新的自行车？我们应当打的还是挤公交？

2. 运输的机会成本

这里的每一个例子中，做出决定实际上都会使我们失去做其他事的机会。失去的选择被称为机会成本。机会成本（opportunity cost）与一般意义上的会计成本不是同一个概念，它不一定是做某件事的时候实际发生的账面费用支出，而更多地是指为了做这件事而不得不放弃做其他事而在观念上的一种代价；使用一种资源的机会成本是指把该资源投入某一特定用途所放弃的在其他用途中所能获得的最大利益。在运转良好的市场上，当所有成本都包括进来时，价格等于机会成本。在分析发生于市场之外的交易时，机会成本的概念显得尤其重要。

运输经济学中所使用的成本概念也应该是机会成本。例如，不论是土地还是其他自然资源，也不论是劳动力还是资金，且被用于某种运输设施建设或运输服务，就不能同时用于其他产品的生产或提供其他服务，因此选择了资源在运输方面的使用机会就意味着放弃了其他可能获得利益的机会。更进一步地说，避免更大损失也是把握机会成本概念的重要方面，"两害相权取其轻"的说法早就清楚地刻画了人们在这方面对机会成本的理解，因此机会成本还可以有一个补充定义："在作出希望使损害最小的某种选择时，如果不做该选择可能会遭受的更大损害，就是该项选择所要避免的机会成本。"

那么，是否所有的机会成本都表现在企业的损益表（也称利润表，是反映企业在一定期间的经营成果及其分配情况的报表）这样明显的地方呢？不一定。有一些重要的机会成本往往并不出现在损益表中，例如：在许多小的运输企业中，业者可能投入了许多无偿的时间，但并没有被包含在成本之中；企业账户不会涉及其所有者自有资金的资本费用；当企业把有毒气体排放到大气中时，它们也没有承担由此引起的环境污染费用。但是，从经济学的观点来看，这些对于经济都是真实的成本。让我们以一辆卡车的车主为例来说明机会成本的概念。该车主自己驾车进行运营，他每周投入60个小时，而并不领取"工资"。在年末，他获得了20 000元的利润。这对于一个个体卡车车主来说是不错的收入。果真是这样吗？未必。我们还必须把车主失去的劳动机会作为成本来计算。通过考察，我们发现，这位车主能够找到一份相似的、同样有趣的工作，他为别人打工能获得每年30 000元的收入。这就代表了机会成本或所放弃的收益，因为该车主决定去当没有工资的个体运输户的老板，而不是为其他公司工作而领取工资。因此，他表面上得到了20 000元/年的利润，实际上减掉30 000元/年的劳动机会成本后，还净亏损10 000元。结果是，尽管账面数字认为该个体运输户在经济上是可行的，但是，经济学家却会判定，该企业实际上是亏损的。

我们在运输活动中也可以找到很多这样的例证，例如由于不正确的投资决策造成某些运输设施经营严重亏损，投资回收已不可能，那么是应该废弃已经建成的运输设施，还是维持该设施的运营并使损失尽可能减少呢，这也需要用机会成本去进行分析和权衡。又如，私人小汽车拥有者自己开车出行，所引起的直接费用（如燃油费）可能并不大，但除此之外他还要付出一些代价，如交通拥堵及停车引起的时间损失等，而时间也是有价值的，因此，私人交通领域也不仅仅考虑的是实际发生的费用，机会成本同样是人们选择或决策的主要依据。当然，由于机会成本一般不能用会计成本直接代替，而机会成本本身又不容易准确地进行计算，因此如何准确把握机会成本有时会成为一个比较困难的问题。例如，在图书馆看书学习还是享受电视剧带来的快乐之间进行选择，此时的机会成本就很难用货币来衡量。

3. 机会成本的衡量方法

在运输经济分析中有两个相对实用的机会成本衡量方法，即利用隐含成本和影子价格的概念。所谓隐含成本（implicit cost）是指厂商使用自己所拥有的生产要素，由于在形式上没有发生明显的货币支付，故称为隐含成本。例如，运输业者或运输企业自己在拥有固定运输设施或运输工具的情况下，从事运输时似乎并不需要支付相应的利息和租金等。这部分支出在形式上虽然没有发生，但这并不等于没有机会成本，因为他们当时建设或购置这些财产的时候是付了钱的，这些钱如果存在银行可以获得利息，如果投资在其他领域也可以获得利润，而假如运输业者或运输企业租用运输设施或运输工具从事运输则无疑需要付出租金。因此计算隐含成本是大体把握运输企业使用自有财产机会成本的一个替代方法。影子价格是一种以数学形式表述的反映资源在得到最佳使用时的价格，主要应用在投入使用的生产要素的账面成本与这些要素现实在市场上的价格有差别的情况下。

例如运输业者或运输企业原来储存的燃油与现实的燃油市场价格有了较大不同，或所拥有的土地及其他财产也由于时间和其他条件变化产生了价值的增减，这就需要把有关生产要素放到开放的要素市场中去进行重新估价，用当前的市场价格修正账面会计成本。

二、基本的运输成本概念

1. 总成本、固定成本和可变成本

（1）总成本

总成本（total cost，TC）是指在一定时期内（财务、经济评价中按年计算），运输供给者提供某种运输服务（运输服务产出即运输量用 q 表示）而发生的总耗费。通过总成本的计算和分析，可以了解掌握计算期的总支出，将总成本与收入、利润、净利润等比较，能获得有意义的分析指标。观察表 5-1 的第 1 列和第 4 列，我们看到，TC 随着 q 的上升而上升。这是很自然的，要得到更多的运输服务必须使用更多的劳动和其他投入，增加生产要素便会引起货币成本的增加。

表 5-1 固定成本、可变成本和总成本

运输量 q（吨千米）	固定成本 FC（元）	可变成本 VC（元）	总成本 TC（元）
0	55	0	55
1	55	30	85
2	55	55	110
3	55	75	130
4	55	105	160
5	55	155	210
6	55	225	280

（2）固定成本

表 5-1 第 2 列和第 3 列将总成本区分为两部分：总的固定成本和总的可变成本。什么是企业的固定成本（fixed cost，FC）呢？有时，固定成本也称为"固定开销"。

它由许多部分构成，如公路的建设费用、车站和码头的租金根据合同支付的设备费、债务的利息支付、长期工作人员的薪水，等等。即使运输供给者的运输量为零，它也必须支付这些开支；而且，如果运输量发生变化，这些开支也不会改变。例如，一个码头可能拥有 10 年的场地租约，即使改码头的吞吐量缩减到原来的一半，它仍然有义务支付租金。由于 FC 是无论产量水平如何都必须支付的费用，因此，在第 2 列中，它的数值保持 55 元不变。

（3）可变成本

表 5-1 的第 3 列显示的是可变成本。可变成本（variable cost，VC）是随着产出水平的变化而变化的那些成本。它包括：提供运输服务所需要的原料（如汽车行驶所需更换的轮胎）、为运输站场配置的搬运工、进行运输所需要的能源，等等。在一个运输站场中，搬运工是可变成本，因为站场主管可以较轻易地调整搬运工的数量和工作时间来适应站场中的车流量。根据定义，当 q 为零时，VC 的起始值为零。它是 TC 中随着产量增加而增加的部分。实际上，在任何两个产量之间，TC 的变化量就是 VC 的变化量，因为 FC 的数值一直不变。

根据上述定义，总成本等于固定成本加可变成本：

TC=FC+VC

2. 边际成本

在经济学各领域中，边际成本是最重要的概念之一。边际成本（marginal cost，MC）表示由于多生产 1 单位产出或多提供 1 单位运输服务而增加的成本。例如，一个公路运输企业提供 1000 吨千米运输服务的总成本是 500 元，如果提供 1001 吨千米运输服务的总成本是 506 元，那么，提供第 1001 吨千米运输服务的边际成本就是 6 元。

有时，多生产 1 单位产出的边际成本可能非常低。例如，对于一架有空位的客机，增加一个旅客的边际成本可能是微不足道的，几乎不需要增加任何资本（飞机）或劳动（飞行员和空中服务人员）。而在其他例子中，边际成本也可能会很高。以铁路运输系统为例，在正常情况下，它可以用最低的成本或最高的效率提供足够的运输服务，但在春运期间，当客运需求变得非常巨大的时候，铁路部门将不得不启用系统中那些陈旧的、高成本而又低效率的机车和车皮，这会导致所增加运输服务的边际成本非常高昂。

在经济学中，边际成本一般被定义为增加额外一单位产量的成本增加额。在运输经济学中，边际成本是用增加的吨千米或人千米数去除新增运输服务所增加的运输成本，然而吨千米或人千米仅仅是运输产品的一类计量单位，并不是实际的运输产品，一位旅客随飞机在空中飞行一千米距离与他的整个旅程有很大差别，因此这样定义的边际运输成本就可能与一般经济学发生偏差，以吨千米或人千米计算的边际成本仍然带有某种平均的性质。

于是，在运输成本分析中还可以使用增量成本的概念。对于增量成本，有学者将其定义为新增加的运输服务引起的成本增加，它与边际成本的主要区别在于衡量增加的产出量是单个运输对象的全程位移。例如，假设其他因素不变，在有空座的航班上增加一人,并不需要为这一增加的客流加开航班,新增的成本几乎只是该旅客的机场建设费用。这就是在假定系统其他条件不变情况下新增旅客的增量成本。

三、运输成本计算的复杂性

1. 铁路运输成本

相对于其他运输方式,铁路单批量运输成本的计算可能是最复杂的。例如为了准确计算一批货物的运输成本,研究人员需要用很长的篇幅来描述有关铁路线方面和列车运行方面的各种支出,他需要弄清列车长度运行速度、线路等级、运输密度运行时间、列车是否晚点、车辆的利用率以及所有沿途车站和编组场的情况等等,这比使用卡车运送同样货物的成本计算要复杂得多,实际上这件事几乎无法做到。此外,回空车的存在更增加了问题的复杂性。铁路货车在装运货物从始发地运到目的地卸车之后,往往需要改变地点甚至返回原始发地才能再次装车。如果能马上利用这些卸空车装载货物,那么这些新重车的运行比空车运行只增加很少运输成本;但如果卸空车不能被利用,那么回空车的运行成本就应该计算在上一次(或下一次)装车的货物运输成本之内。回空车还不是单批量运输成本有别于平均运输成本的唯一原因,单批运量在燃料和人工消耗上的差别还要取决于其所使用的不同车型和是否需要其他特殊设备,取决于其所在列车编成的长短,取决于运输线路的坡度和线路质量,取决于运输途中需要经过几次列车的编解作业,取决于线路和编组场上的拥挤程度,取决于该种货物的运输是否存在特殊的管制要求,等等。因此,有人估计准确计算某批货物铁路运输成本所需要花费的开支甚至会超过运送那批货物的开支。

2. 公共交通工具的运输成本

公共交通系统包括地铁轻轨、公共汽车、有轨及无轨电车、小公共汽车、出租汽车和轮渡船等等。公交车辆根据使用年限计算的折旧费应该是车辆拥有成本的重要组成部分,但要想准确计算公交车辆的成本,还应该考虑与这些车辆相联系的机会成本以及当这些车辆不使用时可以节约的维修成本。但是,这些有关数字很难从公布的数据中得到,而且由于基本上不存在公交车辆的旧车市场,因此很难估计有关的价格水平。城市公交车辆拥有成本计算不清还有政府补贴因素的影响。在很多城市,公交的票价收入都不够弥补运营成本,因此一般还需要政府给予财政补贴。由于公交车辆的资本成本中政府补贴占的比重很大,要按照市场价值计算其机会成本就很难。此外,由于很多城市公交车辆是政府购买的,因此其折旧和还贷支出也没有算作车辆的拥有成本。最后,运输方式之间的成本对比应该做到成本项目一致,但城市公交的成本计算却很少把乘客乘车所耗费的时间价值计算进去。几乎没有任何一种城市公交的运营不包含上述因素,因此对其运输成本的计算需要进行某种程度的调整。

(3)卡车运输成本

卡车运输种类繁多,而且很大一部分卡车是由货主自备用来提供自我服务的,例如农、林、矿业自备车辆。但运输经济界大多更关注营业性卡车的运输成本问题,并总是假设企业自备卡车的运输成本与受雇卡车大体相同,其中的原因部分是因为后者的数据资料相对比较容易获得。营业性卡车的运输成本结构取决于卡车的类型和运输服务的类型。其中,运输服务可分为整车运输和零担运输两种类型,它们的运输成本结构也存在着明显差别。由于整车运输企业一般不需要自己的货场和中转设施,因此其车辆在全部财产和费用开支中都占很大比重,而运营成本主要由人力费和燃油费组成,也包括一些车辆维护和保险费用;这正好与零担运输企业的情况相反,后者恰恰需要专用的场站设施以便集散及配装许多来源和去向都不同的小批量货物,因此其场站设施与人工费用的比重会大些,而运输车辆开支的比重则相应小些。

人们不大愿意在卡车运输成本的计算上花费太多精力,原因在于:

①对于整车运输来说,每一趟出车的开支是明摆着的,唯有一些回程车费用处理的麻烦。而且,整车运输市场的高度竞争性也使得运价水平不可能大大高出其成本,由于很多整车运输的货物价值较低,运价即使只上升很小的幅度都可能导致托运人的利润化为乌有,因此运输需求的价格弹性相对较高。卡车被用来在公路上运货,简单看起来相差不大,但实际上公路货运从使用设备和所提供的服务分析,可能是差异性最大的运输形式。

②而对于零担运输而言,成本计算又可能太过复杂了一点,与铁路十分相似,零担公路货运的网络结构同样会导致幅员经济和密度经济问题。整车货运是直接把货物从发运人处运到收货人处,而典型的零担运输过程却包括:先用短程车辆从多个发运人处收集终到地不同的各种货物,然后在地区中心配载到长途车辆上,再由这些长途车辆运至终到地附近的地区中心,最后才由当地的短程车辆送到收货人处。有时货物需要在地区中心存储若干时间,以便使到另一个地区中心的货物可以充分利用一辆大型长途货车的运力。假如一家零担运输公司并不是同时服务于货物的发送地和收达地,那就还需要与另一家零担公司联运,而这往往导致更长的运送时间。零担运输公司除了要拥有并运营车辆,还必须拥有并经营货场或货物中转站而相对于车辆而言,货场或货物中转站的用工和费用更多。而且,零担运输成本对零担运价的确定又并不是决定性的,由于零担货物一般自身价值较高,运价只在整个货物价格中占很小的一部分,其销售的市场范围又往往很大,因此运价的变化即使较高也不会对货

主的生产与销售造成太大影响。补充一句,民航固定航班服务的成本结构与公路货运中的零担运输十分相似,而航空业中与公路整车货运相近的是包机服务。

第三节 运输的外部性

一、外部性概述

1. 外部性的概念

(1) 外部性的界定

在经济学中,有关外部性的定义很多,"外部经济""外部效应""外部影响""外在性""外溢效应"等概念是各个时期"外部性"的不同称谓。从形式上说,当一个经济主体的行为对另一经济主体的福利产生了效果,而这种效果并没有从货币上或市场交易中反映出来,就产生了外部性。因此,从与市场的关系来看,外部性是未被市场交易包括在内的额外成本及收益统称(若外部性被纳入市场交易,我们称之被"内部化"了)。外部性必须满足四个条件:①外部性不能单纯是某种物质影响,而必须是某种福利影响的效应;②产生外部性的主体必须是个人或集团人群,或处于人的控制之下的事物,受影响的一方也必须是人或人所拥有的事物;③外部性造成的福利影响,无论是利益还是损失,都是不支付代价的;④外部性通常是一种经济活动的副作用,带有偶然性和附随性,而不是一种经济活动的主导的和有意识造成的影响。

(2) 外部性的分类

实际上,在经济学100多年的研究历程中,关于外部性的概念不但没有统一反而存在散化的趋势,人们的观点也同样存在很大的差异。有的以外部性是否为正将其分为"外部效益"(或"社会效益")与"外部成本"(或"社会成本");有的以经济实体(企业或物品供给者)和个体为界划分内部性(内部经济)和外部性(外部经济);有以群体(代际)为界划分内部性和外部性的;有以系统(以一项买卖交易活动的双方为一个系统)或交易活动为界划分内部性和外部性的;还有的以外部性产生原因为研究对象将外部性界定为制度外部性作为制度变迁和政府干预的解释工具。不过,以上各派大多倾向以"市场"为界划分内部性和外部性,即能够通过市场机制或价格机制内部化的都属于内部性,这部分外部性又可称为经济外部性,而不能够通过市场机制和价格机制内部化的是真正的外部性,即技术外部性。可见,外部性与内部性的界限是多样化的,物理界限(以"账户"为界)和观念界限(以"市场机制"为界)混合存在,从而导致外部性边界也是不确定的。许多学者在分析外部性时同时采用两种以上的划分依据,这是造成外部性研究观点纷争且往往争论无果的主要原因之一。

(3)经济外部性和技术外部性

这两种外部性的表面区别是:当技术外部性出现在生产(或消费)中时,它们必须表现在生产(或效用)函数中,而经济外部性就不是这样。比如说,当家企业的成本受其他厂商在生产要素买卖中的行为所引起价格变动的影响时,就产生了经济外部性效应。举个能有助于说明这一问题的例子。一条新高速公路可能阻塞或破坏一个地区居民以前享受的美景,这一直接进入居民效用函数的事实就意味着它是技术的外部性。

如果这条新高速公路还把当地修车厂^经营的业务转移到高速公路服务站那么修车厂主收入的减少就是一种经济外部性,因为这一后果是间接的,也就是通过两个企业所收取的价格的变化引起的。

由于这两种外部性通常是同时发生的,加之这两者的区别似乎很小,因此常被人们忽略。但实际上,他们之间存在很重要的区别。技术外部性是真实的资源成本(即"真正的外部性"),如果决策时要确保得到最佳效率,就应该仔细考虑资源成本。总体来说,经济外部性不涉及资源成本(因此又被称为"假外部性"),但它们通常具有重要的分配意义(例如在高速公路例中,招致服务站得益而修车厂受损失)。存在与项目有关的经济外部性这一事实,并不会减少总的净收益,但却表明在整个经济中存在调节,这种调节影响谁得收益谁受损失,因此在评估公共运输投资时,区别技术外部性和经济外部性具有重要意义,因为人们关心的除投资总水平外,还要关心成本和收益的发生方式。

(4)纯拥挤与纯污染

传统的福利经济学根据所涉及对象的不同类型来区分各种各样的外部性类别,有学者提出了一种简单的两分法,在运输领域内它可能比某些复杂的分类方法更加有用;

纯污染——"损人利己"。一些使用者确实滥用生活环境而成为污染者;而另一些人成为这种滥用的相对被动的受害者。例如,对于喷气式飞机发出噪音,机场附近的家庭主妇们不得不忍受它。

纯拥挤——"损人不利己"。如果公路交通是拥挤的典型例子,那么与之相关的人与人之间的主要分配事实就是,所有的使用者都以完全相同的方式使用生活环境

（公共物品）。每个人都在破坏他人和自己的服务质量，对自己和他人破坏的比率对所有使用者来说大致相同。全体使用者由于他们自己施加的相互作用而均匀地遭受损失。

2. 外部性产生的原因

很多空气污染属于外部性，因为市场机制无法对污染者提供适当的限制。厂商们既不会自愿地减少有毒化学物质的排放，也不会改变将有毒的废物排向社会的行为。那么，为什么像污染这样的外部性会导致经济的无效率呢？假定有一个位于城市里的繁忙的公交始末站—车辆怠速与频繁进出会制造大量的噪声与尾气，办公楼因此需要安装隔音门窗并定期粉刷，同时工作人员的医疗费用也会增加。尽管如此，损害的主要影响对车站来说还是"外部的"，它影响的是整个周边的地区，给植被和建筑物都带来问题，导致附近居民备受噪声困扰，甚至患上多种呼吸道疾病等一系列问题。

作为一家健全的以利润最大化为目标的企业，公交公司必须决定车辆应该排放多少污染物。若对车辆的污染状况置之不理，则它的工作人员、车辆和办公楼都将遭殃。另一方面，如果对进出车辆所排放的每1单位废气和每1单位噪声都加以清除的话，则需要付出沉重的代价—公交车换装使用天然气甚至电力驱动的发动机之类。完全彻底的净化费用肯定太大，足以让公交公司无法在竞争市场上生存。于是该公司的经理会选择一个均衡水平以减少污染。在该水平，公交始末站从多净化1单位污染或"污染减少1单位"（私人的边际收益）中所获得的效益，正好等于多"减少1单位污染"所增加的成本（净化的边际成本）。在这个水平上，公司的私人边际收益正好等于净化污物的私人边际成本。

3. 符合社会效率要求的污染

在私人控污决策缺乏效率的条件下，能否找出更好的解决办法呢？是否应该彻底禁止污染呢？是否应让受害者与制造污染者谈判或对污染者起诉呢？是否存在一种可操作的解决办法呢？通常，经济学家们通过平衡社会成本和收益的办法来确定符合社会效率标准的污染水平。更精确地说，效率是指控污的社会边际收益等于控污的社会边际成本。在这个水平上，减少1单位的污染所增加的国民健康和财产的边际收益正好等于相应的减少1单位污染的边际成本。那么有效的污染水平该怎样确定呢？经济学家提供了一种方法叫作成本—收益分析，效率水平由一种行为的边际成本和边际收益的均衡来决定。当边际成本等于边际收益的时候，经济行为的结果是最有效率的。同时，成本—收益分析说明了为什么"无风险"或"零排放"政策通常是很浪费的。将污染降低到零将会使控污成本上升为一个天文数字，而减少最后几克的污染物所带来的边际收益却少得可怜。而在有些情况下，要达到持续零排放几乎是不可能的。换句话类比一下，按照零风险原则，机场、公交始末站就应当关闭，所有的汽车交通也应当被禁止。现实中通常的情况是，经济效益要求达成一个折中方案，即产业的额外产出的价值正好同额外污染的损失相均衡。

二、运输的外部性

由于研究目的不同，对于运输的外部性有着不同的分类。如根据外部性的不同性质，可以分为运输外部经济和运输外部不经济；根据不同的运输方式，可以分为铁路运输外部性、公路运输外部性和航空运输外部性等；根据具体的内容，可以分为环境污染（如大气污染、水污染、噪声污染等）、交通拥挤、交通事故等；根据运输外部性产生的不同原因，可以分为运输活动产生的外部性运输基础设施存在而产生的外部性等。由于视角与界定范围的差异，在讨论运输的外部性时存在着很多争议。

1. 运输基础设施产生的外部性

运输设施供给的外部性可以分为正外部性和负外部性，正外部性通常也是政府作为运输设施供给者的主要原因：(1)运输设施通常用于公共服务，例如基本的社会沟通、军事目的以及其他社会目的；(2)运输设施有利于促进边远和不发达地区的发展，有利于平衡地区间的收入分配；(3)可以通过系统的运输网络规划实现国家开发利用能源的目的。而运输设施供给的负外部性则包括：(1)土壤和水污染，土地表面风化；(2)生物圈、生态多样化和自然栖息地受到干扰；(3)人类沟通被隔离；(4)视觉障碍。

对于上述观点的主要争论集中于正外部性，认为当供给者身份不同时其能否作为外部性是存在差异的，如果供给者是政府，那么上述三个方面的正外部性是政府决策该运输项目必须考虑的内部效益，也是该运输项目得以建设的主要需求源，特别是其已经在该运输项目费用效益分析时计算在内了，如果仍然将其算作外部性则属于重复计算。但是如果运输基础设施的供给者是私人，那么问题就不一样了，因为私人仅仅考虑该项目所能带给他的私人收益和私人成本，而上述正外部性并不能纳入该私人供给者账户，因此是外部性。

2. 运输活动产生的外部性

运输设施使用的外部性也包括正外部性和负外部性。关于运输设施使用的正外部性存在两类截然不同的观点：一种认为人们选择该种运输方式的原因是可通达性提高和成本降低（时间节约等），这些可以在费用效益分析中考虑，因此运输设施使用不存在正外部性。另一种相反的观点则是比较宽泛的，将运输设施产生的新的消费和新型物流组织均计入其正的外部性。最近又有观点认为，运输设施使用的正外部性是显著的，可以分为金钱正外部性和技术正外部性。金钱正外部性是指因运输成本降低导致的劳动力市场扩大、产品市场扩大、智力投资、想象力和自信开发领土、支付效益以及降低医院成本等；而技术正外部性主要是指由于运输设施提供了便捷快速的运送病人的条件而使病人减少的痛苦和伤残程度。

运输设施使用的负外部性主要有四个层面：

一是交通拥挤所带来的额外时间和运营成本，即拥挤成本。关于拥挤成本是否是运输设施使用的负外部性，持不同划分界限观点的人给出的答案是不同的，如果以供给者"账户"为界，则交通拥挤成本部分由供给者承担，一部分由使用者承担，前者无疑是"账户"内的，不构成外部性，而后者则是"账户"以外的，可以算作负外部性；如果以运输产品交易系统为界，在不考虑拥挤带来的大气污染等因素的前提下，拥挤成本分别由交易活动的双方（供给者和使用者）分担，虽然分担比例因运输产品交易契约安排的不同而有所差异，但仅是系统内的现金流转移，属于系统内部性。关于拥挤成本属于内部性的观点由以"市场机制或价格机制"为界限划分外部性的派别重新解释为，过度拥挤的运输设施并不是公共物品，而是俱乐部物品，其已经具备了私人物品的主要特征。因此，其配置可以通过市场法则组织，无论是谁（政府或私人）供给运输设施，都可以根据拥挤程度和支付意愿征收不同的使用费，这样拥挤外部性就消失了。

二是运输设施供给中没有涵盖的费用，即纳税人与使用者的现金流错位。这种观点的主要理论依据是，运输设施通常是由政府供给，政府资金来自纳税人，因此，纳税人是真正的供给者。但是使用运输设施的人群仅是纳税人中的一部分，甚至一些没有履行纳税义务的人，这样使用者无意中将一部分使用费用转嫁给了那些没有参与运输活动的纳税人，即第三群体，使他们无意中受到影响，这种现金流的错位部分就构成负外部性。但是新的相反的观点认为，运输设施投资决策是由纳税人的代表国家做出的，存在这种错位可以事先预料；或者如果运输设施建设的基本目的不是经济性的而是为了改善社会条件，那么这部分费用应该被看作是公众的自愿负担，而不是外部影响，即不是负外部性。三是与运输活动相关的环境影响，包括噪声、大气污染、气候变化、邻里之间交流割断、水和土壤污染以及运输设施运营带来的不舒适感和损害等。

四是交通事故造成的人力资源损失，这里的运输负外部性即事故成本主要表现为交通事故造成人员伤亡的损失，其具体计算公式为：

事故成本 = 人员伤亡损失额 - 意外伤害保险偿付额等

三、运输外部成本的评估与量化

1. 外部成本计量的复杂性

很少有人会怀疑未受污染的环境对人类来说很重要,有效的管制通常都要求管制者能够确定外部性影响的货币价值。例如,如果污染排放费能根据社会边际成本和社会边际收益来确定,则我们显然就必须计算出污染的社会危害。如果受影响的是市场物品和服务的话,则危害的测量相应地也就会比较直接;如果新建一条马路需要拆掉某些人的房子,则我们也可以计算出替代住所的市场价值。

但是,计量非市场部分的价值确实是一个难题,运输外部性研究的主要问题就源于许多损失无法在市场上标价。困难首先在于其影响的角度和范围可能是非常多非常大的。许多运输外部成本都是直接对周围产生影响的,例如拥挤噪声振动和引起人们呼吸和视觉障碍的排放物等,但也有一些外部影响会在较长时间以后才反映出来,例如污染物对人体的其他有害影响、某些污染物对当地植物或建筑物的损害等。在国家级或跨地区的层次上,些污染物包括引起酸雨的氮氧化物和硫等气体,对水体的污染等,会在相当大的范围内扩散,危害远离污染排放地点的林地和湖泊,但这种作用一般需要一定的时间和累积,往往不是立即就出现的。特别是大量二氧化碳的排放会引起温室效应,改变全球气候,加快荒漠化和海平面的上升,氟利昂等有害物质的过度使用则破坏大气中的臭氧层,这些都是更为长期和更大范围的影响。运输外部成本这种在多时空层次上的多样化影响,使得对这些影响的评估和币值计算变得十分复杂,而且必然增大了有关政策制定的难度。目前运输外部性的评估方法一般只局限于在较低的区域级层次上使用,对于跨地区或国家级层次的评价或计算,这些方法已经很难适应。

运输外部性币值计量的另一个重大难点是,物理性的外部影响与其货币估价之间的联系在很多情况下并不是直接的,例如计算汽车排放氮氧化物(NO_x)对林业造成的影响,就要从测量特定时间和特定地域的 NO_x 排放量开始,到测定这些 NO_x 对一定时期内环境所造成的影响,再到测定有关地区内林木因此而遭受的损害程度,最后才是对林木损失价值的估计。在很多情况下,人们对其中每一种联系的理解都有很多模糊不清之处,因此有时要衡量某外部性的物理或生化影响本身都很困难,更不用说对其进行价值估计了。在这方面如果再把很多外部性通常具有显著的非线性特征,以及在很多变化或影响过程中会出现的关节点和临界阈值,即从渐变转为突变考虑进去,问题就更复杂了。

2. 运输外部成本计量的方法

尽管存在着这些困难,计量运输活动造成的环境、拥挤或事故成本的方法,近年

来还是取得了一定进展,有人把有关的方法大体分成了如下几类:

(1)判例法

之所以用历史判例来从某些方面估价环境的价值,主要理由是应在长时期内保持一致性。这方面的判例是对造成环境损害进行赔偿的法律裁决。这种方法虽然表面上具有吸引力,但具有严重的局限性。

虽然已有运输供应商,尤其是船运公司赔偿有害污染物泄漏的例子,但法律裁决主要应用于对交通事故中的伤亡的估价。这是因为判例只存在于已确立权利的地方,而这些权利很少扩展到环境方面。即便没有这个实际限制,这种方法的用处也受到多数法律体系性质的限制。法律通常适用于事故中的受害者(包括死者亲属)在他们余生中受照顾的需要。因此,在环境破坏造成死亡的地方,人们不考虑死者的"成本"。同样,对动植物的损害一般不在依法裁决赔偿之列。

(2)规避成本法

运输对环境的许多不利后果可以通过隔离加以减轻,此类隔离或规避的成本可用作对环境价值的评估。双层玻璃窗能减少噪音干扰,安装空调可以减少空气污染的不利影响,为运输基础设施和车辆采用更安全的工程设计标准能降低事故风险。估计环境破坏成本的一种广为应用的方法是使该成本与规避成本相等。

主要问题在于难以从与其他利益有关的笼统支出中分离出为环境原因做出的特定支出,前者如安装双层玻璃(例如减少取暖费用等)或安装空调器(如降低温度)等。隔离噪音也只能是部分地隔离,当人在花园或窗户打开时就不能提供保护了。例如,从安全角度来看,航空业提供了非常安全的产品,但要支付巨大成本。就其所挽救的潜在生命而言,每一条生命的隐含价值要比在公路上挽救一条生命高很多,在公路运输中,人均安全支出要低很多。

(3)显示性偏好法/享乐价格法

在某些情况下,环境资源的消费者通过自身的行为,含蓄地显示他们对环境资源的估价。他们牺牲一些金钱利益作为交换来限制资源环境的使用或者获得一些环境利益。典型的例子就是人们愿意多付钱而住到远离喧嚣的机场、公路的地方,或者出高价住远离繁忙街道的旅馆房间。因此,交通震动、噪声和其他污染超过一定水平,就会使暴露在其影响下的有关住房等不动产价值遭受贬损,该方法就是根据住房等市场价格与环境质量方面的联系,推断交通污染所引起的环境成本。

(4)旅行成本法

新的运输基础设施会破坏以往无偿提供的休闲、娱乐场所,如公园、钓鱼台等。

因而人们去这类场所享受自然乐趣,要花费可以计量的旅行成本,包括时间和金钱。可以利用这种信息来对此类设施的价值有所了解。

这一方法的主要用途是评估特定类型环境影响的价值,但在含多个环境因素和人们愿意对各种因素逐个评价就不大适用了。

(5)表述性偏好法

既定偏好法(在环境著作中称为偶然事件评价法)不是通过观察实际交换情况来给环境成本定值,而是力求从个人在遇到特殊情况时所做的交换中引出信息。使用的最广泛的方法是问卷调查法,即询问有关的一组人,如果发生预先明确的运输造成的环境破坏,他们需要什么补偿以保持现有的福利水平,或者他们愿意付出多少代价来阻止破坏的发生。问题设置在惯例范围内(以便利于表明设计哪些筹资方法),而且为了提供市场框架,询问者首先提出一个起始"标价"来开始调查,由答题者对此做出回答。所提问题必须细致地表述,以确保假设的交换清楚明了,并尽量使这种方法可能带来的问题减到最少。

这些评估方法各有自己的长处,也都存在着局限性。很难对所有不同的外部性影响都只使用同一种价值评估手段,因此可能会对不同的外部成本利用不同的定量计算方法,或者可能需要利用一种以上的评估方法。甚至对同一种外部成本,不同的分析人员或在不同的国家所使用的评估方法也不同,计算结论于是也存在很大差别。这里面当然也就产生了问题,就是以不同方式计算出来的运输外部性定量分析结果有时候很难进行简单的比较,也无法相加求和。例如,是否能把从规避研究得出的噪音污染价值和从既定偏好得出的空气污染价值相比较?所以,很多时候会引起人们对其真实程度的怀疑,并影响到其在实际中的应用。

举例来说,在阿拉斯加的威廉王子海峡,埃克森公司的瓦尔代兹号油轮的泄露污染了海滩,危害了野生动植物。海獭的生命究竟值多少钱?更有争议的还是人的生命,社会应当为减少空气污染所造成的疾病或缩短生命的影响支付多少美元呢?经济学家们已经找出了许多种方法,以计量无法直接用市场价格来显示的危害的价值。对于那些环境问题直接危害当事人的情形,计价是很容易的。被污染的河流湖泊会损害在那里钓鱼和游泳的人,失去娱乐机会的价值可以通过计算它的机会成本(人们愿意为类似的娱乐支付的价格)来衡量。但是海獭的价值是多少呢?大多数人从未见过海獭,就像从未见过威廉王子海峡一样。但他们还是愿意对这些自然资源的价值进行估量。有些环境经济学家用或发价值(contingent valuation)的概念来形容人们愿为假定的情形所支付的价格,例如,保护某些自然资源不受伤害。在瓦尔代兹号油轮泄露事件中，美国各地的人都接受了调查，用以发现未曾到过威廉王子海峡的人是如何评估保护和保存其原始环境的价值的。调查和评估的结论是，那场事故的成本为 30 亿美元。或发价值的方法有缺陷。批评者指出，由于人们被要求评判的是他们不懂或未经历过的事情，因此结论是不可靠的。这就如同问人们愿为月球上生产的绿奶酪付多少钱一样的荒谬。批评者还指出，由于人们无须真的掏钱，而且当他们说愿意为一个有价值的东西付很多假想的钱时往往感觉良好，因而他们的估价往往是出奇的高，但是可信度却并不很强。

四、交通拥挤概述

1. 交通拥挤的概念

（1）什么是交通拥挤

从研究的角度来看，交通运输造成了某些严重的拥挤问题，也提供了有效的分析基础。本书的第一篇已提到，对运输的需求并非长期固定不变的，大城市里，上下班的人定点定时往返，形成有规律的交通高峰，而去乡间和通往海外目的地的假日路线上有季节性的需求高峰。交通基础设施虽然从长期来看其能力有弹性，但在任意给定的时期内，其容量是有限制的。例如，人们不能扩大或缩小机场终点的规模以适应需求的季节性波动。当某种交通工具的使用者由于基础设施容量有限而开始妨碍其他使用者时，就产生了拥挤的外部性。此外，交通拥挤不仅给公路使用者造成时间和燃料浪费（纯拥挤成本），而且由拥挤带来的停车和启动进一步恶化了空气并产生其他形式的污染。由于公路交通拥挤往往集中在人们工作和生活的地区，所以地方形式的污染问题尤为突出。当然，如果不使交通工具在大部分时间闲置不用的话，一定程度的拥挤是不可避免的，问题在于多大程度上的拥挤是合适的。因为人们能接受定程度的拥挤，但厌恶过度拥挤，还由于过度拥挤造成时间浪费和各种不便，于是产生最佳拥挤程度的某种隐含概念。以道路拥挤为例，使用速度—流量关系这一交通工程学的概念可以为我们的分析提供帮助。假如选定一条直的单行道，考虑在一段时间内以不同速度沿该车道行驶的车流量，那么车速与流量的关系将如图 5-2 所示。流量取决于进入公路的车辆数和车速。当进入车辆很少时，车辆的交通阻力几乎为零，可以高速行驶，车速可能只受车辆性能和法定速度限制的约束；随着试图是入该公路的车辆增多，它们之间产生相互影响，彼此都放慢速度；当更多的车辆驶入公路，车速下降，但在某一点之前，流量将继续增加，因为增加的车辆数的作用超过了平均车速的降低，这是正常的车流情况；当增加的车辆不能再抵消降低车速的那一点，公路达到了最大流量。这就是公路的"工程容量"，它与公路的"经济容量"不同，后者是指扩大容量的成本被所能带来的效益超过之时的流量。

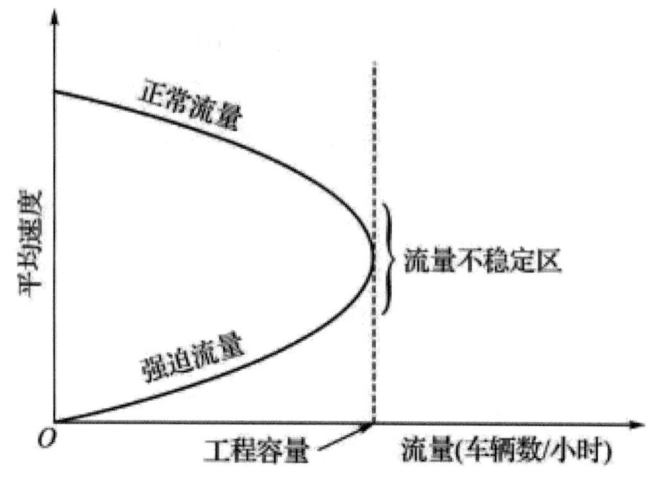

图 5-2 速度—流量关系

由于缺乏确切的信息，会使驾车者继续试图驶入流量超过最大容量的公路并引起车速的进一步下降，结果使速度流量曲线折回，这种车流水平称为强迫流量。虽然存在能提高决策质量的"向经验学习"的阶段，但实际上，如果没有任何干扰和管制，在交通高峰时间，流量将停留在不稳定区周围。对很多国际大城市的抽样研究表明，这一不稳定区在车速约为 18 千米 1 小时时出现。

（2）为什么会出现交通拥挤

从个人决策的角度，交通拥挤难以避免，而且，交通拥挤一旦形成，便很难自发地改善。为了简单起见，我们以一个就业集中在市中心的状似同心圆的城市为例，来回顾一下交通拥挤产生的过程。该市中心被一圈居民区所包围，假定这种土地利用模式是固定的，现在可以确定以下三个阶段：

阶段 I：所有的人都只有一种运输方式可以利用，即乘坐公共运输工具去上班，每人花费 10 分钟。

阶段 I：其中某人（A）购买了一辆小汽车，驾车上班只花了 5 分钟，这一行动对其他人并无影响（即不存在外部性），其他人仍乘坐公交花 10 分钟上班。

阶段 M：越来越多的通勤者看到了 A 享受的好处，开始购买并利用小汽车，结果造成了交通拥挤（因为小汽车对道路时空资源的占用远高于公交车），使开小汽车去上班所花费的时间上升为 15 分钟；并且，由于小汽车引发的拥堵，导致公交车的速度降低，因此乘公交上下班者要忍受 25 分钟的旅程。长此以往，由于公共交通在技术上的落后性质（在发生下列情况后：旅客减少—票价提高或 1 和更差的服务—旅客更少等等),这项服务可能无以为继。结果每个人就只好在要么买小汽车,要么骑自行车去上班这两者之间做出选择。由此而出现"囚徒困境"式的情况:每一个人宁愿恢复到原来的情况,而不愿这种新的不合意的平衡,但是靠个人的行动显然难以做到这一点。

2. 拥挤的经济成本

车速—流量关系的实际形式以及任何一条公路的工程容量取决于许多因素。公路的一些最为重要特征,如宽度、车道数目等,可以看作长期影响因素;短期因素包括交通管理形式和现行的控制系统,如信号灯环岛等;最后,车辆的类型和交通组成也会影响容量。在短期供给较为固定的情况下,我们来分析一下拥挤的经济成本。

我们用图 5-3 来表示驾车人基于普遍化成本的出行选择。其中,MPC 代表在每一交通流量水平下拥挤的边际私人成本(包括了驾车人承担的货币成本和他/她所感受到的自身的时间成本),MSC 曲线代表在每一交通流量水平下拥挤的边际社会成本(MSC 与 MPC 的区别在于前者还包括了驾车人对其他公路使用者的外部影响)。当道路车流量超过某一点,如图中的 E,每个驾车人的边际社会成本不但包括其边际私人成本,而且包括由于交通拥挤所导致的道路使用者之间得相互影响。当交通量大于 F_e 时,MPC 曲线与 MSC 曲线的差都是该流量下拥挤的经济成本(外部成本)。如同我们从上文看到的,从社会的角度看,最优流量是在 MSC 和需求相等处(F_0)。然而,由于公路使用者或者不知道或者不愿意知道他施加给其他公路使用者的外部成本和拥挤成本,他们仅根据 MPC 选择是否出行,实际流量往往在 F_a 处,从而造成了"过度"的拥挤(F_a-F_0)。

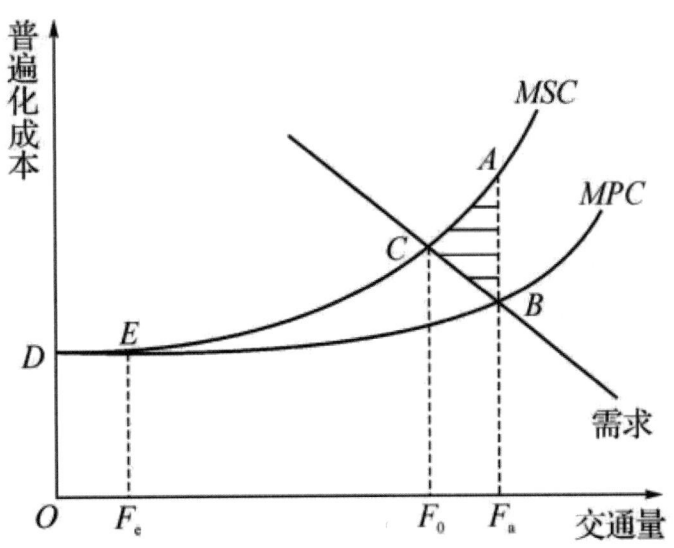

图 5-3 过度交通拥挤造成的无谓损失

从政策角度看,对与过度拥挤相关的实际成本有所了解很重要。从社会观点看,实际流量 F_a 过大了,因为第 F_a 个驾车者只享有 F_aB 的利益,但强加的成分为 F_aA。超出最优水平 F_0 的外加交通量可以看成 F_0CAF_a 产生的成本,但享有 F_0CAF_a 的利益—显然,无谓的福利损失为 ABC。低于 F_0 的交通流量也是次优的,因为得自驾车旅行的潜在消费者剩余收益没有被充分利用。当然,这确实意味着,即使在最优交通流量上,也仍存在拥挤成本,即 MPC、MSC 曲线之间直到交通流量 F_0 所围成的区域。但公路使用者享有的利益可将其抵消而有余。

3. 拥挤的经济价值

拥挤,或更确切地说过度拥挤,意味着"无谓的"福利损失和降低运输系统经济效益。可是近年来,有人一直在就这一福利损失是否被拥挤的其他有利后果所补偿的问题进行辩论。拥挤的有利后果在标准的、静态边际成本式分析中,并不是一眼就可以看出来的。辩论主要集中在三方面,一些人把注意力集中在拥挤对社会中不同群体的分配效应问题上,另一些人关注较为直接的效率问题,还有一些人考虑其他形式的成本。

(1)具有分配作用

交通拥挤带来的主要成本通常是指时间成本(虽然还可以考虑燃料和普遍化成本的其他组成部分)。排队等待使用交通设施以及行驶速度的减慢都浪费了使用者的时间。减少需求和增加供应的措施以及引入市场价格以优化拥挤程度,都造成了财政或福利的损失。虽然根据十分简单的效率标准来看,这些损失必然低于由此节省的拥挤成本,但仍然要由某些人来承担。赞成保留高度拥挤将其作为一种分配稀缺的交通设施的手段的那些人认为,因为从短期看来,时间是均匀的分配给每个人的——也就是每人每天有 24 小时——所以它是比许多供选择手段更为公平的方法。如果旅行者确实想外出,他应该情愿(并且能够)等待,但如果征收较高的防止拥挤的费用,预算的限制可能使他不能旅行。

(2)可以增进效率

我们转向第二个赞同由拥挤来分配的温和论点之前,先讨论一下效率问题。有人把拥挤看成分配某些种类的便利设施的辅助手段,是对其他机制(通常是货币价格机制)的补充而不是与之竞争的。据说在一些情况下,拥挤造成的无谓损失可以被其他形式的利益所超过。例如,在某些情况下,聚集在拥挤的机场候机的人们会有成效的利用花费在排队上的时间,而在另一些情况下,由次优过分拥挤造成的无谓损失可能低于为达到交通设施最优利用而产生的管理成本和其他成本。更一般地说这种论点以为,由于交通使用者并不是一样的,因而不同的使用者人群对时间的估价是不同的,所以同时具有时间分配的设施和财政分配的设施的系统很可能是最优的。如果与从零售业到汽车制造业等其他形式的经济行为进行类比,则可以看出分配是要花费金钱和时间的。例如,在本地的小店里,人们可以得到快捷的、单独的服务,但价格很可能比在较远处的大型超市要高,在超级市场,付款时排队是正常的。这种方法一般使用在某些运输形式中,例如,在许多国家,收费的高速公路和不收费的低速主干公路是并行的。人们也常能在昂贵但便于达到的航班和常常需要排队或等候起飞的廉价加班飞机之间进行选择。在给定的收入分配条件下,这种种增加的选择机会必然使福利增加,增加的福利反过来可以抵消由运输系统的拥挤部分造成的无谓损失,至少可以抵消一部分损失。实际上,消费者直接的时间机会成本不同导致出现了产品的差异。

(3)过高的交易成本

最后,当同时考虑其他形式的成本时,高水平的拥挤本身也有可能是最优的(即使由它造成的无谓损失,以及上述两个论点都无法应用)。例如,从过度拥挤移动到最优拥挤水平所需的交易成本,很可能比消除无谓损失所带来的传统意义上的福利还高。消除像过度拥挤这类外部性需要付出的交易成本有三大类:降低外部性的单位成本、最初的一次总付组织成本以及贯彻行动的信息1实施成本。在几乎所有情况下,要消除过度拥挤,都会牵涉上述这些种类的一种或几种成本,而且在许多情况下,这种交易成本可能极高。一个相关的问题是,为交通使用者实际降低拥挤程度使其达到最优水平,可能意味着将其他形式的外部成本(通常是噪音和空气污染)带给社区中更为广大的非交通使用者。例如:提高对使用过度的主要机场的着陆费,可能把交通量转移到其他地方,并使环境成本落在原先未充分使用的其他机场附近的居民身上。如果运输的需求使环境成本的负担集中在社会中相对少的人群身上,在这种情况下,人们可能感到,运输基础设施的利用要比如果降低拥挤程度但导致需求在地理上的扩散更可接受。如果最初拥挤集中在相对不敏感地区,情况就更是如此,因为降低拥挤程度将增大居民区或其他敏感地区所遭受的环境侵扰。

第四节　运输企业

一、运输企业概述

1.企业的概念

企业(enterprisc),一般是指在社会化大生产条件下,从事生产、流通与服务等经济活动的营利性组织。企业的概念反映了两层意思，一是经营性，即根据投入产出进行经济核算，获得超出投入的资金和财物的盈余，企业的经营的目的般是追求营利性；二是反映企业是具有一定经营性质的实体。由此可见，企业基本上是属于一个经济概念，而不是法律概念。

20世纪前半期，新古典理论把竞争性企业看作一个统一实体甚至仅仅是一个生产函数。而新制度经济学在分析企业的性质时，则主要强调两个方面：一是，一个企业涉及了与要素投入者之间的一系列长期契约关系；二是，企业用要素市场代替了产品市场并往往典型的用等级关系（hierarchical）代替了市场交换关系。

新制度经济学（new institutional economics）认为，当市场上的所有个体之间的交易成本大于他们组成个组织所产生的交易成本时，企业就出现了。他表现为若干单个的市场个体组成一个合适的比较稳定的联盟。这些个体之间以比较详尽的契约来维护彼此的关系，以企业内的交易取代市场交易以便降低交易成本并且共同应对外部的风险，并且以一个整体的概念同外部进行联系，其实这就是一个企业。同时，理解企业的均衡规模的关键是，分析使用价格机制的成本（市场交易成本）和使用企业的成本（企业内的交易成本）。因为，当前者大于后者时，企业将倾向于在内部组织交易，其规模将增大；反之，企业将倾向于通过市场组织交易，其规模将缩小。

狭义的运输企业：是指以营利为目的，使用载运工具提供旅客或货物运输服务的企业。例如公路运输公司、航空公司、船运公司等等。广义的运输企业：是指以营利为目的，提供基础设施服务、运输组织服务或使用载运工具提供旅客或货物运输服务的企业。除了上述运输企业，还包括机场经营公司公路经营公司、码头经营公司等等。

2. 企业的性质

科斯在分析企业的性质时，从劳资关系入手，认为雇主—雇员关系是一种长期的、权威的契约关系，并认为企业可以通过"权威"配置资源来节约交易成本。阿尔钦与德姆塞茨虽然不同意科斯的企业比普通市场拥有更为优越的诸如命令、强制等权利，但赞同企业的本质是一种合约结构，提出企业所进行的是一种合作生产，在此过程中，客观上存在计量合作成员边际贡献的困难，由此必然产生具有外部性的机会主义行为。为此，他从降低交易成本和提高企业运营效率的角度，提出企业物质资本所有者必须组成一个专门从事监督合作成员行为的团体，并认为要提高这个团体的监督效率，则该团体必须拥有剩余索取权。资本、产权的社会化与有价证券等金融工具的发明，产生了公司制的企业制度结构。公司尤其是股份公司的出现，使企业产生了所有权与控制权的分离问题并由此而产生了代理问题。

在两权分离理论的基础上,德姆塞茨等人建立的代理经济学,从信息不对称的契约关系角度上,探讨了企业委托人和代理人之间如何进行企业所有权及风险配置,以及如何通过设计有效的绩效报酬来激励管理者从而使各代理人(主要是经理人)尽心工作。他们将代理理论、产权理论和金融理论的各种要素结合起来,构建了企业所有权理论。他们从企业的价值最大化规模、潜在控制和系统管理等角度分析了企业所有权的决定因素,探讨了公司证券所有权与控制权相分离具有较强生命力的原因。

交易成本理论的一个重要的突破是格罗斯曼、哈特、摩尔的"不完全合同理论"。这一理论认为,产权安排的重要性来自合同的不完全性。因为在制定合同时,人们不可能事先预料到未来所有可能出现的情况。即使预料到了,也由于成本太高而不能执行。所以对于合同中没有预料到的情况拥有决策控制的权力,就是所谓的"剩余控制权"。控制权只能通过对物质资产的控制才能实现,故其企业所有权又定义为物质资产控制权。生于控制权的配置反过来又影响事先的投资激励,无剩余控制权的一方由于担心事后的损失而会降低投资意愿。因此,控制权的分配和效率有密不可分的联系。

虽然目前对企业的准确定义仍没有定论,但正如张五常所说的,我们如何定义企业并不影响经济分析的目的,我们的关心点应该在于各种替代性契约形式的逻辑和不同经济契约所产生的经济结果。

二、运输企业的产权形式

1. 公路企业的产权形式

(1)什么是公路企业

公路企业,是负责在长期内供给和管理具有一定质量属性的公路产品的经济组织,公路企业包括了由政府管理部门掌控的"政治性企业"。公路基础设施网络的主要经济特性之一是相互依赖性,公路网络效率的提高有赖于网络中各个主体(公路企业)的密切合作;同时,公路线路、桥梁等资产具有较高的沉没成本和较强的资产专用性。因此,公路企业之间所签订的契约一般都属于长期的关系性契约。同时,由于公路的准公共物品特性和公路企业的垄断能力,公路企业通常是政府管制的重点对象。从组织的角度讲,公路企业的组织边界也应该包括企业与政府的边界和企业与市场的边界两个方面。

研究公路产业这样的网络型产业,似乎必然要涉及"管制问题",政府的经济管制对公路企业的边界起到了重要的作用。我们可以将管制视为"管理性契约"。管理性契约主要确定的是企业与政府之间的契约关系，这种契约关系可以从三个方面来分析：第一，它确定了企业和政府的边界。市场经济条件下，公路企业从政企合一的组织形式向商业化经营的组织形式的转变，要求企业与政府之间的关系由政府直接经营转化为契约关系，从而确定企业与政府之间的边界。第二政府对公路企业的管制尤其是对其服务价格与服务质量的管制有可能对企业的激励产生重要的影响，从而改变公路企业的组织边界。第三，一些国家的反垄断法直接干预和限制了公路企业的组织边界。在市场经济条件下，公路企业的改革和重组需要确定政企分开和实行商业化经营的目标，从而使公路企业与政府的关系从行政隶属关系逐渐转化为一种经济契约关系，这已成为社会的共识。但是，究竟是什么因素或力量在推动着这种转变呢？仅仅是为了顺应社会性制度变革的大趋势吗？换个角度，如果将政府也视为一个"超级企业"，上述公路企业与政府关系的转变也可被认为是公路企业产权形式（所有制形式）的转变。

公路曾被认为是典型的处于公共部门（public sector）的经济商品。但是，一种资产处于公共部门的现象并不意味着它一定是被置于公共领域的。事实上，公共道路特别是高等级公路实际上常常并不是被作为公共财产（公共财产或共同财产主要来源于普通税费，即全社会成员均需交纳的税费，而不是使用者税费）来管理的。除了对一些交通工具的诸如安全性和重量、尺寸的特征进行限制外，道路利用者需要支付各种使用者费用和税收，例如车辆购置税、公路养路费路桥通行费等等。这里就牵涉到公路的"产权"问题。

（2）公路企业的产权

产权（property right）是一个社会所实施的选择一种经济品的使用的权利。一个产权的基本内容包括行动团体对资源的使用权与转让权，以及收入的享用权。它的权能是否完整，主要可以从所有者对它具有的排他性和可转让性来衡量。如果权利所有者对它所拥有的权利有排他的使用权、收入的独享权和自由的转让权，就称它所拥有的产权是完整的。如果这些方面的权能受到限制或禁止，就称为产权的残缺。经济学家们往往把所有权状况分为两类：全部拥有和不拥有，后者也被称为"共同财产"——即对其利用没有任何限制的财产。就目前的做法来看，处于政府控制之下的财产有时被称为"共同"财产，或者被看作处于"公共领域"中。但是，把这些财产看作是无主财产是不恰当的。路产从所有者角度可分为两类：私人路产与公共路产。私人路产的所有权属企业；公共路产的所有权属国家，代理国家行使路产所有权的是交通主管部门下的公路管理机构。

一般的观点认为，公路的供给可以采用国有产权共有产权（集体产权）和私有产权三种形式，其实质是将产权界定给了不同的行动团体—国家、共同体或特定的人。为了便于表述，本章将这三种产权形式进一步简化为国有（公有）与私有两种产权形式，对应的公路形式分别为"免费公路"和收费公路。这样分类的理由是，如果将中央政府视为一个"超级企业"的管理者，则可以将地方政府的行为类比为私人行为，将地方政府间的交易类比为市场交易。这样分类的好处是可以清晰地展现公路产权制度变迁的主要原因在于"提供公路产品供给的有效激励"。

（3）公路的国有产权

新制度经济学认为，历史上，有三个方面的因素会导致像公路这样的重要资源成为一种公共财产：

①高额的排他性费用

相对于公路自身的价值，检测和度量道路使用者对公路使用的交易成本非常高昂，以至于界定这些公路产权的代价甚至超过了供给公路产品的收益，因此人们选择了免费提供这些公路的产权安排。

②对于分享型排他性权利行使的高额的内部治理费用

政府之所以在拥有所有权的条件下能够容忍像公路这样有价值的资源的租值耗散现象，原因之一也许是内部治理成本可能高得使任何规模的公路都不可能产生。

③政府自身的限制

政治上对于平等的考虑也许使这种强制开放资源的状况持久存在；缺乏运输业者的支持或许也是产生这一现象的原因；最后一个因素，是对于公路管理缺乏制度经验，这或许源于知识的不足。一直到20世纪90年代，我国的许多公路经济学家在研究公路运输中的制度性问题时，都没有想到应用交易成本和产权理论，众多庇古经济学教导出来的经济学家只知道用征税和补贴来减少私人与社会边际成本的差异。逐渐地，经济学家们开始注意到不同的经济规则下的激励和强制成本的差异，而且发现，制度创新可以降低建立对于公路资源排他性权利所需要的交易成本。

当公路为公有时，每个人都具有使用公路的权利。这种形式的所有制未能将任何人实施他的共有权利时所带来的成本集中于他身上，因此无法控制对公路的"过度使用"，带来效率上的损失。可以想象的是，如果谈判成本和监察成本为零，每个拥有这些权利的共同体成员"可能"都会同意降低在公路上的生产率。但很明显，谈判成本可能因许多人很难达成一个共同满意的协议而很高；即便所有人之间的协议能够达成，我们还必须考虑监察协议的成本，这些成本可能也很高。而且，在这一体制下不能将后代的全部预期收益和预期成本由现在的使用者来承担。因此，公路的公有产权导致了极大的"外部性"，较高的谈判和监察成本使得"使用财产需向他人付费"的体制无效，国家转而采用统一征收税费的方式（例如车购税、养路费）补偿公路成本并按照定的组织体制（类似于企业内部的组织）将资金投入至各路段，其中的问题在于存在较高的"转移损失"（转移损失包括征税的直接成本，由于征税而降低的工作激励、征税过程中的腐败，等等）。

从企业组织形式的角度看，在国有产权下，公路产品是由"政治性企业"（政治性企业，用以泛指由地方或全国性的政治单位拥有的组织，这些组织雇佣劳动力和购买原料投入品生产商品）供给的。虽然各种政治性企业的契约本质有很大差别，由此带来的成本和奖罚结构的差异意味着会有不同的经济结果，但是，它们有一个共同点，即，虽然人民大众是它们的最终集体拥有者；但其权利却是由国家（或共同体）所选择的代理人来行使。作为权利的使用者，由于该代理人对资源的使用与转让，以及最后成果的分配都不具有充分的权能，就使它对经济绩效和其他成员的监督的激励减低。而国家（或共同体）要对这些代理者进行充分监察的费用又极其高昂，再加上行使权力的实体往往为了追求其政治利益而偏离（社会）利润/福利最大化动机，它在选择其代理人时也具有从政治利益而非经济利益考虑的倾向，因而国有产权导致了很大的效率损失。进一步看，单个公民通常没有对政治性企业剩余收入的直接索取权（虽然剩余收入是正或负通过降低或提高税率能间接影响它们），除了脱离政治单位，它也不能转让它对企业的权利（和义务）。很多学者对政治性企业和私营企业的经济结果进行了比较研究，结果发现政治性企业的生产率一般要低于私营企业。政治性企业的管理部门不仅对削减成本的积极性不高，而且不如私营企业那样对能使企业价值最大化的价格战略大量投资，在某些情况下，假定不考虑质量因素，高成本确实能成为一个独立追求的目标。例如，当本地经营的一个项目得到国家资金的支持时，当地政府通过加大成本的办法多用国家的钱并不是没有道理，至少这样可以增加就业和扩大当地收入。

我们也应该注意到，许多政治性企业通常具有其明确的目标——以低于成本价的价格出售（公路）产品（的使用权）。对此种行为有几种解释：在纯粹的公共物品案例中，将商品的排他性权利转让给私人单位的施行成本太高，以至于不可能按每单位进行营销，因此，纯粹的公有产品生产通常由税收作为财政后盾；另一种理由是，掌握着政府的领导人希望看到某种物品具有较高的消费价值，这种产品的消费价值比该产品被拿到自由市场拍卖赢利时的享用水平更高。不过情况也未必一定，政治性企业也常获利，有时甚至是巨额利润。但无论某个政治性企业的经营结果如何，单个选民一般没有多大控制其代理人的力量。他要么离开该社区，要么试图通过政治程序影响企业的经营。但两种选择办法的成本（出走和集体行动）相对于得利一般都很高。

既然政治性企业多半会成为高成本生产商，为何政府还要决定在那些私人经营一样好的行业建立政治性企业呢？答案并不唯一，对政治性企业的嗜好是一种可行的解释；第二种解释是由于公众和其代表无法获得有关政治性企业相对成本劣势的可靠信息；第三种可能性是政治性企业已经被有意无意地看作转移财富的一种机制；第四，虽然从技术上讲，政府完全可以通过契约方式让私营企业生产公共物品，然后再由政府买来向社会提供，但在实践中，当所指的产品或产出很难衡量，或者当安排给私人生产可能对国家产生危险后果时，便很难做出这种抉择。

（4）公路的私有产权

当前，在融资、建设、经营和维护等方面来进行的公路企业的私有化（民营化）似乎已经成为世界各国公路运输系统的发展趋势。一般认为，民营化主要有两个基本动机：一是认为私人部门的效率高于公共部门；二是认为私人部门代表了新的融资渠道。（当然，公共部门也可以通过以预期收益为支撑的贷款等方式进入资本市场，然而，公共部门大多具有一定的债务限额，超过此额度融资极为困难。另外，由于公众对税收的反感，公共部门也难以通过征收新税种来融资。）

从已有的经验来看，公共投资兴建公路的结果似乎就是供求失衡，供给能力不足导致拥挤是公共道路低效率的主要表现之一。导致低效率的第二个原因是在公路投资项目上的资源分配不当，公有机构投资的公路，方案接受与否更多地取决于政治因素，而不是经济条件。虽然私人投资也常常失败，但不同之处在于私有公路不会要求用户为那些他们还未使用的项目付费，也不会出现已经交纳了几十年的税收，却要面对那些永远不会建成的公路的局面。私人公路的最大优势在于，如果私人（或地方政府）拥有公路（或某一路段），当他作出一项行动决策时，由于他具有排斥其他人的权利，他将考虑未来某时的收益和成本倾向，并选择他认为能使他的公路权利的现期价值最大化的方式，来做出使用资源的安排。同时，为获取收益所产生的成本也只能由他个人来承担，因此，在国有产权下的许多外部性就在私有产权下被内在化了，从而产生了更有效地利用资源的激励。这就促使私有公路的经营者提供更有效率、更可行的服务。

（5）公路产权选择的意义

但是，由于公路的网络经济性，各路段与其他路段乃至整个公路网之间存在着一定的相互影响，虽然原则上一条公路可以分成若干路段，各段自主经营，通过市场契约来连接相邻区段的业务。但是由于各路段都已投入了专用资产，而且公路各区段的联系和业务往来又极为频繁，巨大的沉没成本诱导出各个公路所有者之间的机会主义问题。加上对一段/条公路拥有私有权利的所有者并不具有对另一私有公路的权利，如果不存在谈判，一段/条公路的所有者在经济的运营他的公路时，就不会具有考虑由此对其他公路所产生效应的直接激励，这就产生了另一种巨大的"外部性"。因此，公路的所有者为了将所有剩余的外部性内在化，他们之间会进行谈判，有两种市场选择可供考虑（当然是处于一定的政治约束下）：一种是试图在所有者之间达成一个合约协议（通过市场或中间组织如联营、卡特尔等），以直接应对处于争议中的外部效应；另一种选择是横向一体化，由一些所有者将其他人的公路买过来，从而改变所拥有的公路规模（极端的情况是国家所有，这当然可能带来很多人不愿意见到的"垄断问题"。虽然，相对于市场范围，如果规模经济很大，实行垄断就是有效率的，但是，公众往往对垄断一词是深恶痛绝的）。

从经济学意义来讲，一种产权结构是否有效率，主要看它是否能为在它支配下的人们提供将外部性较大的内在化的激励。在分析了不同所有制形式对公路企业交易成本的影响之后，就不难理解公路产权的转变了。近三十年来，以收费公路这种公路供给形式的逐渐推广为主要特征，我国公路产权制度改革目的是通过制度变迁，增加对公路供给（特别是高等级公路供给）的有效激励，以便解决我国经济快速发展中的交通事业瓶颈问题（融资问题）并提高公路质量与服务水平，同时获得拉动内需提供就业机会等社会效益。

2. 车辆运输企业的组织形式

将新制度经济学用于公路货运行业的分析较少，一些研究表明：内部采购和长期契约可以用来减轻由于使用专用性的拖车（即那种几乎没有可替代品的拖车）而引起的敲竹杠问题；在公司司机（即雇员）和所有者—货运商（即车主）之间的契约风险主要来自三个方面：需要及时协调货车运行（零担货运的需要高于整车货运）；使用具有专用性的驾驶—培训特征的货车（即市场应用范围狭窄的货车）；货运商对声誉资本的投资（假定这种投资能产生影响货运商与司机关系的契约风险）；车辆运输企业的纵向一体化决策是受制度环境影响的，主要由于制度限制，些国家的企业并未对技术变化（如新的通信技术和"及时"配送）做出反应来提高纵向一体化程度,此时取消制度限制要比采取奖励措施更能提高公路货运业的纵向一体化程度。

在产权文献中,企业的分类通常是按照表明对剩余收入支配权的契约安排划分的。企业剩余收入是支付完契约规定的要素固定收益后剩留下来的总额。在公路货运业这样的竞争性行业中,运输企业通常会采取下述三类竞争性组织类型:

(1)个体所有制

或称业主所有制,指的是在经营单位内,剩余索取者和最终决策者同为一个人的企业体制。该经济组织形式的优势在于其不存在共同所有权问题,也不存在由所有权和控制权相分离引起的代理人问题。但该形式的不足之处在于业主所有制会遇到投资视野问题。一般来说,如果所有者从投资中获得净收入流的时间与他渴望的消费过程之间存在冲突,就会产生投资视野问题(当收益回收期大大超过投资者的预期时,这个问题可能会更为突出)和投资分散化问题(当业主们不得不把自己大部分人力和财力投向他们的企业时,过分依赖单一的业主人力资本、依赖于内部融资,会出现很高的风险)。由于外部融资存在着极高的交易成本,所以该体制受到业主自身财富多少的约束。个体所有制不适合那些通过规模经济来获得优势的经营活动,但其相对优势却能体现在那些需要特别审慎且规模较小的经营活动中。

(2)合伙制企业

通过汇集几个人的资源减轻了企业所面临的财务约束,而且合伙者还获得某些生产规模上的优势。一旦各所有者能向企业投入较小份额的资产,合伙制就为人们提供了机会,以降低承担风险的成本。另外,企业产品多样化也可降低承担风险的成本。但是合伙制没有摆脱共同所有权的问题。

(3)不公开招股公司

其股份持有者通常是内部人员或与所有者—管理者有特殊关系的人,由此可以部分地消除与所有权、控制权分离有关的代理问题。但这种组织形式不能使当事人要么专于承担风险,要么专于企业管理,因此企业不能从分工中享有完全的利益。另外,如果所有者—管理者人数增加,共同产权问题仍不可避免。同时,由于剩余分享契约限制了股份的转卖,不公开招股公司的股票既不在金融市场上评估,也不流通买卖,个人股东想放弃所有权就需耗费很高的交易成本,这样会影响投资决策。

向业主所有制企业、合伙制企业和不公开招股公司投资,并不像常见的那样以市场规则为基础在小规模生产和服务性活动中出现的业主所有制、合伙制和不公开招股公司,采用了一种更直接的方法来控制决策过程中的代理问题。在这些组织中,剩余索取者被内在地或明确地限定为决策者,这种限定避免了控制代理问题的成本

（这种代理问题出现在决策者和剩余索取者之间），但是代价却是这类组织承担剩余风险的能力不足，还存在着投资不足的倾向。结果，上述三种类型的企业都基本上不再遵循市场决定价值的规则。所以，只要人们把剩余索取人限定为决策者本人，而节约的代理成本高于投资受到限制和承担剩余风险不力而引致的成本，则这类组织就可以生存下去。目前，我国公路货运的运输货物仍是以建材、农、矿产品为主，其较低的货物价值对运输企业承担剩余风险的要求并不高，因而上述企业类型占据了我国公路货运业的主导地位也就不足为奇了。

三、运输企业的一体化

1. 公路企业的纵向一体化

（1）纵向一体化的概念

公路企业的纵向一体化（vertical integration），是指在公路产品的供给流程中，从上游的公路建设，到下游的公路运营、管理乃至维修、养护均在同一公路企业内部完成，可以将其类比于普通商品的制造、销售和售后服务等过程的整合。

（2）选择市场还是内部组织

新制度经济学认为，与内部组织（如企业）相比，市场的主要优势在于：第一，市场比内部组织能更有效地产生强大的激励并限制官僚主义的无能；第二，有时，市场有通盘解决需求的长处由此实现规模经济或范围经济。虽然市场有着如此多的优点，但现实中（高等级）公路产品的供给，却通常是由纵向一体化程度较高的公路企业来完成的。这是因为，对于公路这类不确定性较高的专用性资产，内部组织更易于建立不同的治理手段，例如签订长期合同或纵向一体化，为公路供给者提供购置长期资产所必需的激励。高等级公路无疑具有非常强的资产专用性（如果市场规模很大，那么专用技术投资的成本是可以收回的；如果市场规模很小，则另当别论了。因此对于交通量较小的低等级公路或乡村道路，我们往往只能看到通用型设备及一般的生产工艺，但对于高等级公路，新设备、新技术、新工艺的运用是屡见不鲜的)，进行这样的专项投资，从技术上说固然能节省成本，但由此形成的资产已无法改变用途（或者说如果改变用途，残值非常低），如果初始交易夭折或没有到期就提前结束，该投资在另一最佳用途上或由其他人使用时的机会成本要低得多，这将造成战略上的危机。在这种情况下，就要看参与这场交易的交易者是否珍惜继续保持这种关系。如果交易双方关系的持久性是有价值的，那么，为支持这类交易，各种契约和保护措施（例如组织）就会出现。因此，我们看到了公路投融资、建设、养护以及运营管理过程中一系列纷繁复杂的合同条款及组织形式。我们的社会是技术发达的社会，复杂的技术当然要有复杂的组织来为之服务，这一点无可争议。但认为一体化程度高些就一定比低些要好，或仅强调"物理要求或技术要求"的观点，则落入了"技术决定论"的误区。该理论认为纵向体化是自然技术秩序不成问题的结果，是为了解决技术方面的问题才导致纵向一体化。实际上，应把公路企业的内部组织倾向看作在一定的制度环境下，市场与等级制相互较量的结果，而不是技术特点所决定的，其纵向一体化的主要目的在于节省交易成本（兼具有一定的战略目的）。决定纵向一体化的主要因素是低交易频率、较高不确定性条件下的资产专用性；至于技术，虽然是限定可能的组织形式边界的因素之一，但在此，却属次要的因素。当然，纵向一体化并非没有缺陷，只要资产专用性的程度不高，内部组织会受到激励失效和官僚主义无能的严重困扰，内部组织的治理成本就可能高于市场组织的治理成本；在一体化状态下要保持强激励机制（强激励机制，是指握有剩余索取权），会产生严重的负效应，经济代理人的行为就会影响到总收入以及（或者）总成本的水平；纵向一体化会造成资产使用的损失、会计造假账的问题以及创新问题等。

2. 公路企业的横向一体化

（1）横向一体化的概念

公路企业的横向一体化（horizontal integration），是指公路线路前后相继的公路企业或拥有平行线路的公路企业之间进行一体化的行为。由于缺乏有效的度量手段，人们通常会这样推断：一定时期内如果企业规模扩大了，就可以说其纵向一体化的程度提高了。但是，企业规模的这种扩大往往是平面扩张即横向体化的结果，也就是说企业所服务的市场在扩大，但企业的行为结构并未改变，或者说并未实行多角化经营。

（2）自然公路单元的技术特征

为了便于分析，假定初始条件下，公路网（不包括完全免费路段）被划分成众多尽可能小的"自然公路单元"，这些公路单元分别为不同的私人所有（即具有排他性）。参照威廉姆森的观点，"自然的"公路单元，即技术上不可分的实体，大约只是数十千米甚至数千米的公路路段。当交通运输量不复杂，并且短距离运输量居多时，公路"公司"雇佣数十名工人、一个经理和若干功能活动的管理者就足够了。各个"自然"公路单元之间（主要是相继单元和相平行单元之间）通过市场进行"交易"，交易的内容是公路产品供给的协调性。简单地讲，相继公路的服务水平与其收费水平应相一致，以保证运输车辆在运输的整个过程中（可能会通过数个公路单元）得到效费比相近的服务；相平行公路的服务水平与其收费水平可以保证运输车辆能够"有效率"的分流到各个的公路单元上。需要注意地是,由于公路服务水平的渐变性与慢变性,上述交易的频率一般是较低的。如果路网的服务水平与收费水平能够完全准确地与运输车辆的需求相一致并能够在瞬间(毫无成本地)进行调整,同时各"自然"公路单元的所有者能够"绝对理性"地进行"信守诺言"的自由竞争,那么,事先就可以设计(计划)出一套完善的合同,各公路单元的所有者按照合同行事,就足以保证整个路网的运营效率。于是,"公路工程技术标准""公路收费标准""路面养护技术规范"等一系列法规、标准、规范、规定应运而生。从新制度经济学的视角来看,这些法规、标准、规范、规定之所以被设计出来,不仅是为了保护公路路产、降低信息成本,也是为了提供一种正式的制度或契约,协调各个公路企业之间的市场交易,以保证整个公路网络的服务质量与效率。

(3)公路企业间的机会主义问题

但实际上,由于存在极高的"不确定性",由于影响因素众多,运输需求的变化是非常快而难以长期预测的;同时,公路一旦建成,在较长的一段时间内其服务能力是无法增加的(不过的确可以降低)。因此,试图以供给慢变的公路去适应快变的运输需求是极其困难的,人们无法在最初就预见到将来可能发生的、需要他们去适应的所有问题;会出现很多意外事件,在客观环境使之变成现实之前无法完全确定怎样应对才算适当;而且自主的交易各方均具有"有限理性"与"机会主义",在待定索取权明确以前,有可能争执不休,且往往难以区分孰是孰非。这样的理想合同不可能被精确地设计出来;加之各公路单元的投资均具有一定的资产专用性,交易各方试图维持长期交易的愿望(由于专用性投资"木已成舟",其机会成本非常低,因此很难改变用途;即使能把这些资产转让出去,在转让前对这些资产进行评估时,会遇到非同寻常的问题。因此,交易者会产生把合同贯彻到底的强烈愿望。对于这类极为特殊的交易来说,主要原则就是尽力去维持这种合同关系)几乎无法在古典式合同法的环境下实现。在我国,现实中的例证不胜枚举,许多公路/路段在建成后(或数年之内)的通行的货车仍寥寥无几,而另外一些公路１路段却很快就表现出难以承受的拥堵,其中的原因有的是因为运输需求发生了未曾预料的变化,有的则在公路立项之初就由于决策失误埋下了失败的种子;某些公路/路段利用相继路段较高的服务质量(和车辆无法绕行的地理优势),刻意抬高自己的收费标准或降低自己的服务水平(例如无视路面的破损,延迟进行维修养护),利用"搭便车"行为造成了一定的"支付转移";某些低等级公路路段利用与高等级公路路段相接的地理优势收取过高的车辆通行费。

可见,由于公路的网络性,在公路网络中的任何两个主体之间签订的契约均有可能会对网络中的其他主体的利益产生重大影响,而公路网络整体效率的提高却要求路网中各组织的密切协作。因此,在我国的公路(特别是高等级公路)越来越多的由地方政府而非原先的中央政府负责供给的情况下(原因参见上文对公路产权的分析),为了减少不确定性和机会主义的影响,保证公路网供给这种重要的专用资产交易的连续性,需要引入市场之外的治理形式。此时,交易者面临着两种新的选择横向一体化;依托一定的仲裁,进行三方治理。

(4)我国公路企业的横向一体化选择

综上所述,在公路产业中,相对于有效率的经济单位来说,有效率的技术单位是非常小的,组织的因素而非技术因素才是大型公路系统产生的主要原因。由于公路的资产专用性和需求的不确定性,我国公路产权制度改革的目的是增加公路的供给量,其途径主要是公路产权的分散化以增加有效激励。其结果是公路企业规模的减小,伴随而来的是较突出的机会主义问题(我国20世纪90年代盛行的公路"三乱"问题就是较好的例证)。对于不同的公路形式,相关的(市场以外的)治理主要有:

对于高等级公路特别是高速公路来说,由于其资产专用性较强,加之其服务的范围较广,第三方治理易受到沿途地方政府利益不同的困扰,因而横向一体化是较常见的治理结构,但横向一体化的程度受到行政区划(主要是省界)的严格限制。

对于普通公路来说,由于其价值较低,资产专用性不强,三方治理是常见的结构,其中,第三方"仲裁者"一般是由各公路交易方所在的地方政府或高一级政府来扮演的。

3. 车辆运输企业的纵向一体化

(1)公路货运市场与车辆市场的特征

对于非专用的交易,包括偶然的合同与经常性的合同,主要应使用市场治理结构。这是因为双方只需根据自己的经验即可决定是否继续保持这种交易关系,或者无须付出多少转让费用即可改变购买及供给。此时,具体确定交易双方身份的问题已无关紧要,因为合同正式条款已规定了交易的实质性内容,并且也符合法律原则。市场的作用主要在于保护双方免受对方投机之害。公路(整车)货运市场和货车市场的情况均是如此,由于货主与车主以及车主与上游要素供给商在交易时所投入的资产般均不具有专用性,因此,通常并不需要签订长期的协议,只需"随行就市"地签订短期(甚至一次性的)的运输合同即可。

需要注意地是,那种仅根据车辆制造业是运输服务的上游供给方之一就断定车辆超限的源头在于车辆生产和改装的观点是片面的。技术流程并不能代表复杂系统中支配性关系的方向，特别是对于公路货运这种竞争性的"衍生性需求"行业来说，情况可能恰恰相反，是货主的需求支配着运输业者乃至车辆制造商的生产，而车辆制造商是不具备这样的市场力量的。另外，如果说整车生产制造业存在一定的规模经济并导致了具有垄断特征的市场格局，那么车辆维修/改装业则无疑是分散性的竞争行业，对这样的行业进行严格的产品质量规制（限定车辆改装的技术标准）将是十分困难的。

（2）车辆运输企业的规模经济

下面将讨论的重点回归到车辆运输企业的纵向一体化上来。由于公路整车货运业不存在明显的规模经济，在这个行业中，引导组织实施纵向一体化的不是规模经济或密度经济，而是与专用性资产有关的敲竹杠问题。对欧洲公路货运业的传统分析也表明，这是一个非常分散的行业，存在很大比例的小企业和只有辆货车的所有者—货运商。一些对此行业的研究将这种分散视为问题，认为当企业如此之小时很难获得规模经济和密度经济。在我国，这种观点实际上导致了一些鼓励纵向一体化的政策和措施的出台与实施。

不难理解，在寻找并与顾客（货主）签约以及为使车辆和司机的使用达到最优而对运输进行协调时，规模经济和密度经济无疑是重要的。先进的计算机网络可以改进协调能力；高运输密度使直达的路线以及高集中度的运输流成为可能，这会产生密度经济和网络经济，可以降低返程车辆的空驶率；货运商的品牌和商誉成为他们与顾客和供应商关系中昂贵和有价值的契约保护机制，建立和维护商誉即需要在宣传（广告）上进行投资，又要培训和监督工人，这些活动都受制于规模经济。

（3）准一体化

但是，规模经济和密度经济并不必须要求传统的纵向一体化，它们可以通过一定的契约形式在市场中实现。事实上，在"分散的"货运行业中，我们可以发现处于极端的纵向一体化和市场形势之间的混合的治理结构，这种形式可以获得一定的规模经济而不丧失纵向一体化的激励作用。在一些高级组织中（如零担货运，LTL），绝大多数所有者—货运商都是纵向"准一体化"的。"准一体化"结构可以获得和纵向一体化的企业相同程度的规模经济和密度经济。在这两种情形下，一般都由组织出面寻找货主，协调货运，并提供与顾客的关系中所需要的安全保护措施（我国的部分准一体化货运企业甚至仅提供管制所要求的"运营资质"）。但两者有非常关键的区别：纵向一体化的企业自己拥有货车，并使用公司自己的司机（他们是公司的雇员）。相反,准纵向一体化的企业并不拥有自己的货车或使用公司司机。相反,他们与所有者——货运商订下转包/承包合同。如果对纵向一体化、准一体化和市场交易这三种公路货运业主要治理结构的相对绩效进行比较。可以发现,本质上,市场交易在解决道德风险问题(道德风险的产生是由于工作的分散性,工作的分散使司机的行为难以观察和证实)。对车辆及其辅助资源(汽油、零部件等)的监督比监督运输的成本要高得多,所以现实中经常采用的办法是分配给每个司机辆车(当司机是雇员时)。通过这种方式,虽然货车的使用不充分,但是企业容易评估货车的使用情况从而获得了较之于纵向一体化更高的效率。而纵向一体化在解决敲竹杠问题时更胜一筹。敲竹杠问题出现在专用性资产的场合。这时,专用性资产的现有用途的价值比在其他所有可能的用途中的最高价值还要高,两者之间的差被称为准租(quasi-rent)。当准租存在被剥夺的可能性时就会产生敲竹杠问题。通过纵向一体化或契约保护措施,如正规的长期契约和声誉可以解决或减轻敲竹杠问题。因此,组织的具体安排取决于哪种契约风险更重要。

(4)车辆运输企业纵向一体化的选择

假定公路货运包括两种路线:重型货车的长途路线和轻型货车的短途路线。对于我国的情况而言,所有者——货运商的直接市场交易(主要是个体单车)和准一体化(主要是挂靠车辆和承包车辆)无疑是行业中占支配地位的治理结构,这意味着在该行业中存在的主要问题是道德风险。但在长途路线中的准一体化程度与短途的配送路线是不一样的,在后一种情况下,组织的纵向一体化程度更高些。

与使用轻型车辆的短途运输相比,在长途运输路线中较高程度的准一体化是与较高的道德风险程度相一致的,在这里监督货车的使用比短途运输路线中不仅更重要而且更困难。之所以更重要,是因为长途路线中使用的货车更大更昂贵,燃油开支也较高。之所以更困难,是因为长途路线的司机具有更多的自行处理权,一个司机的自行处理权取决于他决定如何走完路线(车速、刹车次数等)以及列出机械故障以说明为何耽误的能力。司机自行处理权的程度是很重要的,因为燃油消耗、轮胎费用以及机械故障的风险——更一般地说,货车的折旧——取决于货车是如何驾驶的。

纵向一体化主要用于专用性资产非常重要的情况,以及上述监督成本较低的情况——短途提取与运送路线。更一般地,重要的专用性资产的存在,也解释了为什么准一体化在其他行业并不像在货运业中一样广泛地存在,即使在这些行业也存在因一些对使用敏感的机械设备的零部件而引起的道德风险行为。在某些情况下,工人需要进行非常专用的人力资本投资,或者他们所使用的资产是非常难以移动的(场所专用性)。此外,技术可分性——在工人和资产之间存在一对一的对应关系——并不总是存在,这种分离的条件使得道德风险问题比较容易解决,因为代理矛盾通过将工人变成他所使用资产的所有者而迎刃而解。

另外,制度环境(劳动管制与税收法规)对行业内组织也具有重要的影响。通过引入对雇佣关系的无效率的限制将增加纵向一体化的成本。首先,法规会提高解雇的成本并给予工会更多的权利,增强雇员从雇主那里剥夺其在(有形和无形)资产上的投资所形成的价值的能力;其次,工会的强大力量也降低了雇主和雇员自己决定工作时间和闲暇时间的能力;最后,最低工资管制限制了激励的强度。而税收法规也会通过改变不同治理结构的相对成本来影响组织决策。首先,高税收有助于分散化,原因是小企业,特别是自我雇佣的小企业比大企业更容易降低他们的税收负担(通过避税和逃税);而政府帮助大企业的制度安排却无助于分散化,因为不进行纵向一体化这些安排所提供的收益就无法得到(例如运营资质管制)。

综上所述,公路货运的经济、技术和契约特性使得独立经营的小规模运输企业成为我国公路货运市场管制放松后的主导力量,人为的增大企业的"规模"并不能节省交易成本,反而会降低公路运输供给的效率。认为公路货运的规模化集约化能够有效遏止超限运输行为的观点,如果说从管理科学的角度能站住脚,但在实际操作中却往往会由于效率不佳而困难重重。

第六章 运输市场

第一节 运输市场结构

一、运输市场的概念

1. 市场的概念

市场（market），是买者和卖者相互作用并共同决定商品和劳务的价格和交易的机制。市场看上去只是一群杂乱无章的卖者和买者，但总是有适量的产品被生产出来运送到合适的地点。这似乎是一个奇迹，然而，市场体系既不是混乱也不是奇迹，它是一个具有自身内在逻辑的体系。在市场中，是价格在协调生产者和消费者的决策。

2. 运输市场的概念

运输市场（transportation market）有狭义和广义之分。狭义的运输市场是指为完成旅客和货物的空间位移而提供客位或吨位的场所，即运输需求方（旅客和货主）运输供给方（运输业者）及运输代理者共同进行运输交易的机制。广义的运输市场则包括运输活动各方在交易中所产生的经济活动和经济关系的总和，即不仅包括运输营业场地、运输代理机构等各种提供客位和吨位的场所，也包括运输产品的生产者和消费者之间、运输能力供给和运输需求之间、运输部门和其他部门之间的经济关系，还包括运输市场结构、运输市场机制、运输市场调节和管理以及企业在运输市场的经营等。

当然，运输市场是一个相当复杂的概念，运输经济分析应该避免比较笼统地谈论一般的所谓运输市场，例如"铁路运输市场""公路运输市场""某两地之间的运输市场""西南地区运输市场"或"城市运输市场"等，而是更加注意根据所提出的具体问题，区别各种基于特定运输对象（不同种类的货物或旅客）有特定运输目的和特定始发和到达地点的运输服务，并根据可搜集到的可靠数据资料进行分析。因此，目前有些运输经济学家主张"运输市场是一组其产出和价格均可计算的运输服务"这样的提法，也就是说，每一个具体运输市场上的产出应该是同质的，即其起讫地点和运输方向所运货物或对象都是一致的，与其他运输市场上的需求及供给不应混为一谈。

这是有一定道理的。

二、运输市场的类型

按照不同的标准,运输市场可以有多种分类方式。例如,按运输方式,可分为公路运输市场、航空运输市场、水路运输市场;按运输距离的远近,可分为短途、中途和长途运输市场;按运输市场的空间范围,可分为地方运输市场、跨区运输市场和国际运输市场;按运输市场与城乡的关系,可分为市内运输市场、城间运输市场、农村运输市场和城乡运输市场等。更一般的分类是按运输市场的竞争性,分为完全竞争、垄断市场、寡头市场和垄断竞争市场。

1. 完全竞争市场

完全竞争市场(fully competitive market)是一个理想化的市场,在这样的市场中,有许多规模较小但进出市场自由的企业,每个企业都生产完全相同的产品,每一个企业的规模都太小,以至于无法影响到市场的价格;而且,市场交易活动自由,没有人为限制,市场的所有参与者(企业和消费者)均拥有充分的信息。在完全竞争市场中,市场完全由"看不见的手"—价格—进行调节,政府对市场不作任何干预,只起维护社会安定和抵御外来侵略的作用,承担的只是"守夜人"的角色。如图 6-1 所示,为了描述个完全竞争企业的行为,我们首先来看一看整个行业的需求曲线(DD 曲线)与单个竞争企业所面临的需求曲线(dd 曲线)。由于个竞争行业是由许多相对于市场而言很小的企业组成,一个企业的需求曲线只是整个行业需求曲线的一个微小部分,以至于从一个完全竞争者的视角来看,该企业的需求曲线 dd 看上去是完全水平的或弹性是无穷大的。

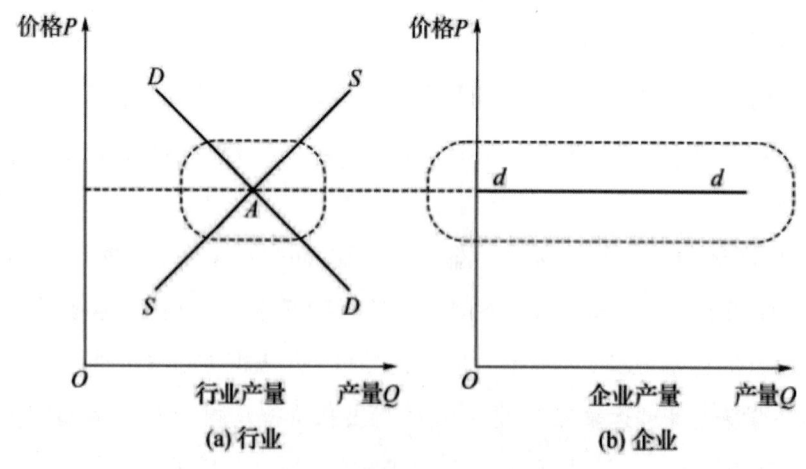

图 6-1 完全竞争市场的供需曲线

给定一个完全竞争企业的成本和需求,以及要获得最大利润的愿望,它将如何决定它所愿意供给的数量呢？经济学的答案是，在完全竞争条件下企业的供给原则为，当企业将其产量确定在边际成本等于价格的水平上时，就实现了利润的最大化，即：

边际成本 MC= 价格 P

用图形来说，这就意味着企业的边际成本曲线也是它的供给曲线。于是，我们可以根据企业的边际成本曲线来寻找最佳产量水平，最大利润的产量发生在价格线与边际成本曲线相交的点上。如果企业的产量大于或者小于上述最优产量，企业将不可避免地出现亏损。换个角度讲，在利润最大化的产量上，完全竞争企业得到了零利润这个最好的结果，总收入正好等于总成本。需要注意地是，这里讲的利润是经济利润，包括所有的机会成本（包括劳动和资本的机会成本）。因此，零利润并不意味着白白提供了运输服务。如图 6-2 所示，零利润点（zero — profit point）表示在这一价格水平上企业得到零利润；在零利润点上，价格也刚好等于平均成本，因此收入正好弥补成本。

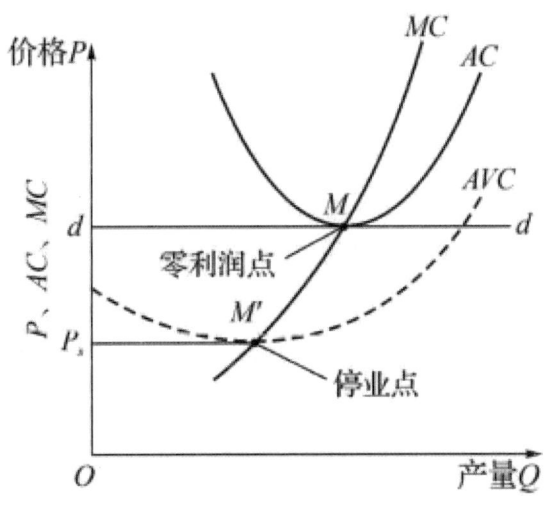

图 6-2 零利润点与停业点

停业原则：企业在收入刚好抵补它的可变成本或者损失正好等于固定成本时，停业点就会出现。当价格低于该水平时，致使收入无法抵补它的可变成本时，企业就会停业以使其利润最大化（即损失最小化）。关于企业停业点的分析得出了一个似乎出人意料的结论：即使追求利润最大化的企业亏损，它也可能在短期内继续经营。尤其是对于大量负债，从而拥有较高的固定成本的运输企业（例如航空公司）来说，这一情况是成立的。因为，只要亏损小于固定成本，他们继续经营就是实现利润最大化和损失最小化。

长期的零利润均衡：当一个行业的供给是由具有完全相同成本曲线的竞争企业

所提供，而且这些企业又可以自由地进入或退出该行业时，长期均衡的条件就是，对于每一个完全相同的企业来说，价格等于边际成本，又等于最低长期平均成本点（这也是成本加成定价法的理论基础）。

完全竞争市场只是西方经济学家在研究市场经济理论过程中的一种理论假设，在现实生活中，完全竞争市场所需的前提条件很难成立。尽管完全竞争市场在现实经济生活中几乎是不存在的（公路普通货运市场、海上租船运输市场具有接近于完全竞争市场的特征），但是，研究完全竞争市场类型仍有其积极的意义。分析研究完全竞争市场形势，有利于建立完全竞争市场类型的一般理论，当人们熟悉掌握了完全竞争市场类型的理论及其特征以后，就可以用其指导自己的市场决策。例如，生产者就可以在出现类似情况时（例如作为价格的接受者时）做出正确的产量和价格决策。更重要的是分析研究完全竞争市场类型理论，可以为我们分析研究其他市场类型提供借鉴。例如，在对有关垄断市场、垄断竞争市场和寡头垄断市场中竞争与效率问题进行比较研究的过程中完全竞争市场类型理论可以作为一个衡量标准起到借鉴作用。

2. 完全垄断市场

不完全竞争可以达到怎样不完全的程度呢？极端的情况是垄断（monopoly）：单一的卖者是它所在行业的唯一生产者，同时，没有任何一个行业能够生产出相似的替代品完全的垄断在今天是罕见的。实际上，许多典型的垄断案例仅仅存在于那些受到政府保护的产业。例如，如果一家制药企业研制出种获得专利的神奇药品，并在若干年内保持自己对这种药物的垄断权。垄断的另一重要的例子是获得当地公用事业的特许经营权，例如一家自来水公司。尽管如此，即使是个垄断者，它也必须经常注意那些潜在的竞争者。上面所说的那家制药企业会发现竞争者很可能正在生产类似的药品；数年前还处在垄断地位的电话公司，现在必须考虑移动电话给他们带来的冲击。于是，在长期内，没有一个垄断者能确保自己免受竞争的冲击。

完全垄断市场也是一种极端的市场类型，这种市场类型只是一种理论的抽象，在现实经济实践中几乎是不可能存在的。因为在现实经济实践中大多数垄断企业总是要受到政府或政府代理机构各个方面的干预和调节，而不可能任意由垄断企业去完全垄断市场。当然，如果政府对垄断企业不进行干预，或者干预不力，垄断企业垄断市场、损害社会和消费者利益的可能性也是随时可能出现的。即使完全垄断市场在现实经济实践中几乎是不存在的，研究完全垄断市场还是具有积极意义。例如，研究完全垄断市场可以促使我们了解完全垄断市场条件下出现的各种经济关系，从而有利于我们运用这种理论来研究现实市场类型条件下市场主体行为如何最佳化；研究完全垄断市场理论还可以使我们明确政府对垄断行为进行干预调节的必要性，以及政府干预调节活动对市场正常运行及对市场主体利益的协调所起的重要作用等。

3. 寡头垄断市场

寡头（oligopoly）或寡头垄断市场是介于垄断竞争与完全垄断之间的一种比较现实的混合市场，是指少数几个企业控制整个市场的生产和销售的市场结构，这几个企业被称为寡头企业。寡头企业在现实生活中是普遍存在的，例如国际上民用航空工业与民用航空运输业已纷纷进入寡头垄断时代，干线飞机市场波音和空中客车两家"楚汉相争"，支线飞机市场加拿大庞巴迪、巴西飞机公司和德国道尼尔"三国鼎立"的格局基本确立。中国国内的航空运输市场基本上被中国航空集团公司、中国东方航空集团公司和中国南方航空集团公司三巨头分割。这些都是典型的寡头市场。寡头的重要特征是每个企业都可以影响市场价格。在航空业，仅仅一家航空公司降低票价的决定，就会引起它的所有竞争者降低票价，引发一场价格大战。

当寡头能够互相勾结，使他们的共同利润达到最大时，考虑到他们之间得相互依赖性，他们就会以垄断者的价格和产量来赢得垄断者的利润。虽然许多寡头会对于获得如此高的利润感到渴望，但在现实生活中，存在许多阻碍他们有效勾结的因素：第一，勾结可能是非法的；第二，企业可能通过对所选择的顾客降低价格以增加其市场份额来"欺骗"协议中的其他成员（在价格保密、产品有差别、企业数目较多或技术变化迅速的市场上，秘密降价的可能性更大）；第三，随着国际贸易的不断深入，许多企业不仅要应付国内竞争，还要迎接国外企业的激烈挑战。例如，经验表明很难找到一个一直持续到今天的成功的卡特尔的例子，不管是公开的还是秘密的。

另外，值得注意的是，垄断虽然是竞争的矛盾对立面，但它的存在并没有消灭竞争，尤其是寡头垄断改变的只是竞争形式，而非竞争本身。另外，如果从国际范围、某一国来看，寡头垄断反而会使竞争大大加剧，激烈的竞争足以使寡头垄断企业尽可能地努力进行研究和开发，尽可能提高效率，尽可能降低产品的价格。而不是像传统的经济学理论认为的垄断破坏和降低有效的市场竞争，阻碍经济和技术的发展。我们可以看到航空运输业的残酷竞争，在一条特定的航线上往往只有两三家航空公司，但在它们之间，仍然是过一段时间就要发生一场票价大战。那么，我们如何把寡头间的对抗（rivalry）和完全竞争（competition）区分开来呢？对抗包含了许多提高利润和占有市场的行为。它包括利用广告向外移动需求曲线（即刺激需求）、降低价格吸引业务，以及通过研究提高产品质量或研制新的产品。完全竞争并不意味着对抗,而只是表示行业中没有一个企业能影响市场价格。同时,寡头垄断的形成可以避免无序竞争,减少资源浪费;寡头垄断也可以避免完全垄断的"唯我独尊",使行业发展具有竞争的动力和潜力。因此,如果说寡头垄断企业在缺乏竞争的环境中,一般不会自觉地追求高效率,从而导致实际效率往往与最大可能效率之间存在巨大偏差,高效率只是寡头垄断企业自身天然优势带来的一种可能性的话,那么寡头垄断企业并非真正独占市场,这一点就使寡头垄断企业不得不追求高效率,从而使其高效率具有现实性。

4. 垄断竞争市场

最后一种不完全竞争的类型是垄断竞争(monopolistic competition)。垄断竞争在三个方面类似于完全竞争:有许多买者和卖者,进入和退出某产业是自由的,各企业都把其他企业的价格视为既定。二者之间的差别在于:在完全竞争的条件下,产品是完全相同的;而在垄断竞争的条件下,由不同企业销售的产品是有差别的。

差别产品(differentiated products)在重要的特征上表现不同。例如,去商店要花一定的时间,而到达不同的商店所需时间的差异会影响我们的购买决策。用经济语言来说,购买物品的总机会成本(包括时间成本)依赖于我们与商店之间的距离。因为去当地商店购买的机会成本要低一些,所以人们倾向于就近购买很多商品。地理位置给产品带来的差别是零售贸易形成垄断竞争的重要原因。此外,质量差异已经称为产品差别中越来越重要的因素。产品质量的差异也许是产品的真实品质上的,也许是外观设计上的,也许仅仅是品牌认知的原因,使得消费者认为各个生产者提供的产品是有差异的。不管这种差异是否真的存在,在现实中消费者在面对商品时确实存在着某种偏好。例如,我们很多人可能都有这样的经验,长途旅行时都愿意乘坐国营的车辆,而不愿乘坐个体车辆,尽管二者在价格上可能并无差异。消费者的这种偏好导致在有些地方甚至出现了个体车辆冒充国营车辆或者挂靠到某一国营运输企业却不接受任何管理的情况。因此,在这样的市场中,广告宣传、营销策划等活动不再是可有可无价格也不再是决定市场竞争力的唯一因素。

为便于分析,我们应记住这样一个重要的观点,即产品存在差别意味着每个销售者相对于完全竞争市场来说在某种程度上都有提高或降低价格的自由,即产品的差别使得每个卖者所面临的需求曲线向下倾斜。从短期来看,企业可以通过一定的价格策略使价格高于边际成本,来争取更大的市场份额或更大的利润率。但从长期来看,随着具有新差别产品的企业的进入,这种不完全竞争行业的长期利润率为零。垄断竞争市场的长期均衡,实际上就是生产者自身不断调整规模以适应由于其他生产者的进入或退出而被打破的短期均衡的过程。

一些批评家相信,垄断竞争天生是低效率的,尽管它的长期利润也是零。另一些人提出垄断竞争会导致过多新产品的出现,而如果消除这些"不必要"的产品差别,就会降低成本从而降低价格。这些批评垄断竞争的论断有它们不可忽视的吸引力,有时候,我们的确很难解释为什么十字路口的四个角上会各有一个加油站。不过,有一个逻辑性很强的观点可以用于解释社会经济的多样性。通过减少垄断竞争者的人数,你或许能够降低价格。但是,你也可能会因此降低消费者的最终福利,因为人们再也不能得到如此多样化的物品了。某些集中的计划经济国家试图对于少量差别产品实现标准化,结果导致了消费者的高度不满就是最好的例证。人们有时宁愿为自由选择而支付较高的代价。

5. 不完全竞争的实质与代价

如果一个企业能够明显地影响其产品的市场价格那么,该企业就是一个"不完全竞争者"。当个别卖者在一定程度上具有控制某一行业的产品价格的能力时,该行业就处于不完全竞争(imperfect competition)之中。当然,不完全竞争并非指某一企业对其产品的价格具有绝对的控制力,毕竟制定出的价格还需要消费者买账。另外,决定价格的自由度在不同的行业之间也有差异。

为什么某些产业表现出接近于完全竞争,而另一些产业则为少数大企业所控制?多数不完全竞争的例子可以归于这样两条主要的原因。第一,当大规模生产出规模效益并降低成本时,一个产业中的竞争者就会越来越少。在这些条件下,大企业就可以比小企业以更低的成本进行生产,而小企业只能以低于成本的价格销售因而无法生存。第二,当出现"进入壁垒",即新的企业很难加入某一行业时,也有可能出现不完全竞争。在某些情况下,政府的一些限制竞争者数量的法律或规章,也会产生这些壁垒。在其他情况下,新企业也可能因为进入市场的成本太高而被拒之门外。让我们来考察不完全竞争的两种根源。

(1)成本和市场的不完全性

了解一个产业的技术与成本结构,有助于我们分析该产业需要多少个企业来支撑,各自的规模需要有多大。这里关键的是要了解这个产业是否存在规模经济。如果存在规模经济,企业就可以通过提高产量来降低成本,至少产量可以提高到一定的程度。这就意味着较大的企业在成本上比小企业具有一定的优势。当规模经济发生重要作用时,一个或几个企业就可以将产量提高到一定程度,以至于能够在整个产业的总产量中占据重要的比例。于是这个产业就成为一个不完全竞争市场。也许是单个垄断者主宰整个行业；更有可能的则是有几个大的企业控制市场的大部分份额；或者会存在许多企业，它们各自的产品存在一定的差异。不管是哪种结果，我们都能发现它们终究逃不出不完全竞争的范畴，更不会出现完全竞争中企业仅仅是作为价格的接受者的情况。

（2）进入壁垒

尽管成本差异是决定市场结构的最重要因素，但是，进入壁垒也能增加产业集中程度，有时甚至会成为主导因素。进入壁垒（barriers to entry）是新企业进入一个产业的各种阻碍因素。当进入壁垒很大时，这个产业的企业就很少。规模经济是进入壁垒的一种很普遍的类型，除此以外，法律限制、进入的高成本以及广告宣传也会形成进入壁垒。

法律限制——有时，政府会限制某些产业的竞争。重要的法律限制包括专利、关税与配额、准入限制或干脆实行国家垄断经营。例如，我国的国家铁路运输业就属于国家垄断行业，铁路运输服务的供给者依靠政府的特许经营，享有垄断利润；有时，铁路运输供给者也会同意限制自己的利润，以满足政府此时保护公众利益的目的；甚至在有些地方会承诺向所有的消费者提供运输服务，即使这种服务是亏损的。

进入的高成本——进入壁垒除了法规上的，还有经济上的。某些产业的进入成本是很高的。例如航空制造业，对新飞机的设计和检测的成本是如此之高，足以使潜在的进入者退却。某一领域的长期垄断还会形成市场中全体消费者对某一固定产品的消费习惯，例如知名的班车线路，新企业若进入时如果要打破这种习惯的话，财力和精力的投入或许是惊人的。

广告宣传——有时候企业也可以通过广告宣传来构筑对付潜在竞争者的进入壁垒。广告宣传可以提升产品的知名度并形成名牌效应。例如，百事可乐和可口可乐公司每年都要花费上亿美元做广告。这样一来，潜在的竞争者要进入可乐市场就必须花费很高的成本。

策略的相互作用——当在某一市场上仅仅有少数几个企业时，它们必然会认识到它们之间得相互依赖性。当每个企业的经营战略取决于它的竞争对手的行为时，就会出现策略互动，这属于博弈论研究的领域。

我们的分析已经表明，垄断者减少产量和提高价格他们的产量低于应有的像在完全竞争行业中的那种水平。在不完全竞争的极端情况—垄断中这一点尤为明显。通过保持产品的稀缺性，垄断者将其降低价格提高到边际成本之上。因此，社会没有得到想要得到的产出水平（该水平应该取决于产品的边际成本对于消费者的边际价值)。在寡头垄断的场合,只要企业价格高于边际成本,其结果也是同样的。运用我们的消费者剩余工具,我们可以衡量垄断所造成的福利损失。经济学家用净损失(deadweight loss)这一术语来衡量由于缺乏效率所造成的经济危害;这一术语表示实际收入的损失,或由于垄断、税收、配额或其他破坏所引起的消费者剩余和生产者剩余的损失。

不完全竞争者通常所提出的一个主要的反击理由是,在现代经济中,大企业负担了绝大部分研究开发和创新的费用。这种说法不无道理,因为集中程度较高的产业为了在技术水平上超过竞争对手,每单位销售额中往往含有较高水平的研发费用。不过,个人和小企业也会创造出很多重大的技术突破。

三、运输市场结构

产业组织结构和市场结构是经济学研究的重要领域,这方面的学术成果对企业边界的确定、对政府制定明确和有针对性的行业政策、建立合理和有效的管理体制都具有重要理论和实践意义。而作为网络型产业的运输业,其产业组织和市场结构又具有特殊的复杂性,不能不引起运输经济学更多关注。分析运输市场结构的目的,是要了解各种运输方式或企业是否存在规模经济、是否具有市场势力或市场操纵力,能够凭借垄断价格获得超额利润。

1. 上下一体化的运输经营者

铁路运输可能是被政府管制最严格的运输方式。如果不考虑管道运输的特殊情况,传统管理体制下的铁路是唯一实行上下一体化经营的运输方式;铁路公司既拥有线路等基础设施,又拥有移动的机车车辆,还负责提供直接的客货运输服务,这就使他们比任何其他运输方式在收取运价方面拥有更大的自主决断权力。正是由于这样的一种权力,使得铁路到现在可能还是受管制最多的运输方式,但是也很奇怪在人们抱怨铁路垄断经营的同时,在这个行业的投资却得不到正常回报。这里显然有些误解,其实并不是所有拥有固定运输设施的经营者都具有攫取所有消费者剩余的能力的。

铁路对它的一部分使用者应该是具有市场支配力量的,即它有可能对这些使用者收取高于有效水平的价格,如果铁路运输成本的计算和分摊方法可以做到准确可靠,那么铁路公司是否真的滥用了这种市场力量就可以明确地判断出来。因此,铁路成本分析无论对于铁路使用者还是对于铁路公司都成了至关重要的问题。但运输经济学家恰恰在这个问题上很不自信,原因就是铁路运输成本的计算难度太高,而且计算数据的获取十分困难。

铁路所运输的货物中有一大部分属于本身价格较低的产品,它们承受运价的能力也不强,对运价的变动比较敏感。例如煤炭就是一种常由铁路运输的货物,由于该产品的市场竞争性很强,加之政府的价格管制,因此煤炭产品的供应商无法自己决定其市场价格而只能是价格的接受者。这样,如果铁路提高对煤炭的运输价格,供应商就可能无法用市场上的收入弥补运价的上涨。这与航空货运的对象多为较高价值货物,运价在货物本身价格中仅占很小比例,因而对运价上涨承受力较高不同,铁路的用户对运价的敏感性更大。一旦铁路运价的上调威胁到铁路用户的利益,他们]就会转而求助于管制机构,要求对铁路运价进行限制。但由于铁路运价计算与分摊的复杂性,管制机构也无法判明铁路公司的运价是否真的不合理,而只能大致根据粗略的总体平均或其他类似方法估计,结果这样裁定出来的铁路运价往往既给铁路公司造成损害,也使更多铁路用户深受其苦。

在20世纪的最后10年,世界上很多国家的铁路开始实行把基础设施与客货运输服务分开进行管理的新模式。这种类型的管理模式在不同国家有不同的具体表现形式:有的把线路等基础设施仍留给国家负责建设和维护,客货运输则采取商业化经营的形式;有些国家又进一步把客货运营进行分割,形成了若干个能够开展一定内部竞争的运营公司;还有些国家甚至对铁路基础设施也采取了商业化经营的改革。因此,铁路行业的组织结构目前已经发生了很大变化,在很多国家至少它已经不再是那种传统意义上下一体化运输经营者的典型了。

2. 基本上不拥有固定设施的运输经营者

(1)行业的可竞争性

我们在上面假定同时拥有运输基础设施和载运工具的铁路公司具备对使用者的市场操纵力量,与此相对应的是,像市内计程出租车、整车公路货运、航空包机和海运不定期航线等只利用可移动载运工具从事客货运营的运输业经营者,显然不具有这种市场力量。我们已经知道,只有当使用者支付的运价与其所引起的运输成本相等时,该运价才是有效率的。而私人交通往往由于没有承担使用稀缺道路或路面资源的足够费用,因此经常出现交通无效率的情况。我们在这里讨论的这些运输企业或运输业者与私人交通很相似,即它们的成本结构中固定设施成本比重很小,而且没有充分利用网络经济的机会,它们与私人交通的区别主要在于它们是为别人而不是为自己提供服务的。

从行业的可竞争性来看,与同时拥有运输基础设施和载运工具的铁路公司相比,整车公路货运企业这种只利用可移动载运工具从事货物运输的运输业经营者,显然不具前者对使用者的市场操纵力量。在不存在严格的市场进入管制,而且人们可以为货车找到比较规范的二手交易市场,只经营可移动载运工具的公路货运业者可以很方便地将这些载运工具转移到有市场需求的地方去,在一个地区或一条线路经营不好时,就可以较低的代价转移到另一个地区或另一条线路上去。类似这种沉没成本较低同时市场比较容易进入的行业,在经济学中被称为可竞争的行业。可竞争市场是指市场内可能只有一家或少数几家供给者,但这些厂商却很难利用垄断地位获取垄断利润,因为市场以外的"潜在"竞争者随时可能进入以分享这种利润。根据这种原理,原本市场结构要由规模经济与范围经济来决定的原则在可竞争的市场中已经不那么重要,而且在这里,市场价格就等于机会成本。因此,这些上下分离且只由移动载运工具经营者组成供给方的(整车)公路货运市场,应该属于可竞争的市场,运输业者不具有垄断力量,其市场价格就等于他们的运营机会成本。

(2)"过度竞争"问题

然而,尽管这一类运输市场不具有垄断性,但在过去不短的时期里它们也受到管制,原因是可能存在毁灭性竞争(又称过度竞争,excessive competition)。原来的理论是,这种市场中的运输厂商有可能在价格战中把运价压得过低,结果导致最后市场上还是只剩下一家垄断者。一些对此行业的研究将这种分散视为问题,认为当企业如此之小时很难获得规模经济和密度经济。在我国,这种观点实际上导致了一些鼓励纵向一体化的政策和措施的出台与实施。虽然上述说法目前已经不怎么被接受了,但我们还是可以针对这些观点来对这类运输市场中可能出现的期间性过低运价水平做出解释和分析。

在由移动载运工具经营者供给的运输市场上,运价决定于经营者的机会成本,而运量在方向上可能是不平衡的,因此这也会影响到运价。如果出现运输需求在方向上的不平衡,那么在回程方向上就会有运输能力的过剩,任何希望揽到回程运量的经营者都可能接受较低的运价,只要该运价高于载运工具空返的成本加上少量增加的燃料费和保险费等,否则空返成本就要全部加在重载方向的成本上了。但如果运输需求在方向上比较平衡,那么两个方向的运价水平就会相差不多,分别与本方向的运输成本相对应。另外,经营载运工具的机会成本与运输总需求及其他一些因素显然也有很密切的关系。在经济衰退期间,由于运输总需求下降,所有车、船和飞机的运输能力可能都过剩了,因此使用这些载运工具的机会成本也下降,结果必然导致运价水平降低。这说明,载运工具市场上的供求是否平衡对我们正在分析的这类运输市场具有重要性。例如,当苏伊士运河由于战争原因关闭时,从中东沙特等产油国到欧美去的油轮需要绕行好望角，运输距离的延长使油轮的供应变得紧张，于是运价即使不考虑燃料和人工费用的增加都会由于油轮本身使用机会成本的提高而上升；而当苏伊士运河重新开放后，运价很快就回落了。又如，有关车辆限速规定的变化、航空事故引起某型号飞机停飞检查以及国际造船业过量生产等情况，都会通过有关载运工具供求关系的均衡点移动造成其使用机会成本和运价变化。

在移动载运工具经营者生存的运输市场上，运价确有可能是不稳定的。在运输能力过剩的时期，经营者虽然可以使运价的收入等于其经营的机会成本（可变成本），但可能保证不了通过经营收入偿还其债务（固定成本）。例如，一位私营公路卡车的车主为偿还当时购车所欠下的债务，平均每天需要向银行支付200元，但由于遇到经济衰退目前使用该车辆的机会成本只有100元，结果这位车主就赔钱了，他如果不从过去的积蓄中拿出钱来还贷，往往就得破产并把车子作为抵押物交还给银行。当然收回抵押物的银行也只能按照以当前收入计算的折现值卖车，这就使银行可能要承担比拖车经营者更大的损失。因此，银行在这种情况下可能选择与负债人重新谈判还贷期限，而不是立即全部承担负债人的破产损失。载运工具的所有者是这类运输市场财务风险的主要承担人，而被雇来驾驶这些载运工具的人员虽然在经营不利时期也会有工资降低甚至失业的可能，但他们只是市场价格波动风险的间接承担者，他们没有更多的金钱损失。而一旦市场情况好转，由于运价攀升带来的利润也首先应该归载运工具的所有人，而不是归驾驶人员。当然，由于使用载运工具的机会成本又再次上升了，所以这些刚刚赚到的钱很可能又被用于投资购买新的设备去了。

综上所述，没有什么理论可以用来保证人们在这类可竞争的运输市场上永远获得利润，相反地，在运输能力过剩时期让经营者亏损在经济学上讲倒是有效率的。但这一道理却并不是所有的人都能明白，甚至有些政策和法律的制定竟也与此背道而驰。总之从经济学上看，对于这些不拥有固定设施的运输服务经营者，不必担心他们具有过大的市场价格操纵力量。

3. 拥有部分固定设施的运输经营者

（1）行业的范围经济

在讨论过完全上下合一的运输经营者与不拥有固定设施的运输经营者，和他们分别在运输市场上所可能具有的市场势力或所必须面对的竞争压力之后，很自然地，人们会关心处在这两个极端之间那些具有部分上下分离特征的运输经营者，像零担公路货运、航空定期航班和海运集装箱定期航线等，它们的市场结构应该是怎样的。

对于完全上下分离的运输经营者,由于他们并不拥有固定基础设施,因此那些运输业者可以很方便地将他们的载运工具转移到任何有市场需求的地方去。但对于那些拥有一定但并不是全部固定基础设施的运输经营者,例如零担公路货运公司必须有自己的货站或运转中心以便集散、配载和中转货物,尽管并不需要拥有和经营公路网,它们的服务与经营地域固定性相对更大一些,因为它们在其固定设施上的投资是不能移动的,这种较大的沉没性把它们一定程度上"拴"在了某些地区。在候机登机和飞机固定维护设施等方面投资较多的航空公司,以及在集装箱专用码头及设施方面投资较多的海运公司也有类似的情况,尽管它们也不需要同时拥有机场的跑道和空中指挥系统或整个港口。这些运输经营者也因此必须面对典型与固定设施有关的财务或经营问题:投资的沉没性、能力增长的突变性、服务对象的普遍性以及为有效利用固定设施而制定价格等等。

固定运输设施能力扩张的突变性产生了一种需要,即这些设施最好由多种客流或货流同时利用,否则设施的利用效率在大多数时间都可能会很低,除非存在着某种数量很大的客流或货流,大到足以支持在某一个运输通道上实现直接的点点直达运输。这种由多种交通流共用固定设施所产生的经济性,与大型移动载运设备所具有的经济性相结合,就是运输业网络经济存在的基础。我们在讨论运输成本的时候已经了解到,能够把多个运输市场,即把多种客流或货流在其运营网络上较好地结合在一起的运输企业,往往可以比单纯提供点点直达服务的运输企业效率更高、成本更低。一般来说,只要其中转枢纽的处理能力足够,具有较大运营网络的运输企业就可以较高的频率为客户提供服务,也可以实现较高的运输设备实载率,而这常常是运输经营低成本高效益的必要条件。因此,这一类运输经营者可以较明显地利用运输业的规模经济和范围经济,例如通过扩大服务网络的幅员来提高自己的运输密度和设备利用率。

(2)航空公司的市场势力

对于那些部分上下分离的运输经营者而言,他们提供的一般都是定期服务,而定期服务是最典型的公共运输服务,因为它的服务对象具有普遍性,包括各种类别的使用者。由于不同类别的使用者所引起的机会成本不一样,因此在价格的制定上也有可能通过这些机会成本的差别去制定,或者采用互不补贴定价原理。例如,航空乘客之间的差别之一是在对航班时间的要求上:公务旅行人员往往对他们旅程的时间安排很严格,甚至很多是临时就有需要,因而宁愿付出较高票价以满足他们在时间上的要求,而假期旅游者相对比较闲散,对时间的要求也不那么严。从理论上说,如果所有的乘客都对起飞时间不是那么苛求，能够调整到大家都接受的时间上，那么航空公司就可以取消定期航班，所有的航班都可以改成包机飞行，并且做到100%的实载率。很显然，这种全部包机飞行的运营成本肯定会大大低于目前固定航班的运营方式，而且实际上我们前面所主张的具有最适当频率最合适机型和较高客座率的轴辐式航线系统，对全部是包机飞行的运营根本没有意义，因为这时候我们所有的乘客根本都不需要中转，所有的飞行也都可以使用最大和最有效率的机型。运营成本较高的定期航班是为满足那些时间要求严格的乘客才设计出来的，而这些乘客主要是公务旅行人员，他们愿意支付较高的票价。在这种情况下，如果定期航班所有乘客的票价相同，旅游者就会认为价格过高因而放弃旅行或选择其他运输方式，而没有足够的客座率，定期航班也无法维持。让定期航班能够实现的办法就是对这两类乘客实行不同的票价，公务旅行者付高价使用公务舱，一般乘客则持低价票使用经济舱，于是互不补贴定价原理在这里就有效地实行了。这种定价方法使经济舱乘客在提高飞机客座率的同时，又不致让公务旅行者买不到所需航班的机票，因为定期航班毕竟首先是要为这些时间价值较高的乘客提供方便的。航空客运可能是做到了把市场划分最细的行业。例如，除了由于飞机上的舱位等级和高峰与淡季差别导致的票价差别，航空公司还根据乘客购票所提前的时间制定了不同的优惠比例，一般是提前得越多优惠也越多，飞机起飞前的剩余票当然可能更便宜；根据旅客是否有更改乘机日期的要求也有不同票价，不准备更改的可获最大优惠；可以服从航空公司中转安排的与不希望中转而直飞的相比，前者票价较低；此外，选择把回程日期放在周末的，也可获得较大优惠；等等，不一而足。所有这些看起来十分复杂的票价结构，都是为了使得固定航班的飞行具有最大的吸引力，以便航班上的载客率能够达到最高。当然，为了使任何时候的运营收入都能实现最大化，航空公司还会根据季节或其他情况对每种票价所对应的机座数量进行及时调整，这样当每架飞机起飞时上面乘客的消费者剩余应该是已经最小化了。定期航班票价的复杂性是以不同乘客对时间要求的严格与否，和他们的旅行机会成本为基础的，但由于航空业并不属于可竞争程度很大的市场结构，因此不排除航空公司利用其所拥有的市场操纵力使票价高于相应机会成本的实际水平，以增加运营所得。

（3）公路零担货运公司的市场势力

公路零担货运与大多数航空公司很相似，也提供定期服务，般是地区性的业务保证第二天送到，长途货物则保证隔日或三天内送到。为了提供这种定期服务，零担运输公司显然每天都必须派出足够的车辆上路，而不论在任何一条线路上是否满载。

显然，对于业务量较大的零担运输公司，车辆的实载率就会较高，运营成本就可能较低，它们甚至有能力把服务延伸到比较偏远的地区，以便为自己的经营网络收集到更多的货源；而对于较小规模的公司，它们在较低车辆实载率的地区维持经营就很困难。零担货运公司之间这种基于运营网络经济性的竞争，使得小型公司较难生存。例如，美国在20世纪80年代实施放松管制以后，由于小公司所受到的保护被取消，结果很快出现了以兼并为特征的企业重组。目前在西方国家地区性市场上一般只有数量不多的公司在经营，能够提供全国或跨国性服务的零担公司更是只有少数几家。但现在还不清楚的是，公路零担运输的网络经济规模到底能有多大，也就是说不清楚其是否具有自然垄断的性质。

零担运输的客户不像航空客运可以分为公务旅行者和旅游者，然而由于货主托运批量大小的差异，零担运输公司可以通过公布运价表与折扣谈判相结合的方式实行区别运价，主要是给托运量大的货主提供优惠。但零担运输公司很难把一辆卡车的全程成本都转移到其中某一件或少数几件货物的运费中去，因此互不补贴定价在这里的使用受到很大限制。可以认为，公路零担运输公司主导市场的能力是比较小的，原因是货主往往有比较多的选择可能性，有些货主可以把货物累积到足以雇用整车服务，更多的货主甚至选择购买自备车辆自我服务，此外运输市场上还有很多货运代理商或经纪人可以为货主提供帮助，所以托运人被运输公司彻底俘获的机遇不多。这样，尽管公路零担运输正处在不断集中化的过程中，但由于存在外部竞争，因此似乎并没有特别多要求由政府严加控制的社会压力。

从前面的分析中我们知道，对不同使用者收取不同水平的运价，不能作为判别垄断或具有市场操纵能力的依据，那只不过是根据不同机会成本定价的结果。那么如何才能确认运输业者滥用了市场操纵力呢？在定期运输服务市场中，做出这种判断的最简单标准是经营者减少服务的频率。例如，提供定期航班的航空公司要靠提高飞机的客座率和机票价格来获取最大收益，如果它拥有市场操纵力，它只要减少航班的次数就可以同时达到既提高客座率又抬高价格的目的。服务频率同时也是运输质量的一个重要指标，服务频率高乘客选择航班的余地就大，等候时间也短，把服务频率降低就会使乘客失去这些方便，买不到机票或一旦误机时会更多地误事，因此乘客旅行的机会成本提高，而且前面也分析过飞机载客率过高给乘客带来的不便和不适。如果市场上是有竞争的，航空公司一般不敢使用这样的手段，因为这会给竞争者创造机会，失去自己的市场份额。所以在大多数情况下，判断航空客运市场存在市场操纵行为的标志就是：高的票价、高的飞机客座率和低的航班频率。在其他定期运输服务市场上，人们也很容易发现类似的现象。除了降低服务频率，航空公司还会采取其他一些操纵需求的策略来增加自己的赢利，就像前面分析过的麦基诺大桥公司一样。例如，航空公司都很注意建立自己的品牌，为此它们要花很多钱做广告，广告的作用是可以帮助培养一批具有"品牌忠诚"（brand loyalty）的乘客，使公司的需求曲线向右移动。培养和扩大忠诚乘客的另一个策略是实行所谓的"常旅客计划"（frequent fier program，即里程累积）。实行这种策略的航空公司会在乘客乘满若干里程该公司的航班后给予一张免费机票的奖励，而为了获得这种奖励，乘客就需要不断地选择这同家公司的航班。那些建立了庞大的轴辐式运营体系的大航空公司更有利于实行"里程累积"，因为它们已经形成了覆盖国际与国内、干线与支线的网络，可以把乘客网在里面。这里还随之产生了另外一个委托—代理问题：对于公务旅行者来说，支付机票费的委托者是其所在的机构，委托者当然希望差旅费尽可能廉价；但作为代理人的出差者却希望选择提供"常旅客计划"最容易的航空公司，以便获得额外的免费机票，但那些需要付钱的机票却往往不是最便宜的。由于小的和新进入的航空公司在提供"常旅客计划"上没有优势，因此这实际上也增加了其他竞争者进入市场的难度。

（4）国外的发展经验

在 20 世纪 70 年代关于航空业管制与放松管制的争论中，航空公司的定期客运航班被认为与公路整车货运等具有类似的可竞争性，因为这种运输似乎比较容易实现按照飞行的边际运营成本制定价格，如果某航线的票价过高，潜在竞争者就会立即进入市场分享超额利润。然而，航空业放松管制的实践证明这种估计错了。分析错误的原因在于，固定航班市场上的任何新进入者都需要在地面设施及服务上有所投入，而这些数量可观的投入中相当一部分属于沉没成本，与完全可竞争市场理论所要求的条件不相符合。此外，由于航空业乘客中也存在着消费惯性，因此市场的新进入者发现他们必须投入巨额广告费，并且要靠低票价才可能为自己的新航班揽到客源。这些也不是任何一个小公司随意就可以做得到的。总之，固定航班的航空客运市场并不是想象中那样简单的可竞争性市场，有多项实证研究证实了这一点。

由于这类运输市场上的供给者数量不多，进入又不容易，因此这里运价的变化不会很大，而且经营者在价格制定上似乎是有默契的。在美国首都华盛顿与纽约之间的客运航班就提供了一个很好的例子。1990 年前后在该航线上展开竞争性经营的只有两家公司，航班密集度达到每半小时一班，两家公司所提供的硬件和软件服务也几乎没有区别，结果这两家公司的票价也完全一样：周一至周五 119 美元，周末 89 美元。

更有趣的是，当1990年国际石油价格猛涨时，两家公司都把自己的票价提高了10美元，而且不但提价的幅度相同，提价的日期和时间也完全一样。这就是寡头垄断市场结构中十分典型的价格机制，不需要势均力敌的竞争对手进行事前谈判或价格串谋，只需要一家公司先公布将要实行的价格调整计划，另一家公司就会跟上来。

虽然大多数航空公司都不会只经营唯一的航线，但它们经常是在某些航线上具有很强的竞争实力。航空公司在不同航线或运输市场上面对的运输需求千差万别，航线之间的运营成本结构也不一样，因此航空公司往往发现需要制定不同的价格战略以便去获取最大的收益，上述两家公司在华盛顿与纽约之间高密度航班上的竞争只是这类市场结构的一个例子。一般来说，家公司与其他公司的竞争与勾结程度，取决于同一运输市场上经营者的数量、它们之间赢利水平的差别、对市场信息的掌握程度以及排除新进入者的能力等等，参与竞争者越多、成本结构和需求结构差别越大、对信息掌握得越差进入越容易的市场，运输业者之间的竞争就会越激烈。由于现在航空客运服务早已是面对普通大众，绝大多数机票都是通过计算机联网出售，很多机票还需要多种代销渠道，因此尽管打折优惠名目繁多，但航空公司要想保守自己的价格秘密已经十分困难，这和另外一些运输市场特别是货运市场有较大区别，在那里货运公司可能并不准确了解竞争对手的实际运价。

第二节　运输市场中的交易成本

一、交易成本概述

1. 交易成本的概念

交易成本又称交易费用，它是与一般的生产成本（production cost）——"人-自然界"关系成本一是相对应概念。所谓交易成本（transaction cost），就是在一定的社会关系中，人们自愿交往、彼此合作达成交易所支付的成本，也即"人—人"关系成本。正如在现实的物理世界中运动总是要有摩擦一样，在现实的经济世界中交易总是要有交易成本的。可以这么说，有人类的交易活动，就会有交易成本，它是人类社会生活中一个不可分割的组成部分。

2. 交易成本的分类

由于交易成本泛指所有为促成交易发生而形成的成本，因此很难进行明确的界定与列举。但通常，我们可以将交易成本区分为事前与事后两大类（表6-1）。

表 6-1　交易成本的类型及其内涵

交易成本类型		交易成本的内涵
事前成本	1. 搜寻信息的成本	寻找最适合的交易的对象,查询所能提供的服务与产品所需要支付的成本
	2. 协商与决策成本	交易双方为达成交易所做之议价,协商、谈判并做出决策所产生的成本。由于交易双方的不信任及有限理性,常需耗费大量协商与谈判成本
	3. 契约成本	当交易双方达成协议准备进行交易时,通常会订定契约,并对契约内容进行磋商所产生的成本即为契约成本
事后成本	4. 监督成本	交易双方订定契约之后,为了预防对方由于投机主义产生违背契约的行为,故在订定契约之后,会在执行过程中相互监督所产生的成本即为监督成本
	5. 执行成本	契约订定之后,交易双方相互进行必要的检验以确定对方确实遵守契约,当对方违背契约时,强制对方履行契约的成本,即为执行成本
	6. 转换成本	当交易双方完成交易之后,可能持续进行交易。此时若有一方更换交易对象,所产生的成本即为转换成本

3. 交易成本产生的原因

交易成本来自人性因素与交易环境因素的交互影响,其产生的原因主要有:

风险与不确定性(risk and uncertainty):指交易过程中各种风险的发生概率。现实中充满不可预期性和各种变化,由于人类有限理性的限制,使得面对未来的情况时人们无法完全事先预测。加上交易过程买卖双方常发生交易信息不对称的情形,交易双方因此会将未来的不确定性及复杂性纳入契约中,通过契约来保障自身的利益。因此,交易不确定性的升高会导致监督成本、议价成本的提升,使交易成本增加。

有限理性(bounded rationality):指交易进行参与的人,因为身心、智能、情绪等限制,在追求效益极大化时所产生的限制约束。

机会主义(opportunism):是指人们对自我利益的考虑和追求,即人具有随机应变、投机取巧为自己谋取更大利益的行为倾向。参与交易进行的各方为寻求自我利益而采取的欺诈手法,同时增加彼此不信任与怀疑,因而导致交易过程监督成本的增加。

信息不对称(information asymmetric):因为环境的不确定性和自利行为产生的机会主义,交易双方往往握有不同程度的信息,使得市场的先占者(first mover)拥有较多的有利信息而获益,并形成少数交易。

资产专用性(asset specificity):指交易所投资的资产本身不具市场流通性,或者契约旦终止,投资于资产上的成本难以回收或转换使用用途,称之为资产的专属性。资产专用性可以分为五类:地点的专用性;有形资产用途的专用性;人力资产专用性;奉献性资产(指根据特定客户的紧急要求特意进行的投资)的专用性;品牌资产的专用性。

交易的频率(frequency of transaction)：交易的频率越高,相对的管理成本与议价成本也升高。交易频率的升高使得企业会将该交易的经济活动内部化以节省交易成本。

气氛(atmosphere)：指交易双方若互不信任,且又处于对立立场,无法营造一个令人满意的交易关系,将使得交易过程过于重视形式,徒增不必要的交易困难及成本。

二、风险与不确定性

在分析运输市场时,我们所假定的是成本和需求已知,并且每个企业都可以预见其他企业将会如何行动。但在现实生活中,商业活动都充满了风险与不确定性。理论上,所有的企业都会发现产品价格每月都在波动；劳动、土地、设备和燃料等投入品的价格常常有很高的不稳定性；竞争者的行为也很难提前预知。经济生活就是这样一些充满风险的交易。

面对风险,人们会采取何种态度呢？一般说来,人们更喜欢做有把握的事情,人们总是想要避开风险和不确定性。若一个人为损失一定量的收入而产生的痛苦大于他为得到同等数量的收入而产生的满足感,他就是个风险规避(risk-averse)者。从消费者的角度,在同样的平均值条件下人们宁愿选择不确定性小的结果,由于这个原因,降低消费不确定性的活动能够导致经济福利的改善。

尽管风险规避者都会努力避免风险,但风险并不会因此而被消除。当有人在汽车事故中丧生,或者台风席卷了港口之时,某些人必然要因此而付出某种代价。市场机制通过风险分摊(risk spreading)来应付各种风险。这过程就是将对个人来说可能是很大的风险分摊给许多人,从而使每个人所承担的风险降到很小。

风险分摊的主要形式是一种方向相反的赌博形式——保险(insurance)。例如,在购买车辆自燃保险时,车主就好像是就其车辆自燃的可能性与保险公司打赌：如果车辆不自燃,则车主只需要付出一小笔保险费；而如果车辆真得有天自燃了,则保险公司必须按合同规定的价格赔偿车主的惨重损失。因此,我们看到,保险是将风险从风险规避者或风险较大者的一方,转移到风险偏好者或较容易承担风险的一方。

另一种分散风险的方式是经由资本市场来进行,这是因为,有形资本的资金所有权可以通过企业所有权这个媒介,将风险在很多的所有者之间进行分摊,并且能够提供比单个的所有者大得多的投资和承担大得多的风险。投资生产一种新型商业飞机就是这样的例子。这种飞机是全新设计的,包括研究与开发,可能需要为期10年、总额达到20亿美元的投资。然而,如此巨大的投入并不能确保这种飞机将会拥有足够的商业市场前景以补偿其投资。因此,几乎没有人愿意冒如此巨大的风险(即使他拥有这笔财富)进行这样的投资。市场经济可以通过公众拥有公司的办法来完成这一巨大的任务。像波音公司那样,成百上千万的人都拥有其股份,其中几乎没有一个人能拥有很大的份额。我们假设,将波音公司的股权平均分给1 000万人,那么,20亿美元的投资对于每个人来说只需承担200美元。于是,倘若该公司的股票收益有吸引力的话,则社会上恐怕会有许多人愿意来承担上述风险。

到目前为止,我们的分析都假设投资者和消费者对自己所面临的风险非常了解,并且投机和保险市场都能够有效率地运行。然而,由于逆向选择和道德风险之类的市场失灵问题,在现实中会出现很多人为的不确定性和风险。当这些因素存在时,市场可能会给出错误的信号,从而破坏激励机制,甚至有时还会瓦解市场机制。而且,如果考虑到这些因素,我们便进入了充满机会主义的真实世界。

三、有限理性与机会主义

1. "契约人"假说

社会科学中的所有理论都直接或间接地包含着对人的行为的假设。其中,古典经济学的"经济人"假说无疑是十分理想化的。新古典经济学中,经济人的理性日益膨胀,逐步偏离了斯密关于"经济人"理性阐述的范畴:理性行为被看作是旨在发现达到最大化的最佳方案的选择行为,并进一步要求选择符合一系列的"理性公理",特别是在数学化的一般均衡论和"主观期望效用理论"中,经济人获得了神一般的理性,而被戏称为"超级经济人"。正是由于此,与古典学派中相应的经济伦理观的不同,当代主流经济学中的伦理因素日益减少。特别是在经济学的数学化潮流中,经济人的非人化倾向已经成为主流。此刻,经济人的数学化形式使得经济学家的注意力离开交换契约中的个人行为,只去重视目的—工具的纯逻辑选择,甚至根本不把市场作为一种交换过程或制度看待,而把市场仅仅视为一种计算手段和机械结构。20世纪中后期,越来越多的经济学家开始主张放弃人是"理性的效用最大化者"的观点,以恢复"实际的人"的显著特点。其中,比较有影响的概念包括契约人、政治人、等级人等等。交易成本经济学认为,实际社会中得人都是"契约人",他们无不处于交易之中,并用明的或暗的契约来治理他们的交易。契约人的行为特征不同于经济人的理性行为,具体表现为"有限理性"和"机会主义行为"。

2. 有限理性

有限理性涉及人与环境的关系,是指人的行为"是有意识性的,但这种理性又是有限的"。有限理性包括两个方面的含义:一是环境是复杂的,在非个人交换形式中,人们面临的是一个复杂的、不确定的世界,而且交易越多,不确定性就越大,信息也越不完全；二是人对环境的认识能力和计算能力是有限的，人不可能无所不知。

在此，我们有必要讨论"有限理性"与"不完全信息"的关系。一种观点认为，所谓的有限理性可以归结为不完全信息，即只要愿意支付足够高的信息成本，人的理性就可以是无限的。但实际上，且不论信息的获取成本有时将非常高昂，真正的问题不在于是否有信息，而在于我们有限的大脑能够"加工"多少信息。这里存在一个信息悖论(information paradox)，即信息的搜寻不可能达到最佳状态，因为人们在获得信息之前无法确定信息的价值；但是，一旦人们了解了信息的价值，事实上他/她已经无成本地获得了这一信息。此外，太多的信息与太少的信息可能同样是不理想的。

在现实世界中，信息不仅具有不完全的特征，而且还具有不对称的特征。所谓不对称，是指交易双方对交易品所拥有的信息量不对等。例如在汽车交易特别是二手车中，卖方可能要比买方对汽车有价值的特征知道得多。而且，人们可以通过向对方披露部分信息甚至欺骗等手段隐瞒信息获利。

3. 机会主义

广义上人的机会主义行为倾向具有二重性，一方面机会主义动机或行为往往与冒风险、寻找机遇、创新等现象有一定的联系，从这个意义上说机会主义的对立面是保持现状；另一方面，机会主义又会对他人造成一定的危害，如机会主义者有时把自己的成本或费用转嫁给他人，从而对他人造成侵害，从这个方面看，机会主义行为也是一种损人利己的行为。损人利己的行为又可以分为两类：一类是在追求私利的时候，"附带地"损害了他人的利益，如行驶车辆排出的废气污染了环境。另一类损人利己的行为则纯粹是人为的故意的以损人为手段来为自己牟利，其典型的例子是偷窃和诈骗。而用经济学术语来定义，所谓人的机会主义倾向是指在非均衡市场上，人们追求收益内在、成本外化的逃避经济责任的行为。机会主义的具体表现主要有：

（1）基于信息不对称的"道德风险"和"逆向选择"行为

完全信息是西方经济的基本微观假设之一，也即说，一堆理论都是在完全信息（每个参与主体都拥有完全的信息，即做出的抉择包含了所有的信息）的假设基础之上的。而现实生活中，信息常常是不完全的（包括信息不确定和信息不对称两种情况），即实际生活中人们的抉择常常不能包含或者无法包含市场的全部信息。

所谓信息不对称(information asymmetric)，是指市场交易的各方所拥有的信息不对等，买卖双方所掌握的商品或服务的价格、质量等信息不相同，即一方比另一方占有较多的相关信息，处于信息优势地位，而另一方则处于信息劣势地位。在各种交易市场上，都不同程度地存在着信息不对称问题。正常情况下，尽管存在信息不对称,但根据通常所拥有的市场信息也足以保证产品和服务的生产与销售有效进行;在另一些情况下,信息不对称却可能导致市场失灵。在信息不对称的情况下,人们可能有不完全如实地披露所有的信息及从事其他损人利己行为的倾向。信息不对称引起的机会主义行为倾向,可以分为事前机会主义行为和事后机会主义行为。

事前机会主义行为是指交易各方在签约时利用签约之前的信息不对称或隐蔽信息,交易的一方掌握着交易的某些特性,而另一方却在此无法观察或试验,在交易完成后,此种信息不利因素即不复存在。在这种条件下,掌握私有信息的方就会利用对方的信息弱势故意扭曲事实真相、迷惑他人和浑水摸鱼,为自己谋取利益。这又被称为"逆向选择"。例如,如果卡车的养路费只取决于车辆的登记吨位,车主就会购买装载能力较强而登记吨位较低("大吨小标")的车型甚至伪造行车证等等。

事后机会主义则是指即便在交易完成后,交易一方所具有的信息少于另一方的情况依然存在,交易方得以在签约之后利用信息不对称与信息优势,通过减少自己的要素投入或采取机会主义行为,违背合同,钻制度政策及合同的空子,采取隐蔽行动的方法以达到自我效用最大化而影响组织效率的道德因素,因为交易的一方因观察监督困难无法观察另一方的行为,或因成本太高根本无法监督对方的行为。这通常被称作"道德风险"。

基于信息问题的两种机会主义行为,都造成了效率的损失。一方想要识别另一方的隐蔽行动与隐蔽信息并不是不可能的,但需要在收集信息、进行检查和监督所需要的相应成本与所获得的相应收益之间进行权衡。这种对检查监督活动本身成本收益的计量说明组织与合作中的"逆向选择"与"道德风险"会或多或少地始终存在。

(2)基于集体行动的"搭便车"行为

集体行动的难题,即"搭便车"也是一种机会主义行为,搭便车指的是即使个人未支付费用,他也享受到了团体所提供的服务,在协作性交易当中表现为个人某种形式的"偷懒"却获得相同的报酬。当产出的物品带有集体物品或公共物品性质时,搭便车现象尤其严重。个人理性造成了集体或合作方的外部负效应,使集团利益的激励不足,导致行为人的激励弱化,却为搭便车者提供了偷懒的激励。以红绿灯的设置为例,在一个拥挤的十字路口,由于没有红绿灯的控制,每辆车都急于通过路口,从而导致路口变得更加拥挤,每辆车都无法通过。设置一个红绿灯的成本为5万元/年,一年该路口通过10万辆汽车,每辆汽车由于能够顺利地通过路口而节约的成本为10元。由于节约的成本100万元大于5万元,设置红绿灯是有效率的。但市场会提供这个有效率的结果吗,可能性比较小。公共物品的非排他性使得通过市场交换获得公共产品的利益这种机制失灵。对于红绿灯提供者而言,他必须能够把那些不付钱而享受红绿灯的人排除在消费之外,否则他将无法弥补生产成本。而对于一个消费者而言,由于公共产品的非排他性,公共产品一旦生产出来,每一个消费者都可以不支付就获得消费的权力,每一个消费者都可以搭便车。消费者这种行为意味着生产公共产品的厂商很有可能得不到弥补生产成本的收益,在长期中,厂商不会提供这种物品,这使得公共物品很难由市场提供。

(3)基于资产专用性投资的"敲竹杠"行为

机会主义行为在共同投资的双方或多方之间也极为普遍。按资产市场转换的难易,可以将专用性维度分成三类:非专用、混合和特质(专用)。"专用性"是指耐用性实物资本或人力资本投入某一特定的交易关系从而被锁定的程度。一旦要打破既有关系或制度规则,专用性资产将付出巨大的转置和退出成本,产生"套住"效应。这个概念之所以重要,是因为一旦进行了专用性投资,交易双方都要在相当长时期内在双边交易关系下进行活动;不可交易的资产特征确定了投资方退出交易过程与契约关系的困难程度,对合约的另一方产生依赖,这无疑将弱化投资方在投资完成后的谈判地位而无法防止另一方的机会主义行为。如果交易中包含某种性质的专用性投资,事先的竞争将被事后的垄断或买方垄断所取代,从而导致另一方将专用性资产的"准租金"为己有的"机会主义"行为。如利用合约的不完全性,寻找种种借口"敲竹杠",使自己在交易中处于有利的位置。被对方"敲竹杠"风险的存在增加了专用性资产的交易费用,它影响当事人事后讨价还价的地位,从而影响事前的投资决策。资产专用性越高,市场交易的潜在风险即成本越大,纵向一体化的可能性就越大。遗憾的是,将市场交易转做企业交易,并不能完全消灭机会主义行为。

以公路基础设施为例,由于公路的投资主要集中于线路桥梁、隧道等固定设施,这些设施的投资较大,使用寿命较长,投资一经完成则不能移动,也很难被用于其他用途,当某一公路路段被废弃后,残值往往很低。因此,公路资产具有高度的专用性,主要包括:①地理区位专用性,例如公路线路桥隧等资产经投入即无法轻易挪动;②物质资产专用性,例如公路的路面、路基等结构在物理性能上的专门适用特性;③人力资本专用性,公路部门的员工拥有特殊的知识技能,一旦离开公路部门,可能导致自己人力资本的巨大损失。需要说明的是,高等级公路的资产专用性要大大高于普通公路的资产专用性。

(4)基于博弈的短期化行为与消极等待行为

博弈(game),是指在一定的游戏规则约束下,基于直接相互作用的环境条件,各参与人依靠所掌握的信息,选择各自策略(行动),以实现利益最大化和风险成本最小化的过程。简单说博弈就是人与人之间为了谋取利益而竞争。从博弈的角度来看，人的机会主义行为在一次性的交易与合作中会有更加突出的表现。

著名的"囚徒困境"说明了一个十分通俗而又重要的概念，即在一次博弈过程中，人们是不会为了集体的利益而有所奉献的，相反会不遗余力地追求自身的利益最大化。尽管在这种情况下博弈的结果对于集体来说往往不是最佳状态。一定程度上，合作的时间与交易次数成为个人采取机会主义行为的诱因，来自合作性交易或遵守契约带来的未来预期收益的减少甚至终止，是理性人采取行动需要考虑的一个方面。特别是当未来合作性收益无法由个人完全控制而须视群体或交易对手的共同决策而定时，为防止他人采取自利行为，个人为了取胜应该采取何种策略？任何一种团体游戏，都是一种群体环境之下如何进行决策的问题，各个策略之间存在互动关联。面对不对称信息，与同样有智能和谋略思想的对手与之强烈竞争情况下，为防止对手的机会主义行为，实现自身行为的最优化，个人需要不断在来自交易的长期收益与短期收益、眼前收益与未来收益之间进行权衡。如果说在长期的重复博弈交易与契约执行过程中，还存在着相互适应，改变策略的许多机会，采取动态跟随策略，参照对方不断调整自己的战略和策略以获得"双赢"博弈结果的机会，而在即将结束的交易或为数有限的利益互换的交易中，参与者则更有可能采取"一锤子买卖"方式，以"先下手为强"的策略防止"后下手遭殃"的结局。

第三节　运输与政府

一、控制运输外部性的政策选择

1. 控制运输外部性的目标

几乎在所有情况下，环境的改善都将减少运输使用者所享受的净效益。经济学家往往考虑尽可能降低污染水平而不是彻底地"净化"环境。在提到由不同运输方式引起的过度环境危害时，务必要记住危害指的是超出最优污染水平以上的那部分，而不是指零污染水平或者人们感觉"纯净"环境以上的那部分。因此，理想地，应该把外部性控制到这样的程度，即"进一步降低外部性的边际社会成本将超过边际社会效益"。

2. 控制运输外部性的方法

那么，对付外部性造成的无效率的武器是什么？经济学家一般主张只要有可能就应尽量采用市场手段,例如收费和许可证交易制度,因为它们比较灵活,而且与市场体系可以更加吻合,此外政府通过经济手段还可以获取可观的收入,以补偿那些受外部性损害或因政策影响需要调整自身行为的群体。已经有一些运用市场手段减少运输外部性的成功案例,例如美国采用许可证交易逐步淘汰了含铅汽油的使用,一些欧洲国家则是采用税收差异的办法取得了类似效果,又如新加坡为控制城市中心区交通拥挤而采用小汽车通行收费的方式等。然而,尽管这些国家取得了一些成功,但完全采用市场手段或纯粹内部化方式来遏制运输外部成本还是不常见的。例如,如果在每一起有关交通引起污染或拥挤的事件中,都采用一对一谈判的方式解决问题包括实现必要的交易,那么高昂的交易成本带来的效率损失将是无法想象的。当严格的内部化或纯经济手段在现实中难以实行,这时政府的直接管制和其他行政命令就成为控制环境损害的必要途径。

而在越来越多的情况下,经济手段与行政措施相结合也许更为有效,因为它们既避免了一些靠实行纯内部化无法克服的难点,同时又保留了市场手段为运输使用者所提供的经济激励。因此,最常见的控制外部性的方法是政府的反污染政策,通过直接控制或财政激励来引导厂商矫正外部性;更细致的办法是明确并加强产权管理,以促成私人部门之间通过协商达成更加有效的解决办法。

3. 控制运输外部性的政策工具

以用以控制公路运输外部性的政策为例,从表6-2中可以看出,尽管只考虑了对公路运输污染排放和拥挤外部成本的控制,可以用于减少运输外部性的政策手段也是多种多样的。这些政策大致上分为以市场为基础的方法和以行政命令为基础的方法两大类(现实中经常使用"成套的"手段)。进一步看,这些政策的着眼点也有区别,车辆、使用的燃料或者交通水平都可以作为所关注的对象。例如对车辆排放,可以采用制定排放标准、强制性推行低污染汽车或强制报废旧汽车等直接或间接的行政命令手段,也可以采用排放收费、可交易的许可证、不同类别汽车的差别税收或补贴新型汽车等直接或间接的市场手段;对交通拥挤,可以采用汽车禁行区、限定行驶路线或公共汽车专用道和其他优先等直接或间接的行政命令手段,也可以采用拥挤收费、停车收费或对大众交通方式实行补贴等直接或间接的市场手段。

表 6-2　控制公路运输外部性的政策工具

控制对象	市场手段		行政命令手段	
	直接	间接	直接	间接
车辆排放	排放收费	可买卖的执照	制定排放标准	强制性检查排放系统
		差别车辆税		强制使用低污染车辆
		新车税收优惠		旧车的强制报废
燃料类型		差别燃料税	燃料成分规定	汽油节约标准
		高燃料税	逐步淘汰高污染燃料	限速
交通拥挤	拥挤收费	停车收费	汽车禁行区	车辆使用限制
		补贴	限定行驶线路	公交优先权

既然有如此众多的政策工具可供选择,那么,理论上管制者是否一定能够选择出合适的政策组合来保证经济效益呢?在现实中做到这一点是很难的。事实上,许多污染管制苦于越来越多的"政府失灵"。例如,污染管制经常在对边际成本和边际收益进行比较之前就拍板定夺了,而没有这种比较就根本无法确定有效率的控污水平。的确,对这些管制,法律还特别禁止根据成本效益分析去制定标准。此外,标准天生就是一种笨拙的东西。有效率的控污水平要求各种污染源的污染边际成本都相等。命令—控制管制通常不允许厂商、区域和产业之间存在差别。因此,管制对大企业和小企业、城市和农村、高污染和低污染的产业都是"一刀切"的。进一步的研究还表明,由于使用命令——控制管制法,实现环保目标的成本已经在不必要地增加了。

经济学家们一般认为市场调节由于以下原因而会比政府过多干预更为有效、灵活的价格变动能够自动显示经济稀缺性、分散化的决策有助于政策的及时调整利益与损失的直接和迅速反馈以及由竞争激发的高效率等。而在治理运输外部性方面,相对灵活的价格政策与行政管制政策相比的优势在于,前者能够影响个人决策过程的各个方面,而且对政策响应的模式是由个人来决定的。通过交通运输价格的变动,个人或企业可以灵活地做出反应,例如选择更合适的空间地点居住、消费和生产,改变所使用汽车的类型,调整旅行的次数和空间分布,改变对运输方式及运输径路的选择,重建为原料的供应、中间产品和最终产品的运输与销售提供服务的物流系统等。这样由千百万个体决定的行为改变积累在一起,就可能比较好地实现节约能源、减少污染等可持续运输的目标。

虽然为了说明和保持理论与政策之间的联系,谈及运输管理部门所使用的实际措施是有用的,但重点还是首先放在论述各种可供选择的方法的直接经济含义上,而不是它们的政治功效或者社会功效。

二、控制运输外部性的市场手段

1. "污染者付费"原则

（1）为什么是污染者付费

正如新制度经济学的创始人科斯所指出的，在优化外部性时有一个不可避免的问题，这涉及人们观察外部性时使用的观点。他认为，从理论上说可以消除外部性，办法是将环境财产权分配给污染者或被污染者并允许这些权利进行交易。这样做存在着一个明显的实际问题是受害者应当得到保护，还是受益者因停止当前的交通活动应当得到补偿？虽然从效率的观点看，并没有一个清晰的答案，"但从道义上说，污染者应该为他们给环境造成的过分破坏付费"（经济合作与发展组织）。

（2）庇古税的思想

实际上，这不是一个新的想法，庇古的开创性著作《福利经济学》曾提出，政府部门应对环境负有责任，对环境的破坏者征收适当的使用费（或税）——以使外部成本内部化，这样的费（或税）常被称为"庇古税"。

2. 拥挤收费

（1）拥挤收费原理

人们不仅仅是在污染领域提倡对外部成本制定价格。一种优化拥挤水平的想法是，利用价格机制来使旅行者充分意识到他们之间相互施加的影响。这个想法是汽车驾驶者进入一条拥挤道路时应为他们造成的"过分"拥挤支付费用，或者飞机在天中繁忙的时间着陆应付额外费用。就公路交通来说，理想的做法是，与污染费一样，汽车驾驶者应向受到拥挤影响的公路使用者（包括自己）付费。但实际上，这显然是难以做到的。因而，符合逻辑的想法是，有关的公路管理部有责任征收拥挤费。

（2）最优拥挤费的制定

效率原则在逻辑上也同样要求运输使用者为出行的边际成本付费，即每一位道路的使用者都支付由其引起的边际成本。这意味着除了支付燃油费、维护费、车辆折旧和自己驾车时间的成本，新加入的驾车者还应该承担他所引起的其他驾车人的时间损失（这些损失并不是驾车人自己的实际花费，而是由于车速降低给社会带来的）。最优道路价格（也可以这样称呼拥挤收费），反映的正是出行的边际成本和平均成本之间的差异。

道路并不是人们实施拥挤收费的唯一领域，实行拥挤收费对机场也具有同样的作用，因为那样做，机场的跑道就可以由那些愿意多支付费用的航空公司或飞机使用，达到提高效率的目的。由于小飞机特别是私人飞机一般不会像大型飞机那样有能力支付额外的跑道使用费，因此大型飞机就容易拥有在大型机场每天最优时段起降的优先权，而机场不必非要修建新跑道才能达到提高旅客吞吐能力的目的。那些载客较少的飞机和私人飞机则会自动选择在非高峰期或其他非主要机场起降。

（3）拥挤收费的争议

虽然道路拥挤收费的基本理论比较简单，但人们对实施该理论的详细方法却一直争论不休。以下就是一些存在争议的领域：

①难以设计出征收拥挤费的可行方法

城市地区的拥挤程度不同，但是对道路网中的每个路段收取不同的费用显然是很困难的。为了使驾车人在事前就得知出行的拥挤成本（驾车人在进入拥挤路段之前就应当知道他们行程的全部成本——如果他们依然准备这么做的话），需要根据交通状况的实时变化来测算拥挤费并及时通知潜在的出行者，以便让他们进行思考和选择。此外，必须采用高效率且方便的收费方式和专门设施以免造成附加的拥挤（传统的公路收费站看来难以适用于实行拥挤收费的目的，而且这些收费站自身往往占地、用人和维护的成本很大，其导致的排队交费常常就是增加道路拥挤的一个重要原因），设计、安装和管理这样的系统当然是花费巨大的。必须发展先进的电子系统，能够随时高效率地识别、记录现有车辆的情况、收费并能普遍告知交通状况和价格信息。这样的系统过去很难设计和实施，在目前电子和信息技术越来越发达的条件下则已经有了实现的可能。例如最近 RFID（射频识别）技术的进步表明，不停车收费的成本正在下降。

②可能会对分配产生不良影响

对道路定价后，道路的使用便取决于潜在使用者支付拥挤费的能力。这是否会对社会福利产生不良的递减效应，可能只是个全凭经验决定的问题。拥挤收费如果有效，富人和政府官员可能由于能够"购买"不拥挤的道路空间而获益，因为他们重视时间的节省或无须自己付费（公车）；而能更自由地运行的公共交通工具，很可能将为经常惠顾它的低收入阶层提供更好的服务。对照起来，中等收入阶层可能被迫从私人交通工具转向公共交通工具——一种他们认为是次等的交通方式。我们很难进行这种不同阶层间的福利比较，但是，如果从道路收费中获得的收入能直接用于进一步改进公共交通，那么，对中产阶级的不利影响就会大大减少。

③难以处理所征得的收入

既然是为了提高社会福利，那么，得自道路拥挤收费的收入必须较为慎重地进行再分配。基于分配的理由,虽然一部分钱可以用来改进公共交通,但严格说来直接将钱转移给先前的道路使用者,对实现社会目标会更为有效。然而,直接返还给以前的驾车人带来的问题是,他们可能会用一部分钱来"买回"道路空间。补偿受到不利影响的驾车人的另一个可供选择的方法是,使用道路拥挤收费的收入来建设更多的道路。当然,也可以将这些收入看成纯粹的税收收入,作为一般公共支出的一部分来使用,这样可以处理更广泛的效率和分配的问题。

④可能会引起通货膨胀

如果道路定价的负担落在最终消费者身上(这几乎是必然的事情),那么道路拥挤收入对货运成本的影响可能会引起通货膨胀。当然,由于货物运输成本与时间也有关联,因而道路拥挤收费导致的拥挤程度的降低可能会减少货运的时间成本(这对于城市配送运输来说尤为明显),从而会抵消部分拥挤收费的财务成本。

⑤可能会引起城市中心区的衰落

道路拥挤收费会增加在大城市驾驶车辆的费用,有人认为这会加剧城市郊区化或者市中心区衰落的进程。但很难说这是一个合理的推断,征收道路拥挤费只不过是把本来就已经提高了的驾车代价货币化,它应该导致人们更为合理的出行和区位选择行为,到市中心的通勤时间肯定会因此而缩短,公共交通也无疑会变得更有吸引力。

⑥道路使用的需求函数要比简单分析所表明的复杂

上面的分析假设对道路空间的需求可以用一个连续的函数来表示,但实际上,这个函数可能是纠缠的或者是不连续的。有学者认为,可能不存在最优的道路价格,因为需求处于这样的状况,即道路定价将依照所征收的费用数额导致或者过多或者过少的交通量。当然,这只是一种理论上的可能性,毕竟,在基本分析中使用的平滑曲线仅仅对说明问题有帮助,需求曲线的实际形状是一个由经验决定的问题,只能根据实际经验才能解决。

⑦可能涉嫌侵犯个人隐私

最后,道路电子收费系统的使用有可能引起关于个人自由或隐私权的问题。在有些国家和地区,人们对电子系统可以通过全面记录车辆的时空位置而侵犯驾车人的隐私权而表示异议,因此这种系统可能还需要进行这方面设计的调整。

三、控制运输外部性的其他政策手段

1. 标准与规章

收取污染费能使外部成本最优化。此外,通过例如制定限制飞机所产生的噪音标准,而不是运用价格机制,同样有可能取得期望的效果。公路上执行的速度限制主要旨在降低事故风险—并有节约燃料的补充效果。许多国家强迫驾车者系上安全带也是为了降低事故成本。同样,定期检测车辆和给卡车和飞机等载运工具发放许可证,都是为了保证达到最低的安全和环境标准。它们所要达到的目的是相似的,即减少运输的边际环境成本。

虽然以上所述都是控制污染的实际规章,但应该把它们严格地划分为两类:一类是对外部性的直接控制(例如有关噪音的立法);第二类是通过控制运输来减少外部成本(例如对卡车行驶路线和飞机航线的限制性规定)。这两类措施的实际效果是不同的,噪音标准直接用于限制外部后果,但允许其他经营特征自由调整;而行驶线路的限制要严格得多。

我们来对比一下环境税与噪音标准。考虑到标准或规章一旦制定,就不能轻易地频繁改动,对污染的定价可能比实施噪音标准更加灵活。同时,由于技术是可变的,污染定价也会优于规章,因为前者会鼓励迅速采用更干净的技术。

一种可能的选择是采用环境税与排放标准相结合的方法。采用这个方法时,所有的车辆都必须满足规定的标准,而且超标的车辆要被"罚款"。如果标准是严格的和大大低于现有排放水平,那么这就和定价方法一样有效,与此同时为车辆经营者提供努力的明确目标。不过,这种税收与标准相结合的方法还是用在车辆的制造阶段更为有效,因为在这个阶段最容易把新技术注入运输部门。

2. 运输补贴

还可以用另一种方法来直接产生外部性的运输企业,就是为运输使用者提供好处,即补贴,使他们转向更合乎社会需要的运输方式。如果是中央或地方政府向某项服务提供补贴,那么可以把它看作是政府对该服务的需求,可以与其他消费者的需求一起对待。这个理由一直被广泛地用来为向铁路和城市公交部门门提供大量补贴作辩护。在完全竞争的世界中,是没有理由采取这种政策的,但如果边际成本定价并不普遍或者政治上的权宜之计反对采取像道路定价这样的措施,补贴便可以为解决外部性问题提供可行的次佳方法。

如果运输和其他商品之间的交叉需求弹性微不足道,而运输的总需求又完全没有弹性(对于许多大城市地区的上下班交通来说,这并非不是实际情况),那么,提供给不产生外部性的运输方式的最佳补贴,就会对使用产生外部性的运输方式产生与污染收费相同的效果。如果总的需求不是完全无弹性的,那么最佳的补贴将难以确定,尽管它依旧可以为解决外部性问题提供一种次佳的办法。

这种方法的实际困难是最佳补贴可能性极大，而且从理论上说，如果各种运输方式间的交叉需求弹性较低，甚至可能导致负票价。这种方法还被另外两点弄得很复杂。第一点是，如果是为了通常的收入目的而给予运输企业以次性的补贴，则会出现如何最有效地利用这些补贴和对消费者征收适当费用的问题。尤其是很难确定定价和经营目标来确保管理部门能够有效地运用这种固定的补贴以达到它们想要达到的福利目标。在这种情况下，商业性标准（即以利润最大化为定价目标）会导致垄断性剥削，这是与补贴所要达到的社会目标背道而驰的；而社会福利最大化标准（即以边际成本定价）又会破坏成本、价格和产出之间的联系，很可能导致运输系统的X—无效率（以过高的成本提供服务）。尽管一些国家的管理部门已经使用一定的方法尽量减少这样的损失，但不能完全肯定，在长期内这些方法能不能解决问题，因为当前得到补贴的经营者实质上对潜在的新供应者来说享有经验经济。第二点是所要求的补贴的性质问题。例如票价补贴，可能在收入分配上具有社会重要性，但是对乘公交车上下班的人来说，更为重要的常常是服务的质量（即发车频率、可靠性、舒适性等）而非车票价格。

3. 对受害者的保护

到目前为止，我们所考察的策略要么是强迫外部性的产生者改变其生产方法，要么是鼓励他们采用不同的经营方法。实际上，除此之外，我们还可以将公众和环境侵害隔离开来。在短期内，可以通过使交通远离敏感地区，或者从物质上保护人们和财产（例如，用双层玻璃来隔绝噪音）来实现这种隔离，而从较长时期来看，新的投资能使运输更加有效地与那些受其广泛影响的人分离开。

例如，英国运输部曾建议设立"卡车行动区"以保护那些生活在数目有限的地区，但受公路货运影响最严重的居民。保护措施包括：给房子安装双层玻璃，这样会在很大程度上减少室内的噪音问题；对被卡车从物理上损坏的房屋给予维修补贴；维持路面的高标准，这样会减少震动；对道路进行改进，比如使用可吸收噪音的路面材料；修建护栏，以减少车辆冲撞街角或损坏建筑物；在最极端的情况下，若某卡车运输公司对某一地区产生严重的环境侵害，可由计划当局停止或减少其在该地区的运营，并要求其给予补偿。

采取长期和短期保护性措施的问题在于它们的影响经常比简单地保护社会上的敏感人群广泛得多，而它们的总成本则可能相当可观。限制飞机的飞行线路既提高事故的风险（因强制飞机做不那么安全的爬高和急转弯），又增加经营成本（特别是能源成本）。同样，改变卡车路线需要更高的基础设施成本和经常导致更长距离的行程。从长期来看,在理论上空间经济的设计比较容易,可使运输对环境的影响显著降低,有许多选择可以利用,其中包括:在居住区和令人讨厌的噪音之间设置隔离带;使用不敏感的建筑物(例如轻工业工厂)作为噪音和敏感区域之间的屏障;设计住宅时,将很少使用的房间而不是卧室和起居室面对噪音;使用自我保护的办法,例如设计有院子的房屋来减少干扰。当然,这些设计显然会增加成本,而其只能部分地解决环境问题。像大部分短期保护性措施一样,它们只能减轻人们在家时遭到的环境侵害。土地利用规划也只能提供有限的保护,尤其是在减少事故风险方面—但是它不可能将交通与非旅行者完全分开。

四、控制运输外部性的私人方式

除了上述的政府行为之外,运输外部成本的控制还可以采用私人方式。一个普遍的假设是,某种形式的政府干预在克服污染和其他外部性导致的市场失灵问题时是必不可少的。实际上,产权的修正而不是政府的直接干预有时候也可产生有效率的结果。私人方式有两种:责任规则和私人谈判。

1. 责任规则

一种方法是依靠责任规则的司法途径,或归于民事侵权一类的问题,而不是直接的政府管制。这里,外部性问题的制造者有法律责任向受害人进行赔偿。事实上,建立一个恰当的责任系统,外部性就被内部化了。在某些领域,这类规则已经确立和颁布。例如在大多数国家,如果你被一个冒失的司机撞伤,你可以依法索赔。那么,一套完备的责任规则是怎样限制外部性的呢?如果某一机场造成了每天1 000元的外部危害,受害者可以通过法庭收回损失。机场面临每天1000元的赔偿就好像面临每天1000元的污染费,这种花费会带给污染者很强的激励,将污染减少到有效率的水平。

责任规则从理论上讲,是将生产非市场化的成本进行内部化的一个很好的方法。但在现实中,责任规则的应用却十分有限。它通常需要高昂的诉讼成本,这增加了原先(仅属于经济领域)的外部性成本。而且,由于产权并不完全(例如涉及清新的空气时),或者外部性涉及大量的企业(例如,众多的车辆污染了环境),许多受害方很难或根本无法起诉。

2. 谈判和科斯定理

当企业不为其破坏环境的行为负责的时候有没有一种私人解决方式呢?科斯认为,只要产权清晰,交易成本较低,经过有关当事人的自愿协商和谈判,就能导致一种有效率的结果。科斯的分析的确适用于许多案例,私人谈判可以减轻外部性。例如，公路上汽车行驶时发出的噪声对邻近居民区的生活安宁有破坏作用，如果采取比较纯粹的内部化方法，就可以将居民区宁静的权利赋予居民，汽车驾驶者要想通过该地区，就必须向居民区的居民购买一定的噪声"制造权"。这样，一个有关噪声的市场就形成了，汽车噪声的外部影响也会降到一个较优的水平。因为制造噪声是要付费的，因此汽车驾驶者就会尽量将噪声控制在较低的水平，以免支付过高的费用；而另一方面，居民也会采取一些措施来隔离噪声，例如为房屋安装双层隔音玻璃等。要让汽车完全消除噪声，在技术上也许可以做到，但在经济上肯定是不合理的，因此只需要确保实施一定的技术标准就可以了，而且该标准可以通过谈判加以确定。于是，市场就会通过动员双方的积极性，共同努力把噪声保持在一个人们都能接受，同时治理成本也比较低的水平上。经济学家认为，在这种财产权的交易市场上，居民通过出售部分宁静产权保护了自己的利益，而不是强迫驾车人不出声或绕道行驶，驾车人则通过购买一定的噪声制造权也实现了自己的利益，因此是得到各有关利益集团的响应而获得了资源的最优配置。如果采用政府强行规定噪声标准或噪声罚款的办法，就不可能得到这种最优化的响应，因为政府措施只以管制一方对象为目标，也就丧失了受噪声影响的一方发挥作用的诱因。

应该进一步指出的是，运输外部性的内部化主要关心的是资源如何得到更有效利用，而在市场中谁最初拥有相关产权却并不特别重要。例如在上例中，也可以一开始把"噪声制造权"赋予汽车驾驶者，而由居民区的居民向驾车人购买减少一定噪声的权利。只要有关产权可以明确界定，而且不存在交易成本，那么最后的结果也将是在双方共同努力下实现那个最优的噪声水平。还有分析指出，在引入污染税或者补贴等机制时情况也是类似的，人们既可以通过对污染制造者征税，也可以通过对他们减少污染排放实施补贴而达到同样的减轻污染的目标。这些都是著名的"科斯定理"所表述的内容，当然我们知道在实际中环境产权的界定往往很难，这类交易所引起的成本也不能忽视。

五、优化运输外部性的复杂性

1. 运输外部性的关联性

优化运输的外部效应是一件复杂的事情。需要指出的是，许多外部性是相互关联的，我们无法在一个局部的框架中加以适当处理。例如，汽车噪音的减少经常伴随着空气污染的减少，但又并不总是这样。例如，较大的卡车可能增加单个车辆的噪音，而同时所需要的卡车数目却会减少。道路定价可能起到优化城市交通拥挤的作用，但这样做的同时，也可能会将交通流量转向对噪音和震动更敏感的地区；更快的交通流可能导致车辆数量的减少，但也可能造成较少但更加严重的交通事故。迄今为止，很多相关研究和政策还是零碎的。大部分对运输的环境方面所做的研究都存在这样一个共同的问题，就是不甚了解运输产生的不同外部效应的实际影响和社会对它们的评价。在对这些问题有清晰了解之前，我们很难知道运输的外部效应怎样才可能达到最优水平。

2. 运输外部性内部化的困难

从更加宏观的意义上看，运输外部性不能完全依靠市场力量去解决，例如有人认为欧洲国家靠高燃油税政策并未能真正有效地阻止私人小汽车过度发展。因此除了需要更多地采用经济手段，必要的行政手段无疑也是必不可少的，此外还需要更多地唤醒人们的环境意识，借助道德的力量。如果所有的手段都不能有效地解决人类运输活动对地球环境的负面影响，那么前景就是十分黯淡的，至少对相当一部分学者来说是这样。为了说明外部成本内部化问题的复杂性，我们需要借助图6-3来表示运输外部性影响及内部化方法的类别。从图中可以看到，最内部的小圆由许多个人和作为市场主体的企业组成，紧靠它外面的圆表示市场能够作用的范围，在该范围内的外部影响属于简单外部性；市场外面的圆环是公共物品和准公共物品的范围，在该范围内市场会逐渐失灵，外部成本则由社会群体集体承担；再外面一个圆环是人类对自身行为感受的边缘区，有关的外部成本要由自己所在社会群体以外的其他相邻群体，例如其他邻近国家或下一代人去承受；最外面的圆环是地球的生物圈，有关的外部成本是对全球生态环境的长期影响。

图6-3是运输外部成本内部化方法的分类示意图。从图中可以看出内部化的方法可以分为若干组：第一组包括①②③④四个箭头，表示凡能够直接让造成外部成本的个体承担该全部代价的方法，都属于直接内部化方法；第二组包括⑤⑥⑦三个箭头，表示这类内部化的方法不能直接，而是需要通过市场的转移作用让造成外部成本的有关个体承担部分责任；第三组包括⑧⑨两个箭头，表示这类内部化的方法只能是通过让有关社会群体集体承担的方式，让造成外部成本的个体间接承担部分责任；第四组只有⑩一个箭头，表示某些对全球生态环境的长期影响很难找到让有关个体承担责任的内部化方法，而只能依靠人类共同的觉悟或道德的力量来约束。从图中我们还可以了解到，有些运输外部成本的内部化是十分困难的。无论是学者还是政府，都无法设计出十全十美的方法，实现把运输业的外部成本全部内部化。

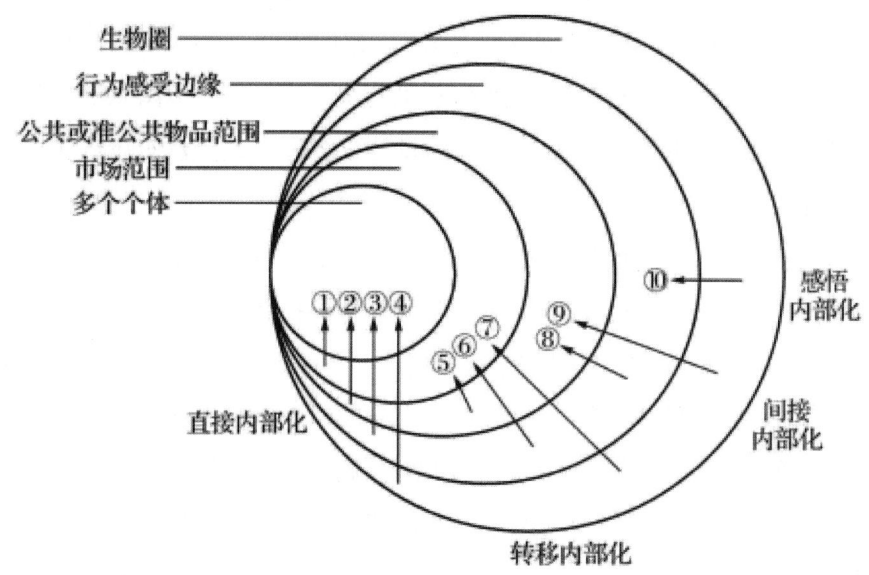

图 6-3 运输外部成本内部化的类别示意图

3. 资源和环境的产权问题

从经济学来说,完全或纯粹的内部化只有在有关资源和环境的产权得到完全明确的情况下才会出现,例如在空气污染问题上对大气确定产权、在拥挤问题上对道路空间确定产权等。产权确定之后,各产生影响和被影响的集团之间才可能或者通过产权交易以使资源达到最优利用,或者减少或合并其经济活动,以迫使他们为了共同的利益而调整自己的行为。在纯粹内部化过程中无法回避的实际问题是,对环境资源的产权界定和使用监测存在着巨大困难,这样就会在有关的管理上形成大量交易成本。例如,由于运输设施在空间分布上的广阔和载运工具的移动性质,有关交通运输的环境资源的产权划定比其他环境资源的产权划定只会更加困难。不可能完全准确地追踪并测量每一部机动车船、飞机等在每一个时刻的污染排放量或产生的噪声,也不可能完全准确地测量这些污染或噪声对每一个被影响对象的实际损害程度,特别是这些外部影响的施加者和被损害者可能都处于移动的状态之中。产权界定和监测难度的增加,必然导致在所设计的产权交易中交易成本急剧增加。

4. 外部性的准内部化

因此,运输外部性问题的解决在实际上很少采用纯粹内部化的方法。例如,实行像庇古税以及行政命令等手段,也可以在一定程度上以内部化方式降低运输的外部成本,因为运输业者或使用者由于成本增加而减少了运输量,但这些也还不是严格的纯粹内部化措施,而只是"准内部化"的过程。这些措施并没有为运输的外部性营造出一个市场，因为只有一方面的利益人或集团在承受措施实行所带来的影响，它们代表的是政府采取的诱导人们行为的措施。又如美国政府减少铅排放量的例子：添加铅可以提高燃油的燃烧性能，但含铅燃油污染环境，因此各国总的趋势是要减少燃油中铅的添加，美国使用了可交易的铅排放许可证以减少汽车尾气中的铅排放问题，就是先由联邦政府将预先确定的铅使用量用许可证的方式分配给各炼油厂，并允许炼油厂之间进行许可证的交易，以便使铅的使用量达到最优。许可证的交易价格由炼油厂之间自行商定，这确实使汽车的铅排放控制在一定程度上通过内部化方式实现了。这应该是利用市场机制解决环境问题的最成功案例之一了，但仍旧有人称这还没有做到纯粹的内部化，因为进入交易的铅总量是由政府人为确定而不是由市场过程自发确定的。尽管这些准内部化的措施也有利于减少外部成本，甚至目前在现实中被采用得还更多，但提出通过明确产权将外部性严格内部化的理论分析方法仍旧得到高度评价和充分的重视，也许这至少代表着一种解决问题的思路或者未来趋势。

第四节　综合运用

一、城市公共交通经济学

（一）出租车市场的经济学解释

1. 出租车价格管制

（1）出租车售价的变化

1984年之前，中国汽车工业基本上是"中国卡车工业"。1984年，中国的千人汽车保有量为0.5辆（2015年这一数值为110辆／千人），在全世界140个国家中排名倒数第一。其中，商用车（卡车、载重车）与乘用车（轿车和SUV、MPV）的比例为9：1左右，呈严重的"倒挂"状，而且主导产品还是"高不成低不就"、与世界汽车产业发展潮流相违背的中型货车。中国汽车产业这一状况，后来被总结为众人耳熟能详的"缺重、少轻、轿车近乎空白"。

从市场交易角度来看，1949年后是不允许私人购置机动车的，80年代以前，机动车都属于公车，即都属于某个机关或单位。直到1984年，国家才开始从政策上明确私人购置汽车的合法性。而小汽车价格—尤其是相对于收入水平的价格—在当时也是十分的高昂。例如，90年代初"面的"的售价为3万~5万元一辆、夏利为10万元一辆捷达和桑塔纳为15万~20万元一辆。要知道,1990年,我国城镇人均可支配收入按当年价格计算仅为1510元/年,农村居民人均收入仅为686元/年。相比较,2015年,我国城镇人均可支配收入为31195元/年,农村居民人均收入为11422元/年,而主流出租车的售价却仍然是10万~15万元一辆。

(2)出租车费率

出租车市场的价格管制是随着出租车市场的逐渐繁荣和计价器的引入而确立的。管制下,出租车运价成为一种"固定"价格,即司机向乘客收取的费用名义上只能是计价器显示的数额。司机不允许随意提价,也不能降价。最初,仅采用按车型和里程定价。里程定价又分为起步价和单位里程价格。固定定价的好处是避免了大量的交易成本—讨价还价的成本、由于信息不对称被交易对方欺骗的成本、由于交易不成耽误的时间和精力,以及由于消费者被欺骗后反馈带来的投诉和城市形象受损等。

以90年代初的北京出租车费率为例,"面的"为10元10千米,之后每千米1元;夏利出租车为每千米1.2元,相对更舒适的富康为每千米1.6元。看似比现在便宜不少,但要知道,1992年北京市城镇居民人均可支配收入仅为2556元/年(即每月213元)!时至今日,北京市出租车的起步价已达到3千米13元,之后每千米的基本单价为2.3元/千米。尽管表面上费率有所上涨,但是相对于居民收入的增长,车租车资费用实际上是大幅下降的,并开始被更多普通市民所接受。换言之,出租车服务的定位已经出现了很大变化,从20世纪80—90年代的"高档交通工具"发展为现在的"大众交通工具"。

(3)固定费率的不足

不过,固定的费率体系对于市场供需关系的变动并不敏感。当市场供不应求时,出租车司机无法通过提价来接近市场均衡价格,因此,往往采取挑选"优质顾客"的方法来避免出现较高的机会成本。例如,高峰期一位前往几千米外的市中心拥堵地区的顾客,常常不会被定义为"优质顾客",因为,花费同样这段时间,司机往往可以在不太拥堵的市郊获取更多的净收入。现实中,司机的应对方法主要有"挑客"(在停车之前就选择拒绝为部分打车人服务)、"拒载"(在停车询问打车人之后选择拒绝为其服务)和"加价"(在载客出发之后通过软硬或软硬兼施的方法让乘客增加车资)。这就形成了高峰时段或恶劣天气下"打车难"的现象。随着城市规模和人口总量的不断扩大,很多大城市的主城区道路甚至通往城郊的道路均出现了较严重的交通拥堵,"打车难"问题非常突出,早晚高峰时段再遇上恶劣天气,几乎是"一车难求"。另一方面，当市场供过于求时，出租车司机也较难通过降价来争取顾客。因为，在一个城市区域中，所有同一类型车辆的定价是相同的。司机很难在行驶中表达他/她试图降价的意愿。替代的做法是停车与潜在的顾客协商，或干脆暂停运营以减少车辆的空驶。后者又进一步加强了管理者心中出租车运力过剩，车辆空驶率太高，需要加强运力管制的印象。

（4）新技术的影响

时至今日，我国大城市出租车计费模式较传统的里程计费丰富了不少，燃油附加费、按堵车时间增加收费、长距离跑空费、预约叫车费等均一定程度地影响了出租车司机的供给意愿和消费者的需求意愿。不过，显然仍未完全达到高峰时段或恶劣天气下的市场均衡价格。因此，无法真正地攻克"打车难"的问题。

近年来，随着信息技术、通信技术和网络支付技术的改变，出租车市场的供需矛盾正在得到缓解。以"滴滴打车"App（中的出租车选项）为例，在供不应求时，需求者可以通过"小费"等操作进行加价从而将自己升级为出租车司机眼中的"优质顾客"；在供过于求时，出租车司机可以通过定位顾客的具体位置减少空驶里程，并缓解"被顾客挑选"的风险（部分打车人在可能的情况下有选择出租车车型、新旧程度乃至颜色的偏好）。简言之，出租车打车软件通过"加价"和"定位"等功能，进一步"精确"了出租车的市场供需。由于此类"加价"功能是对既有出租车价格体系的一种挑战，在一些城市已被叫停。

2. 出租车司机收入

（1）出租车司机的资产专用性

需要说明的是，出租车供给的收入与出租车司机的收入并不相同。出租车供给的收入主要受出租车需求、运价和运力管制等因素影响，出租车司机的收入则主要是受劳动力市场供求状况影响。当前，出租车行业常常被指责存在"垄断暴利"，但很少有人会认为出租车司机仍属于高收入职业。

实际上，20世纪80到90年代中期，出租车司机是一个收入颇高的群体。原因很简单，那个时代很难获得汽车驾照，因而小汽车司机的劳动力具有较强的资产专用性。当时的驾照考试制度与现在大不一样；学车大多是在单位跟着会开车的师傅学，且不是随便就能学的，每个单位的学车名额指标是车管所根据该单位的车辆数量分配的，学车名额分配到单位之后，谁能够成为学车的幸运儿就说不定了；个人如果选择在屈指可数的驾校学习，不仅需要脱产，学费也是相当高昂，甚至超过了一般职工一年的工资；当时学车的内容也很严格，从学习到最终领取驾照有的得需要两三年的时间,不仅需要培养扎实的驾驶技术,也需要花很长时间学习汽车维修技术,考试合格后才能领取驾照;有的还需要一年的实习期,一年中没出大事故才能换成正式驾驶证。

(2)向劳动密集型行业的转变

90年代末21世纪初,随着驾校和学车人数量的日益增多,汽车驾照的含金量逐渐下降,出租车司机劳动力的资产专用性也逐渐消散。时至今日,中国已有超过3亿人获得了驾驶证。出租车司机也沦为了不需要太多技术含量、劳动力市场竞争激烈的体力劳动密集型职业。而这样的职业,在中国大城市是无法获得较高收入的。以北京2015年一次调查中的数据为例,一辆出租车月均运营收入约16 300元,其中,份子钱为6 400元/月,司机(包含了白班和夜班司机)的总收入为6400元/月;同期北京市职工的平均收入为每月7 086元。

再次强调,出租车司机收入较低并不意味着出租车供给的收入较低。简单地讲,一辆出租车在一年中创造的价值还是很高的(在大城市单车年收入可以达到20万~30万元),出租车供给与司机的劳动力供给之间形成了较大的差距。

3. 出租车运力管制

(1)运力管制的内容

从管理者的视角来说,出租车市场运力管制的目的之一是控制市场中的总供给,因为,"多余"的出租车运力似乎会造成城市道路交通资源的"浪费"和更加严重的拥堵。

出租车运力管制包含两个方面:一是出租营运证(出租车牌照)管制,二是对非法营运车辆(没有营运证的私家车"黑车"、克隆出租车以及跨区非法运营的出租车等)的管理。实际上,出租车营运证的管制决定了一个城市区域中正规出租车运力的上限—即所有出租车司机均保持最长工作时间并积极揽客时的总运力。而一个城市区域中出租车的实际运力会受到司机供给意愿的影响,例如,晚高峰时段,在市中心游弋的出租车数量可能非常有限,更多的车辆可能前往市郊运营;在暴雨暴雪等恶劣天气下,部分出租车甚至会暂停运营;在平峰时段,部分司机会找地方停车休整。对非法营运车辆的打击力度则影响了一个城市区域中"类出租车"(通过收取经济回报来提供载客服务的车辆)运力的上限。

(2)运力管制的结果

对于世界上的大部分城市而言,出租车运力管制与价格管制是一起实施的。但也有例外,例如台北市在多年之前已基本放开了出租车运力管制,而运价管制却一直保留了下来。从数据上看,台北市的出租车大约有3万辆加上周边县市(新北市和桃园县)的2万多辆,这些与中国台北同属于一个营业区域的出租车数量在5万辆左右,导致台北市出租车万人拥有率接近150辆/万人;仍存在牌照管制和价格管制的纽约曼哈顿和日本东京,出租车万人拥有率分别也达到了60辆/万人和40辆/万人(对于后者,60%的客运量是由市郊铁路承担的,尤其是在市中心,不含出租车的公共交通包揽了出行总量的86%);而中国大陆出租车万人拥有率最高的北京、上海等大城市,该指标仅分别为31.2辆/万人和20.9辆/万人;这指标深圳是15辆/万人、成都是12辆/万人,广州是17辆/万人。打车难成为很多城市普遍存在的一个问题,一些城市也滋生了相当数量的"黑车"。

4. 新事物与展望

(1) 网络约车的影响

近年来出现的优步(Uber)等网络约车平台,其经济学实质是借由更加灵活(如果和提供相似服务的出租车相比,则提供了更低的运价,例如人民优步的定价约为出租车的70%)的定价和服务组合,通过对出租车价格管制和运力管制的规避,获得了相对于传统出租车的供给优势。在这样的竞争下,传统的出租车行业自然难以抵挡。特别是对于"经济租"水平较高和出租车运力保有量较大的城市来说,网络约车平台的冲击更大。据《经济学人》报道,2014年夏季,张纽约市出租车牌照的价格是100万美元左右,但迫于Uber等网络约车的竞争压力,仅仅一年以后就降到了69万美元,随后仍持续降低,如今已经腰斩一半,徘徊在50万美元左右。当然,优步等专车应用业态也很容易引发来自出租车行业相关利益方的阻力(因"涉嫌非法经营"遭到查处、出租车罢运、出租车司机与专车司机的冲突等)。

(2) 出租车市场展望

简单地说,出租车市场的价格管制主要是为了给市场交易提供价格标杆,以减少信息不对称条件下的市场秩序混乱;出租车市场运力管制的出现是消费者支付能力上升和出租车司机劳动力价格下降大潮下的产物,而依托出租车公司的牌照管制在全国得到如此迅速的推广,既有降低管理成本方面的考虑,也有以相对较低的管理成本获取"经济租"的目的。在城市化进程非常快的地区,消费需求、服务范围、竞争性交通方式的发展瞬息万变,加之汽柴油等生产要素价格的波动,出租车市场中协调一致的价格管制、运力管制和"经济租"的测算变得非常复杂,导致各类管制的调整难以及时跟上变化。面对滴滴、优步等新兴势力的强势竞争,传统出租车行业及其管制模式,都需要进行改变和调整,以适应市场需求和城市发展的需要。与此同时,滴滴、优步等也可能主动或被动地顺应当地政府的监管,以取得完全"合法化"的身份。

（二）城市公交市场的经济学解释

1. 大城市公共交通的经济属性

一方面，虽然每一个社会成员都可以乘坐公交系统，公共交通似乎并不排他。但现实中，目前在技术上和经济上已经可以实现有效排他。例如在各大城市得到广泛使用的公交IC卡可以做到区别本市居民与外地客商；老人卡、学生卡则有助于识别出某一年龄段的人群。简言之，大城市的公共交通系统已经初步具备了"排他"的条件。另一方面，人们对城市公共交通的使用会影响其他人对公交物品的消费。例如，在工作日的高峰期或高峰线路上，当公交车辆满载甚至超载时，存在较高的边际拥挤成本。除此之外，出于道义，老年人等弱势群体享有公交座位使用的优先权，这亦会影响到他人对"座位"物品的消费。简言之，城市公共交通在大部分时空中亦具备"竞争性"。

综上所述，不应因为公共交通的名称含有"公共"两字而认定其就属于"公共物品"。实际上，在大城市客流密集的地块或交通走廊，城市公交更接近于经济学中的"准公共物品"（有竞争，但不排他）甚至"私人物品"，可以由自由市场中的企业提供服务。在客流较为稀少的平峰/低峰时段或城市地块，城市公交更接近于经济学中的"公共物品"，更需要由政府保障企业不愿提供的"普遍服务"。上述组合类似于邮政系统中的特快专递服务和普通包裹服务的关系。若干年之前，在邮政法"信件和其他具有信件性质的物品由邮政企业专营"条款的庇护下，邮政系统包揽了上述服务。然而，近20年民营快递和外资快递的快速发展证明，特快专递市场可以更有效率，服务水平也可以更好。实际上，自20世纪末年开始，由于政府公交投入不足、国有公交企业条件有限等原因，我国的城市公交系统一度对民营资本敞开大门。但是，随着城市化进程的加速，自2007年左右，政府开始加大公交财政补贴并重新主导公交市场，民营资本也不得不逐渐退出城市公交市场。直至现在，形成了高政府补贴下的城市公交市场供给。

2. 大城市公共交通出行者的需求特征

城市交通的本质，是为了满足"人"的出行需求。良好的城市交通意味着人们能够以适当的"交通成本"满足其"交通需求"。这里的"交通成本"既包含显性成本（如票价、油费）出行时间，也包含隐性的出行风险和精力、体力损耗；而"交通需求"不仅与人们更本源的"出行需求"（工作、休闲、购物社交）有关，也包含了可达、可靠舒适、私密等方面的个体效用。

一种观念认为，"在中国，公交车对老百姓来说是一个缺乏弹性的商品"。然而从运输经济学的视角来看，单纯地分析公共交通的"价格弹性"本身就是一种不够全面的做法。毕竟，公共交通的（潜在）消费者看重的不仅仅是票价。可以这样理解：公交票价、出行时间价值的高低（受出行者自身特征与出行目的影响）和出行者"服务水平弹性"（常被忽略）共同决定了其"乘坐公交出行的意愿"。进一步分析，大城市居民的公共交通出行需求特征可以按照人群差异分为以下三类。

（1）学生群体

学生出行时较偏重安全性，因此在中长距离通学出行时往往倾向于使用公共交通而非慢行交通（非机动车与步行）。加之其出行时间较集中（特别是早高峰时），因此，若从价格弹性的单一视角来看，学生群体在高峰期的公交需求价格弹性并不高。然而，公交学生票优惠在不少城市都已经成为一种"传统"（需要注意的是，校车与公交车的区别，前者可以得到教育系统内部的资金流入，而后者得到的是城市财政的支持）。一些城市在取消学生票优惠后，公交车甚至遭到了家长的封堵。

（2）老龄群体

由于老龄群体自身活动能力相对较差，在城市公交与慢行交通的选择中常倾向于前者。因此，从全时段来看，老龄群体的公交需求价格弹性应当较低。然而，由于老龄群体出行的机会成本相对较低，加之大多具有节俭的习惯，因此这一群体在交通方式选择时常常偏重经济性，这又导致其公交需求价格弹性偏高—表现为老龄群体常常较灵活地调整出行时间段和出行频次。简言之，高峰期老龄群体的公交需求价格弹性反而较高。同样，公交老人卡优惠甚至免费在不少城市都已经逐渐成了一种"潮流"（政府财政对这种优惠和免费给予了充足的资金支持）。不过，这种做法也遭到了部分年轻乘客和公交司机的反对。车票优惠甚至免费政策带来了老年人更高频次的出行，对于年轻乘客，由于老年人对座位通常具有被动甚至主动的"优先权"，车上更多的老龄乘客也意味着自己更少的就座概率；对于公交司机，则增加了乘车时发生意外的概率与公交司机／公交企业的风险损失。

（3）上班族

在高峰时段，出于通勤出行时间较集中，上班族普遍注重准时性，加之大城市普遍的"职住分离"现象，人们会根据各交通方式的提前时间和可靠性选择出行方式和出发时间。此外，这一群体出行的可选方式较多—非机动车、步行私家车、出租车。出于支付能力和"服务水平弹性"的差别，上班族中的中高收入者在高峰期的公交需求价格弹性较低，但是对公交服务水平要求较高，这特点在其休闲购物出行时更为显著；低收入者的公交需求价格弹性较高，对公交服务水平的要求有限。

综上所述，大城市公共交通出行者的需求特征存在显著的差异性。因此，大城市公共交通的发展要及时顺应服务对象的生活方式和出行需求的变化，应当努力去了解和把握各类城市出行者在不同交通供给水平和广义成本下的出行意愿，并充分尊重人们的选择，提供相适应的交通服务，而不是根据所谓的"国际经验"去代替人们做出选择。

3. 大城市差异化公交服务模式发展的必要性

差异化公共交通服务模式，对于中国大城市来说是一种创新。狭义上，这是指"短距离费率高以及长距离费率逐渐降低"的差异化定价结构；广义上，是指服务水平与服务费用的差异化，类似于高铁动车与普通列车的"高票价提供高水平服务，低票价提供一般服务"。下面主要探讨后者。

(1) 符合资源使用的效率原则

差异化公共交通服务模式，符合社会资源使用的效率原则。从经济学的角度来看，公交价格不仅仅是一种"负担"，更是同时引导消费者和供给者的有效信号，是一种资源调节方式。为了实现资源的有效利用，价格应该等于所提供产品或服务的机会成本，换言之，公交票价应该对应于做出每次位移或出行决策的短期边际成本。过低的公交票价会导致公交需求过于旺盛，但公交企业却没有兴趣增加供给。尽管此时政府可以通过财政补贴对公交企业提供补偿，但补贴机制下的公交服务与市场机制下的公交市场服务存在着显著的区别：市场机制下公交企业需要考虑如何让千千万万的乘客个体在千差万别的微观行程中满意；而政府补贴机制下的公交企业则偏重于达到宏观指标（例如公交总客运量、公交出行比重）。这些宏观指标往往旨在"公平"而非效率，例如，为了购买鸡蛋能够节省2元而乘坐2次"免费"或低价公交前往较远的超市（两段公交运程的边际成本合计为3元），尽管在数字上提高了公交客运量和公交分担率，但是，此类低效率的公交出行不仅占用了本不必消耗的公交资源，同时也对同车的其他乘客造成了不可忽略的影响（高峰期和高峰线路尤其明显）。因此，一味地采取低票价策略，未必能够提高城市公共交通工具的利用效率，过低的公交票价甚至会导致对公共交通资源的滥用。

(2) 有助于吸引客源

差异化公共交通服务模式，有助于最大限度地吸引客流。现实中，并非所有出行者都会受到低票价吸引而选择使用公共交通方式。随着社会的发展，越来越多的城市出行者逐渐追求更高品质的出行，而低价公交往往无法提供高水准的服务。因为，从公交供给的主体—公交企业的角度来看，公交服务水平与公交运营成本即使不是完全对应，也基本是同向变动的。因此，即使公交票价低廉，较低的服务水平也足以吓退"服务水平弹性"较高的出行者。为了吸引越来越多的追求生活品质的出行者，必须提供高服务水平的公共交通。根据2012年10月在南京市江宁区开展的公交乘客调查，52%的公交出行者愿意为更舒适的公交服务支付更多的费用，其中，76%的乘客愿意多支付1~2元。

（3）有助于缓解城市交通拥堵

差异化公共交通服务模式，有助于缓解城市交通拥堵。从交通系统的角度来看，（所有乘客统一的）低票价并不是所有公交出行者以及潜在出行者考虑的最重要因素，亦不是提高公交分担率的唯一有效途径。"公交优先"不仅意味着对公交路权和财政投入的保障，更重要的是切实提高乘客服务水平。因为，对于可能从使用小汽车/出租车转向乘坐公交车的出行者而言，公交服务水平（便捷性、舒适性、安全性等）才是影响其出行选择的关键。当前较低的公共交通服务水平，不仅降低了公交乘客的福祉，也造成了小汽车的更多出行和城市道路的过度拥挤，从而降低了城市交通系统的整体运行效率。据测算，高峰期城市混合车流中，1辆公交车的瞬时车道占有率等同于3.4辆小汽车；而1辆公交车的载客人数相当于1辆小汽车的15~40倍，综合来看，高峰期公交车的道路交通效率为小汽车的4.4~11.8倍。因此，从理论上看，如能将众多小汽车出行者吸引至公交出行，可以有效地降低道路交通拥挤程度。香港的实践也证明了这一推断：南京主城区机动车交通量中2/3为小汽车，高峰期机动车平均行驶速度仅为18千米/小时；香港每千米道路机动车密度接近南京的3倍，然而得益于90%的公共交通分担率和良好的交通秩序，市中心高峰期机动车平均车速仍高达25~30千米/小时。

需要指出地是，上述理想的交通方式转换很难通过低价公交实现，相对于票价低廉但服务水平一般的传统公共交通供给模式，高服务水平、高票价的公共交通服务模式将更具吸引力。面对存在多元出行需求的大城市居民，公交的服务对象也不仅仅是所谓的"低收入者"。通过公共交通票价的引导作用，合理调节各收入层次的居民对公交方式的选择；通过公交服务水平的多元化，促使更多的小汽车出行者转乘公交并放弃日常通勤驾车，从而有效地缓解有限路面所承受的交通压力。

4. 大城市差异化公交服务模式发展的可行性

（1）市场需求的可行性

大城市的城市化进程提供了差异化公共交通服务模式的潜在需求市场。20世纪90年代以来，随着单位制度的解体，原有"职住合一"的城市空间模式被打破。城市更新、产业升级、旧城改造、房价高涨等一系列因素导致经济活动和居住用地分离

（职住分离）的趋势逐渐明显，给城市交通造成了巨大压力。据调查，南京等大城市通勤出行的潮汐式特征明显，高峰期近郊片区进出中心片区的机动车交通量极高，给片区交界区有限的交通设施增加了极大压力，并造成了中心片区乃至全城的交通拥堵。而对于距离中心片区较远的新城来说，交通压力也在日益增加。以南京新城（仙林、东山、江北新城区）为例，目前有超过56.3%的居民在主城区工作并需要每日向主城通勤。其中，30%以上使用私家车通勤，接近于采用公交或地铁35%的通勤比例。大量的中远距离机动交通需求为差异化公交服务的发展提供了机遇。

为了突破传统公交调查仅询问公交乘客的局限，东南大学交通学院调查组针对江宁区小汽车出行者的公交出行意愿进行了抽样调查，结果表明：对于使用小汽车进行中长距离通勤的出行者来说，交通拥堵带来的交通延误、精力损耗以及事故风险是其普遍感受到的主要困难燃料和停车费用在制约小汽车使用的因素中却并不是非常重要（以通勤交通为例，很多单位均拥有内部停车场，尽管停车竞争愈来愈激烈，但相比单位外的公共停车场还是能够节约相当的停车费用）；由于公共交通过于拥挤路线设置不合理以及偷窃行为普遍等问题，小汽车出行者对公共交通服务的评价普遍较低，他们宁可忍受极高的出行成本，也不愿转而使用公共交通方式通勤；在当前的公交服务水平下，小汽车出行者中仅有11%考虑在通勤时偶尔使用公共交通方式；而在公共交通服务水平得到大幅度提高的预期下，即使公交票价涨至5元1次，仍有27%的小汽车出行者愿意放弃小汽车而转用公共交通工具通勤。可见，如果能够有效解决公共交通服务水平低下的问题，相当比例的小汽车通勤出行者可能会转向使用公共交通工具。

（2）市场运作的可行性

从实践经验来看，香港的非专营巴士（非专利巴士）可谓差异化公共交通服务思想的很好体现。早在20世纪70年代，香港的巴士公司为鼓励中产阶级使用巴士出行，就开办不少往来大型屋苑与市中心的"豪华"巴士路线。之后，香港为专营巴士和专线小巴不能很好服务的大型社区提供了较充足的非专营巴士服务。包括绿色小巴、红色小巴在内的香港非专利巴士总数已超过6 000辆。其中，绿色小巴按固定的路线、班次和收费提供服务。红色小巴可行驶香港各区，没有固定的路线班次和收费，车上提供16个座位，严禁站立，客满不再上人。针对香港小汽车拥有者的调查表明：香港市民使用小汽车的最重要原因是小汽车"有助于搬运物品""节省时间"和"更舒适"。而与公共交通直接相关的"公共交通不方便"或"不喜欢公共交通"只排在第7位和第9位。

5. 公交服务水平提升困难的经济学解释

（1）公交服务水平对小汽车出行者的影响

尽管"公交优先"已逐渐成为共识，但公交服务水平（狭义上，是指公交乘车与候车的服务水平；广义上，则包含了出行者在公共交通工具上、在站台候车、查询公交信息甚至两端慢行交通的服务水平）在很多大城市仍未得到本质的提高。

值得注意地是，在城市出行方式选择方面，有一类重要出行者的真实意愿遭到了绑架，意向乘坐公共交通工具的出行者由于公共交通/换乘服务水平的限制不得不被动地选择小汽车（私人小汽车、出租车、专车等）出行。为便于叙述，特将这类出行者定义为"被小汽车化人群"。现状公共交通和停车换乘供给水平的低下，不仅造成了公共交通的过度拥挤和小汽车的更多出行，也降低了"被小汽车化人群"的福祉，从而降低了整个城市交通系统的运行效率。

（2）公交服务水平提升的观念阻碍

这或许是由于长期以来人们以及形成一系列观念：现状乘坐公共交通的主要是中低收入人群，因此，乘坐公共交通的只能是中低收入人群；公共交通不会为中高收入人群服务；公共交通也不能提价因为中低收入人群无力承担。在交通运输业内，亦是如此，研究者在公交服务水平调查时引入了太多乘客反馈之外的指标，从而冲淡了消费者的真实意愿。不仅如此，调查往往只对现有的公交乘客进行调查—实际上，"公交优先"战略真正需要吸引的，是现在很少乘坐公交的小汽车、班车和出租车出行者。

另一可能性是对开展差异化公交服务的一种担忧。例如将公交服务分为"一人一座、有序排队的高档公交"与"无座即站、自行竞争的普通公交"，那么普通公交的出行者会认为受到了不公正的待遇。长期来看，通过适当的宣传和引导，上述担忧是多余的。

（3）公交服务水平提升的经济阻碍

将可能转用公共交通的"被私人机动化人群"排除在公共交通的服务对象之外，抑或有经济上的考虑。对于城市管理者来说，小汽车（私人小汽车、出租车等）出行者的人均贡献（税费）要远高于公交出行者和慢行交通出行者。因此，较低的公交服务水平（较高的公共交通通达率或覆盖率并不是高服务水平的充分条件）有助于将摇摆不定的小汽车出行者与坚定的公交出行者区分开。

二、城市慢行交通经济学

（一）公共自行车系统的经济学解释

截至2015年底，我国一次投放公共自行车系统大于500辆的县市共有296个，累计投放公共自行车100万辆。其中,有6个城市的公共自行车投放数量超过3万辆。需要注意的是,在分析公共自行车的使用效率时,不应单纯地将其与私人小汽车等交通方式进行比较并简单地得到"公共自行车低碳环保因而需要鼓励发展"的结论。道理很简单,公共自行车相对于其他交通方式的几乎所有优点,都能通过私人自行车获得。下文主要从消费者和城市管理者的角度,比较公共自行车与私人自行车在经济方面的短长。

1. 消费者视角的分析

(1) 公共自行车的优势

①可以"免费"使用车辆

在中国,对于大部分公共自行车的使用者来说,得到的服务是"免费"的。众多城市的公共自行车收费标准规定了前1~2小时不收费,而由于自行车交通方式自身的特点,出行者很少长时间的骑行,因此,免费时长足以让绝大部分使用者完成单次出行,也给公众带来了公共自行车"免费"的感受。相比较,国外诸如法国巴黎、里昂、美国纽约等城市的公共自行车系统,免费时段只有借车后的前半小时。美国芝加哥的公共自行车收费标准则为每日7美金,可不限次使用,但同时需满足下述条件:

30分钟之内还车到任一租赁点:不加收费用;

30分钟~1小时还车:一次加2美金(多次使用中某次时间超过30分钟,则该次加收2美金);

1~1.5小时还车:每次加收6美金;

1.5小时之后还车:每半小时加收8美元次。

严格地说,公共自行车的使用并不是完全免费的:由于公共自行车服务常常是通过地方财政进行补贴,因此,使用者通过支付税费,实际上已经支付了公共自行车使用的部分费用;可见,公共自行车财政补贴属于一类交叉补贴——不使用公共自行车的居民补贴了使用公共自行车的出行者。另外,部分城市对于公共自行车的使用者会收取押金,押金的资金成本——利息——也是公共自行车供给的收入来源之一,尽管这部分收入并不算太多。

2. 城市管理者视角的分析

(1) 公共自行车的优势

①提高城市交通效率

公共自行车的人均使用次数较高,一般为4~6次/日,要高于私人自行车(通常被认为低于3次/日),因而在一定程度上提高了自行车和自行车公共停车空间的使用效率。同时,通过公共自行车与公共交通的换乘,为很多中长距离的出行者提供了便利,减少了一定的私人自行车(含电动自行车)乃至私人小汽车中长距离出行。这些都有助于节约道路交通资源并缓解地面交通拥堵。

②提升城市形象

统一整齐、有序的公共自行车系统,有助于塑造城市低碳、环保、健康的良好形象。与之相比,显得拥挤、杂乱的私人自行车停车场地往往被认为有损于城市形象。

③降低非机动车的社会管理成本

公共自行车的被盗率要低于私人自行车(这一点对于公共交通站点及其附近的非机动车停车点来说尤为显著),从而降低了全社会的非机动车停车保管成本和失窃执法成本。

(2)公共自行车的不足

①车辆购置及停车设施供给成本较高

据报道,公共自行车及其租借点设备设施的供给成本较高,每套高达数千元。与之相比,私人自行车的购置费用往往低于500元,新增停车设施的单位成本也较为低廉。

②车辆维护成本较高

公共自行车的运营维护成本较高,据统计,一辆公共自行车的运营成本一般位于1000~2000元/年的区间。一方面,是由于公共自行车需要调度以缓解供需不平衡的矛盾。更重要的是,使用者很难像对待自身财物一样地爱护公共自行车,加之自行车道路交通基础设施存在的不足,造成了大量公共自行车被"无意"甚至"有意"的损坏。

(二)电动自行车市场的经济学解释

1. 电动自行车市场分析

(1)电动自行车的优势

电动自行车的市场化销售始于20世纪80年代初的日本,但直到21世纪初,技术和成本对市场吸引力的限制才被打破。电池和发动机的技术改进、组件模块化以及规模经济的改善,意味着电动自行车可以行驶更长的里程、速度更快,并且价格比以往任何时候都更经济。特别是与传统自行车相比,电动自行车使用者的出行距离比传统自行车使用者更远、行驶速度更高、骑行更省力,节省了出行者的时间和体力消耗。同时,发展之初也不受许多城市禁止使用小型燃油摩托车和电动摩托车的限制。电动自行车的购置成本也较低,新车价格在2000元至4000元,二手车辆仅需300元至400元。因此,电动自行车产业得到了迅速的发展。过去10年,全球电动自行车销售量超过2亿辆,是机动化历史上规模最大、发展最迅速的燃料替代型交通工具。截至2013年底，中国电动自行车社会保有量为1.81亿辆。中国已成为世界最大电动自行车生产和消费国。

（2）电动自行车市场的阻力

然而，近年来，中国不少城市却实施了针对电动自行车的限制甚至取缔政策。例如，2005年，《珠海经济特区道路交通安全管理条例》修订，新增了禁止电动车上路的规定；2006年11月15日，广州市在对电动自行车能否上路进行多次听证后，做出了禁止电动自行车上路行驶的决定；2007年8月15日，东莞市开始"禁电"。

这些城市限制甚至禁止电动自行车的出发点主要有三个方面：一是为了降低交通事故发生率；二是为了缓解道路交通拥挤；三是为了打击非法营运。同时，电动自行车的身份问题（究竟属于"非机动车"还是类似轻型摩托车的"机动车"范畴）也一直是社会关注的热点之一，因为这涉及管辖权和相关法律法规的适用性问题。

2. 电动自行车问题的经济学解释

（1）电动自行车出行的外部性

电动自行车市场更关键是外部成本和路权问题：前者影响外部成本和管理成本；后者影响交通效率和公平。

相对于传统的人力自行车（后文简称自行车），电动自行车更好的动力性能和较大的尺寸带来了更高的交通干扰和事故风险，特别是对于交通素质和道德修养较低的人群来说（这又与电动自行车的使用人群交叉较多）。这些干扰和风险常常是作为"外部成本"存在的。因为很多电动自行车带来的"外部成本"无法有效地内部化/市场化—许多电动车驾驶人为逃避赔偿和处罚，要么不承认违章或侵权的事实、要么逃逸，或者无力支付，使得受害人损失难得到赔偿、相关处罚难以落实。对于保险公司和执法管理部门来说，相关的交易成本十分高昂—搜寻当事人的成本、事故鉴定的成本、执法处罚的成本、落实赔偿的成本……

（2）电动自行车违章执法的交易成本

如果在某交叉口临时设点对违章（闯红灯、逆行、占用机动车道超速、私自改装车辆、营运送客等）的电动自行车进行拦截和处罚：

在众多骑行者中"少数"被"抓"的骑车人往往会认为自己运气不好，而不会由于被处罚而改变自己的交通行为，执法的教育作用非常有限；

在部分违章骑车人被拦截之后，后续的骑车人会更容易察觉执法行为并暂时隐藏自己的违章动机（例如，违章载客的骑车人会让乘客暂时下车步行），加之电动自行车的灵活性远高于机动车，即使违章行为被发现，只要不是无路可走，部分车辆仍然可以迅速改变方向甚至掉头进行规避；

从执法成本的角度来说，执法过程需要消耗定的人力物力，在执法资源有限的情况下，执法的机会成本更是非常高昂（相同的执法资源如果转用于疏导交通或进行机动车执法等其他任务，社会收益可能更高）；

从执法处罚的经济收益来看，电动自行车的单车处罚数额通常在几元几十元，如果设置的太高，会由于阻碍执法和暴力抗法而增加执法成本（据报道，深圳市的禁摩限电整治行动遭受暴力抗法率已达到80%，几乎没有车主愿意配合执法，执法过程必须使用强制手段。深圳市交管局近年因禁摩限电整治受伤人员为320人，各分局、派出所、交警大队因禁摩限电执法冲突造成对方当事人受伤赔偿金额约380万元），骑车人甚至会放弃自己的电动自行车以免遭罚款（毕竟，重新买一辆二手车的代价只有小几百元）；

最后，由于缺乏车牌等车辆相关信息，利用摄像头等适用于机动车执法的常态手段暂时也无法被移植到电动自行车执法中。

因此，以减少电动自行车违章来缓解其对交通流的干扰并降低事故风险的事前执法成本高、收效低，很难持续。与之相比，面向所有（或大部分）电动自行车的执法处罚，由于可以较大地增加车辆捕获率和处罚收益，因此更容易做到常态管理。这也是广州、深圳等城市可以连续实施多年电动自行车限行、禁行政策的经济学基础。

（3）电动自行车事故处理的交易成本

再分析电动自行车涉及交通事故的"外部成本"。电动自行车由于行驶稳定性较差、车速较高、刹车性能差、防护措施少，一旦发生和机动车的相撞事故，由于碰撞双方质量悬殊，电动车方处于明显弱势，伤亡率很高；如果和自行车或行人发生相撞事故，则电动自行车由于质量较大、速度较快，往往会占据优势并造成后者一定的伤亡率；城市中发生更多的是电动自行车与其他车辆的碰擦事故，损失通常不是很大。

更关键的是事故发生之后的处理和赔偿问题。由于电动自行车一般没有牌照（由于前述的执法困难，即使设立电动自行车牌照制度也很难落实），事故发生后，肇事者如果选择逃逸，会极大地增加事故处理的成本。现实中确实有很多电动自行车肇事者选择了事后逃逸。同时，目前大部分电动自行车没有购买保险（实际上，许多保险公司为了避免承担对事故发生率较大的电动车的赔偿责任，往往以电动车不属交强险的承保范围为由拒绝为其承保），骑车人多数来自中低收入阶层，损失赔偿能力有限。一旦发生事故，在赔偿金额方面极易产生纠纷。加之中低收入阶层的时间价值较低，在耗时耗力的讨价还价、调解、诉讼甚至逃逸等潜在威胁下，机动车驾驶人即使是受害人,也常常主动、被诱导甚至被迫承担事故的主要甚至全部责任,并通过机动车保险减少事故的损失。从经济上看,不少电动自行车驾驶人成功地将交通事故的风险转嫁给了机动车车主/驾驶人和机动车保险公司,这显然属于社会"外部成本"的范畴。

(4)电动自行车的环境外部性

另外,常被忽略的一点是,中国90%以上的电动自行车(大多为踏板式电动自行车)均使用铅酸电池,尽管其他类型的电池(如锂电池)近年来陆续进入了市场。电动自行车很大程度上导致了中国铅消费量不断增长并影响到相关种类电池的生产、回收和报废—这一过程被视为产生环境污染的主要来源。

(5)电动自行车限制政策的经济解释

综上所述,尽管电动自行车的市场巨大,对于提升使用人群的交通福祉也非常有效,但该交通方式的"外部成本"很高,并由于高昂的交易成本难以市场化。即使将部分"超标"电动自行车划入机动车的范畴并得到与机动车相似的监管,监管(牌照管理、驾照管理、交通违法行为监管)和事后处理(处罚、定责、理赔)的交易成本仍然会十分高昂。因此,部分城市选择默认电动自行车的"外部成本"(当然,也会进行短期的运动式专项整治),至少可以避免大量低效的执法支出;而另一些城市则实施了严格的电动自行车限行禁行政策,至少这样做可以从经济上维持常态的执法处罚(例如深圳市自2012年4月实施"限电"政策以来,公安机关2013年和2014年每年查扣的涉摩涉电车辆就达到40万辆);而长期进行电动自行车违章整治的城市却非常罕见。

另一方面,电动自行车的主要竞争对手主要是公共交通和人力自行车/三轮车。限行禁行后,虽然对于原电动自行车出行者来说,短期内很难找到满意的替代品,但从地面交通的角度来看,可以获得一定的效果——无论原电动车的使用者改用公共交通还是人力自行车——并降低当量交通量(标准车当量数)和停车压力。原理很简单,电动自行车对道路交通资源的人均占用水平虽低于小汽车,但要高于公交车、地铁和自行车,对停车资源的占用水平要高于自行车,而受限后电动自行车的骑车人绝大部分会转由公共交通或其他慢行交通出行,因此,总体的道路交通资源使用水平会下降。但是,这还不足以判断社会交通的整体福祉是否会得到提升,因为电动自行车出行者如果被迫改由其他交通方式出行,他们的交通福祉肯定是下降的;限行禁行电动自行车也会造成快递物流业等行业成本的增加;其他出行者的交通福祉是否能够得到更大的提升是个较复杂的问题,另外这里还牵涉到交通出行的公平性问题——电动自行车的所有权和路权问题。总而言之，有助于缓解城市交通拥堵，也是部分城市趋向于限行或禁行电动自行车的重要原因之一。

简单地说，电动自行车的出现是交通工具制造技术发展下的产物。在无须搬起自行车上下台阶的场合，电动自行车在机动性和便捷性方面几乎完胜脚踏自行车，在拥堵的城市道路甚至可以击败机动车，因此在气候和地理条件合适的区域出现了蓬勃的发展。然而，如果电动自行车使用人群的交通素质和道德风险问题较为突出，会造成极大的社会"外部成本"。在找到能有效降低这些外部性的方法之前，必须在忍受这些外部成本和降低电动自行车出行者福祉之间进行权衡和取舍，城市管理者须做出更适合城市需求和多数居民意愿的选择。

第七章 公路运输统计

第一节 公路运输统计现状比较与经验借鉴

一、公路运输统计概述

1. 行业统计与产业统计

行业与产业两个概念相近，有所区别，行业统计与产业统计内涵也互有不同。研究公路运输统计，需对行业统计与产业统计进行辨析，以界定公路运输统计的范畴。按照产业经济学定义，"行业"是指从事相同性质经济或其他社会经济活动的所有基本单位（如企业、事业、机关团体等）的集合。在统计上，行业主要用于对总体内

被调查单位按所从事活动同质性进行的分类，通常也称为"按国民经济行业分组"。"行业统计"专指以某一类国民经济行业为范围的统计调查，如纺织业统计、房地产业统计、卫生统计等。

"产业"往往是由多个相关行业组合而成的综合体时。例如，对"三次产业"的划分，就是在行业分类基础上，为反映国民经济和社会发展引起的产业结构变动及相互影响，对国民经济活动按人类生产活动的历史发展顺序所做的统计分类，其中，第三产业包含了除第一、二产业以外的其他15个行业门类。"产业统计"则是近几年在产业经济研究的推动下逐步开展起来的专题性统计，统计范围一般为一个或几个核心行业，以及若干个与核心行业有着紧密的技术经济联系的非核心行业所组成，通过对核心行业和相关行业经济活动过程和最终生产经营成果的测算，以反映核心行业发展对相关行业的拉动程度，以及对整个国民经济的贡献率。

通过对"行业"与"产业"的辨析可以看出，"行业"以社会经济活动的同质性为划分原则，"产业"则以生产力发展或技术经济联系作为界定依据。两者统计范围上存在差异。行业统计严格按照国家行业分类标准，行业与行业之间不存在重复、交叉因素。产业统计按反映的主题确定统计范围，通常包含了与确定主题密切相关的生产、流通和服务等活动领域，不同主题的产业统计之间存在跨行业重复、交叉的因素。

本文所研究的公路运输统计定位于公路运输行业统计，具体来说就是针对公路运输方式的运行状态、产出成果、生产效率等进行统计。如此定位一方面有利于支撑公路基础设施的规划、运营、管理决策等，另一方面，运输产业属于国民经济基础性产业，与它有密切技术经济联系的行业十分广泛，且这些行业技术经济特性等差异巨大，如此纳入同一个统计体系来，在技术上在现阶段十分困难，而且也无必要。因此，本文所研究的公路运输统计，定位于公路运输行业统计。

2. 公路运输与公路运输统计

按照联合国《运输统计术语》定义，公路运输是指利用公路车辆在特定公路网络上进行的旅客和货物位移的活动。《运输统计术语》同时对公路车辆进行了定义，定义"公路车辆是指公路上被使用的有轮车辆"。因此，公路运输是使用汽车和其他车辆（如人力车、畜力车）在公路上进行货物和旅客运输的一种运输方式。

以公路运输为统计对象的公路运输统计是社会经济统计的重要组成部分，从不同的角度可以对公路运输统计进行相应的描述界定。本文从公路运输统计的活动过程出发定义公路运输统计为：

公路运输统计是指利用合适的统计理论与技术方法，对反映公路运输行业的数量、规模、速度、发展水平、经济效益等数据的搜集、整理以及分析、研究等活动过程的统称。

在上述定义中，合适的统计理论与技术方法是公路运输统计的基本手段，能反映公路运输行业发展的数量、规模、速度等方面的信息是公路运输统计的对象，任务是搜集、整理及分析相关信息数据等。

二、公路运输统计职能

公路运输统计的根本职能是对公路运输行业运行状态、产出成果、生产效率等进行统计调查、分析，提供统计资料，行使统计监督职能，充分发挥统计服务和统计监督作用，为行业管理提供参考，为规划和决策编制办法提供依据。对应于统计工作的信息、咨询、监督三种职能[1]，本文具体分析公路运输统计的职能如下：

1. 通过开展公路运输统计，系统地收集、整理和提供公路运输统计信息，反映公路运输行业的运行状态、产出成果、生产效率等，揭示公路运输与国民经济各部门间的有机联系，为相应数据需求主体提供数据咨询服务。

2. 充分利用掌握的统计数据资料，经过分析、综合、判断，为公路运输宏观、微观决策、行业的科学管理提供咨询意见和决策依据。

3. 根据统计调查和统计分析的结果，对公路运输行业的运行状况和各项政策的执行情况实行定量检查、监测和预警，揭示决策和执行中的偏差，促进公路运输行业按照客观规律健康、快速、持续发展。

三、公路运输统计范围与内容

1. 公路运输统计范围

按公路运输生产活动在社会再生产过程中作用的不同又可分为两类：一类是作为具体生产过程有机组成部分的生产过程内部的运输活动，通常称之为生产过程运输；一类是作为物质生产部门的运输业在流通领域进行的运输活动通常称之为流通过程运输。生产过程运输是生产企业（工厂、矿山、林区、基建土地等）内部和农业生产活动中，由企业自备的运输工具完成的运输活动，是工农业生产活动中不可分割的组成部分。流通过程运输是由专门担当运输生产的专业运输企业所进行的运输活动，是生产过程在流通领域的继续，是运输业为社会创造价值的表现形式。这部分运输主要包括公路旅客运输、公路货物运输、搬运装卸、汽车维修和运输服务5个方面。本文所研究公路运输统计的范围指流通领域内的运输生产活动和部分生产过程运输生产活动。其中部分生产过程运输指企业自备车辆在厂区或作业区以外完成的运输生产活动。

在上述范围中，值得注意的是，根据最新颁布的我国现行行业分类标准—《国民经济行业分类》（GB/T4754-2002），公路运输业包括公路旅客运输、公路货物运输和运输辅助活动，其中运输辅助活动包括客运汽车站、公路管理与养护及其他运输辅助活动。由于《国民经济行业分类标准》对公路运输业的界定是着眼于产业活动单位的角度，因此该口径的公路运输统计范围是为国家进行国民经济核算服务的。而公路运输部门所采用的统计范围往往按照流通过程与部分生产过程来进行统计。

2. 公路运输统计的内容

总体上看，完整的公路运输统计应该至少包括如下内容：

（1）公路运输生产条件统计。主要包括公路交通基础设施、公路运输装备和从业人员三方面。

（2）公路运输生产过程统计。主要包括线路维护、车辆维修和检测等生产活动，还包括各种生产资料在生产过程中的运用情况和使用效率，以及对燃料物料消耗、劳动力消耗、运输安全和环保的统计等。

（3）公路运输生产成果统计。公路运输生产成果有实物量和价值量两种表现形态。实物量主要包括客运量、客运周转量、货运量、货运周转量等。价值量主要表现为公路运输业总产值、增加值、运输经营收入、利润等。

（4）运输经济效益统计，统计内容主要包括成本利润率、资产收益率、劳动生产率、财务成本等。

四、公路运输统计现状

1. 统计项目现状

按调查方式分，现行的公路运输统计项目主要分为两类：全面调查项目和抽样调查项目。

全面调查项目主要包括如全国公路普查、汽车保有量普查、公路运输企业物资库存普查等。与抽样调查相比较，全面报表的实施难度较大，成本较高，实际中采用得并不多。

公路运输量统计主要采用抽样调查方法。目前，公路运输量抽样调查项目有半年一次抽样方案和分月抽样方案。

（1）半年一次抽样方案

该方案的正式名称为《公路运输定期抽样调查方案（试行）》，由交通运输部1998年5月正式发文要求各省（区、市）执行。目前全国31个省（区、市）均在执行此方案。方案规定每半年开展一次抽样调查，并且集中安排在其中一个月中进行，由此可推算出半年的全社会运输量。

（2）分月抽样调查方案

该方案要求在原来执行半年1次《公路运输定期抽样调查方案（试行）》的基础上，即在其中1个月进行样本车辆调查的同时（该月因调查的样本车辆比较多，被称为大月），利用样本轮换方法，在剩余的5个月份中也抽取相当于大月样本量1/5~2/5的样本车辆进行调查（这些月份因调查的样本车辆比较少，被称为小月）。具体的调查范围、样本抽样方法、调查内容、调查方法基本工作流程等与半年1次抽样调查方案一致。

2. 统计指标体系现状

综合公路运输的各类统计报表，统计的信息主要包括：

运政机构基本情况，道路运输行业经营业户及人数，营运载客汽车，道路客运班线、班次，道路客运站及通车情况，营运载货汽车，道路货运站，道路货运交易市场，道路搬运装卸业，汽车维修业，道路运输服务业，汽车综合性能检测站，汽车驾校，出入境汽车运输，外商投资企业、重点联系公路运输企业经营财务情况、公路货运企业运输量等。在上述每一个项目下，都设计专门的表格进行相关指标的统计。根据2006年最新的《道路运输统计报表制度》，还增加了如下指标叫：

在运输市场运行方面,在原来指标的基础上,将运输经营业户细分为100辆车及以上的企业、50辆至99辆车的企业、10辆至49辆车的企业、10辆车以下的企业和个体运输户;同时,对客运线路也细分,按里程划分为<400千米、≥400且<800千米、≥800千米的线路。

为适应于社会主义新农村建设,新《制度》增加了反映农村公路客运发展和建设的报表,包括农村客运班车通达情况、农村客运站数量、农村客运班线、农村客运车辆、农村旅客运输量、农村客运站投资等指标。

在危险货物运输监管方面,增加了包括运输爆炸品、易燃液体、易燃固体、易于自燃物质和遇水放出易燃气体的物质、氧化性物质和有机过氧化物、毒性物质和感染性物质、放射性物质、腐蚀性物质、杂类危险物质和物品的业户数,安装GPS和行车记录仪的专用车辆等指标。

此外,加入了机动车驾驶员培训和运输市场退出情况的统计。具体包括如机动车驾驶员培训业户、理论教练员人数、驾驶操作教练员人数、从业资格培训教练员人数、培训人次、教学车辆等指标、报废车辆、经营户市场退出数等。

抽样调查主要统计运输生产成果指标与运输效率指标,具体包括:旅客(货物)运量及其周转量,燃油消耗和工作率、实载率、里程利用率、平均运距、吨(客)位月度运输量等。

3. 统计方式现状

公路运输统计调查方式包括全面调查(统计报表)、抽样调查、重点调查、典型调查等。

(1)全面调查

全面调查以全面统计报表的方式,由基层单位填报统一的统计报表。采用此种方式统计的包括公路里程年底到达数、高速公路明细表、公路旅客运输工具拥有量、公路货物运输工具拥有量等。

(2)重点调查

重点调查是在所要调查的对象中,只选择一部分重点单位进行的调查。重点单位的选取标准一般是指其标志值在所要研究的标志总体中占有很大比重的单位。重点联系公路运输企业经营财务情况统计、公路客运企业旅客运输量统计、公路货运企业货物运输量统计等就是重点调查的代表。

(3)典型调查

典型调查是一种应用比较广泛的非全面调查方式,它是从众多的调查研究对象中，有意识地选择若干个具有代表性的典型单位进行深入、系统地调查。目前，许多地区对个体和联户经营的车辆完成的运输量就是采用典型调查推算总体的方法。按不同类型的运输工具，分别再按不同的经营线路或特点选取各自的典型户，推算结果具有较为科学的代表性。

(4) 抽样调查

抽样调查是一种非全面调查，是从全部调查研究对象中，抽选一部分单位进行调查，并据以对全部调查研究对象做出估计和推断的一种调查方法。抽样调查在公路运输统计中具有广阔的应用前景。

目前，全国交通运输部门公路专业运输企业的营运汽车辆数占全社会汽车辆数的比重不足10%，而要对分散在非交通系统各部门以及个体经营的几百万辆汽车完成的运输量进行全面调查，几乎是不可能的。只能采取抽样调查的方法，通过抽样调查的方法，仅需抽取少量的样本车辆进行登记调查，就可以达到推算全社会公路运输量的目的。我国从80年代初开放公路运输市场以来，非交通部门所完成的运输量在全社会运输量中所占的份额逐年增加。为此，交通运输部从80年代中期起在全行业运输统计中采用了抽样调查方法。目前，在全面建立车辆数据库的基础上，利用抽样调查方法进行全社会公路半年度、按月运输量统计的工作已在全国范围内成功开展，基本实现了按时提供全社会公路运输量月报、半年报、年报的目标。

五、中外公路运输统计现状比较

1. 异同比较

公路运输统计需以国情与实际需要为基础，并不断改进完善，在交通运输、国民经济发展中发挥信息反映、决策咨询的作用。比较中外公路运输统计现状，在统计内容上，各国都能通过各具特色的统计项目进行公路运输产出成果、运行状态等基本内容的统计。随着现代统计技术的发展，在统计方式上，各国都注重统计报表、抽样调查、典型调查等多种调查方式方法的结合，特别强调抽样调查方法的应用。

在差异比较上，中外公路运输统计最主要的差异表现在以下方面：

(1) 运输统计发展的理念存在显著差异

发展理念是公路运输统计发展的指导思想，决定着运输统计的发展方向。发展理念的提炼必须以坚实的理论基础为平台，在发展理念的指导下，经过长期的发展形成各具特色的公路运输统计体系。公路运输统计中，我国的运输统计基础理论的研究薄弱，对运输统计的历史任务、发展目标、功能定位更多地停留在计划经济时代，局限于公路运输行业内部产出成果的反映上，而对行业间的经济联系反映不够，人为地割裂了货物和旅客流动的连续性，忽略了运输方式之间的内在联系。仅仅讨论各运输方式在运输体系中所占的比例，但实际这些数据很难说明各运输方式间的有机联系以及如何联系，对于构建综合运输体系、规划建设区域交通基础设施、社会经济决策的参考意义有限。而在国外，首先在发展理念上就将运输统计定位于交通运输发展、社会经济发展的有力支撑，因而以各运输方式的协调发展、整体国民经济体系的优化为整体视角，将各运输方式的统计有机地结合起来，从统计项目上、统计内容上、统计指标体系上相互协调、互相补充，形成了能充分支持运输发展与社会经济发展的运输统计体系。

（2）运输统计直接指向显著不同

在我国，由于公路运输统计的目标还一直停留在计划经济时代的行业内部产出成果的反映上，而对运输与国民经济部门的联系关注不够，局限于行业内部，缺乏支持综合运输体系构建、国民经济发展的视角，因而在运输统计中，我国的公路运输统计就直接指向公路运输方式，仅关注公路运输方式所承担的运输产出，而对与此前后相联系的其他运输方式关注不够，不能从关注货物与旅客流动全程的角度来进行运输统计。而国外的运输统计由于基础理论上的支撑，统计目标明确定位为从货物和旅客的流通的需要来分析运输问题，因此运输统计十分关注货物、旅客流通的全程，统计直接指向为货物和旅客，往往将铁路、公路、水路、民航运输方式统一在同一调查项目中，如美国的商品流动调查和家庭旅行调查，日本的全国货物流动统计调查，加拿大的大都市区运输统计等。在这些统计项目中，统计中首先是按货物和旅客分别统计，其次才在货物、旅客调查中关注运输方式，并且十分注重行业的经济运行方面的统计。如运输企业的财务经济状况，行业公共开支的明细情况，个人报酬等等。

（3）统计内容存在显著差异

由于国内外运输统计的目标不同，直接指向存在显著差异，使得在具体的统计中统计内容存在显著差异。我国目前只对营业性运输进行统计，而对非营业性运输不统计，而国外则对所有的营业性与非营业性运输都进行统计。原因在于我国公路运输统计中，以运输管理部门的营业车辆数据库为抽样调查数据库，因而抽样调查的对象仅限为在运输管理部门办理过营业证的车辆，统计结果也就仅包括营业性运输。而在国外，除了重点统计营业性运输外，对非营业性运输也进行统计调查，以全面了解公路运输的现状。如日本的"汽车运输统计调查"除了调查营业性公共汽车企业营业所和营业性汽车货运企业营业所外，还不分营业性与否，针对全国范围内的汽车使用者进行统计调查,以获取全面的公路运输统计数据。

在具体统计中,从运输统计内容与指标体系上看,国外的运输统计在统计基本运输产出成果的同时,更注重运输产品特性的统计。我国的公路运输主要统计客(货)运输量、客(货)周转量等几个相当有限的指标,仅反映公路运输基本的物量产出情况,而不反映产品特性,给公路交通运输行业相关的工作带来一系列的不便。如在公路规划中,公路等级确定、线路走向规划、建设序列安排等,亟须运输产品本身的特性数据。我国由于缺乏上述数据,使得相当一部分公路规划建设项目呈现出一定的主观性、盲目性。而国外相当重视运输产品特性的统计,如美国对公路运输统计中有关运输产品特性的指标包括:货物的价值、货物种类、货物重量、货物所使用的运输方式、旅客出行类型、旅客时间价值等相当丰富的内容。统计上述指标,给相应的公路规划、运营管理、政策制定等提供了有力的支撑。而实际上在我国,通过丰富统计指标体系,完善统计内容,改进现有公路运输统计方法,完全可以对上述内容进行统计,以弥补现有统计的缺陷。

(4)空间依托不同

从运输统计空间范围上看,我国公路运输统计以行政区划为依托,且普遍以工具运输量来代替区域运输量,而国外公路运输统计淡化了行政划分区划的概念,以专项的运输区域依托,关注运输空间联系所反映的区域经济联系。从运输的技术经济特征看,空间上的运输需求和运输活动由经济、社会和自然特征及政策限制所共同形成,由区域的产业结构与布局、资源特性,和运输对象的经济效益的空间范围所决定,而与行政区划上的省与省之间的界限并无必然联系。因此,依托以运输本身内在的联系为基础的运输区域进行运输统计,更能反映运输发展的客观规律,对于公路基础设施规划、建设、序列安排等更有指导意义。日本以经济区域为基础,通过对全国52个县的划分,最后形成了7个运输区域。而在美国,公路区域运输统计调查就是按照运输生产的专业联系,专门划分九大运输区域进行,公路运输统计按运输区域来进行,使得各区域之间、各区域内的流量、货种等一目了然,这给相关的公路、场站、交通枢纽规划与管理提供了直接依据,极大地方便了相关决策。我国目前的公路运输统计则直接依托行政区划进行统计调查,专门的运输区域划分在国内目前相关研究刚刚起步。这样,往往一些经济联系紧密的省市或地区在相关的运输量统计中,看不出其经济联系,割裂了它们之间内在的运输联系,给相应的公路、场站、交通枢纽规划带来不便,甚至误导了规划工作的开展。

(5)运输统计体系的完整性存在差距。由于国外对运输统计十分重视,经过长期地发展完善,围绕运输统计核心内容,国外的运输统计形成了包括数据搜集、数据整理、统计分析、数据发布等一系列相当完整的体系,并且从统计项目的设立、统计数据的搜集、统计数据的整理和深度挖掘、统计数据的发布等都有非常完善的制度保障,每个环节都能得到充分的重视。如美国运输部为做好统计数据挖掘工作,投入了大量的人力和财力,除BTS本局人员外,还依靠大量的大学科研机构来进行数据整理和研究开发工作,比如BTS委托加州州立大学洛杉矶分校从事地理信息系统GIS研究工作的学者,利用丰富的交通信息基础资料,制作反映道路交通情况的GIS图,并在互联网上公布,使公众在网上可获得随时随地道路上车辆的车速、车辆拥挤、交通事故等状况,以充分发挥统计的作用。而在我国,由于运输统计理论基础研究薄弱,运输统计顶层设计缺失,公路运输统计呈现出项目分散、工作重点失衡、体系性不足的缺点。公路运输统计工作往往重数据搜集,轻数据分析,甚至数据搜集环节也得不到充分重视,直接影响统计工作的有效性。

(6)运输统计项目体系存在较大差距。在国外,运输统计项目由常规统计与诸多的专项统计相结合构成,专项统计占据十分重要的地位。常规统计是统计日常基本内容,如运输收入、就业等内容,另设置众多的专项统计项目对一些关键的数据进行统计。并且日常统计项目所统计的统计指标有限,专项统计的统计指标较细,如加拿大的收入和周转量指标、美国的货物流量和家庭出行数据等。在我国除了基本统计项目外,鲜有专项统计,统计内容较为单薄,专项数据缺乏。

(7)现代科学技术的应用存在较大差距。现代科学技术的发展带来了生产力的快速发展,国外的运输统计十分重视应用现代科技以提高统计效率和统计水平。通过采用现代科技,不但能大幅度提高统计效率,降低成本,更重要的能进行诸多在原有技术水平下无法开展的统计。国外发达国家就十分重视在运输统计中应用现代科学技术。如美国,从1999年起,联邦运输部的联邦公路局(FHWA)开发了美国首个面向公众的全面的货运数据库,构建了以其为基础的货运分析框架(Freight Analysis Framework,FAF)。它的核心数据除了商品流动调查数据外,还包括交通调查数据、铁路运单抽样数据、水运统计数据、美国商品货物统计数据、跨境陆运数据以及农业农村部的农业普查数据等。通过货运分析框架,管理者可以得到各种运输方式的货运密度分布等分析结果数据。此外,美国联邦运输部的运输统计局(BTS)、部长办公室(OST)的综合运输处以及联邦公路局(FHWA)的货运管理运营处开发了货运地理信息系统软件(Geo Freight),主要功能在于计算和度量综合运输基础设施的使用强度,并把相关信息显示在地区或全国地图上,能清楚地了解美国各运输区域之间、各区域内的流量、流向,也能即时获知各公路运输的拥堵情况,便于政策制定者和决策者发现目前和未来的主要运输瓶颈,给相关的道路、场站、交通枢纽规划与管理提供了十分关键的基础数据,极大地方便了相关决策。我国由于运输统计科技投入不足,同时统计理念上存在偏差,使得现有的公路运输统计中现代科技的应用很不足,处在较为原始的状态,极大地影响了运输统计的效率和水平。

2. 借鉴与启示

(1) 基础理论上,需加强统计基础理论的研究,提供统计发展方向指导目前我国统计基础理论的滞后,已经严重影响了统计目标定位、指导理念确立和统计项目、统计内容、统计指标等的构建,导致现行公路运输统计体系存在一系列的缺陷。要改进现行的公路运输统计,首先必须加强统计理论的研究,从顶层解决"为谁而统计,为何而统计,统计什么"的理论问题,并对统计的内涵外延做出明确的界定,为我国公路运输统计发展提供方向性指导。

(2) 顶层设计上,需明确公路运输统计目标,确立运输统计指导理念

随着我国由传统计划经济体制向市场经济体制转变,社会主义市场经济快速发展,公路运输统计的环境发生了巨大的变化。这种变化必然要求公路运输统计目标随之转变。统计作为现代决策科学的重要组成部分,必须充分发挥对交通运输规划、管理、决策的支持作用,以促进交通运输规划、管理、决策的科学性,支撑交通运输与社会经济的发展。因此,着眼于统计的决策支持角色,确立我国公路运输统计的目标为:

通过依托类型多样的公路运输统计项目,对我国公路运输发展的各方面进行统计,提供充分、及时、全面的公路运输数据,了解公路运输行业发展,监控行业运行状态,建设内容充实、指标完善、方法有效、有效满足用户需求的公路运输统计体系,为国家运输规划、行业管理和社会经济发展规划、政策制定提供有力的基础支撑。

在.上述目标下,公路运输的发展理念也需明确为满足于从社会货物、旅客流动的角度分析运输问题的需要,充分关注货物旅客流动的全过程,了解运输产品的特性,为交通运输规划、行业政策制定等提供重要的决策。

(3) 中层构架上,需丰富统计项目,充实统计内容,完善统计指标

统计项目上,除了基本的以行政区划为依托单元的区域工具运输量统计外,需从运输生产的内在联系出发,构建更加完整的项目体系。如线路运输统计、区域运输统计等。同时,为考察全国范围内的社会经济联系,通过线路运输统计、区域运输统计,引入地理信息系统,考察国家地理空间上的社会经济联系。此外,可适时开展公路运输 OD 专项调查、公路货值专项调查以及针对公路运输业发展中的一些热点、重点问

题等专项调查项目,完善目前我国的公路运输统计项目。

在统计内容与统计指标体系上,必须着眼于服务运输统计目标,通过开展新的统计项目、扩充现有统计项目内容等方式,充实公路运输统计内容,指标设计上,需加强价值量统计指标的统计,充实日常运输统计指标,并注重对运输产品特性指标的统计。

(4)基层实践上,需从整体体系着手,加强统计分析,注重现代统计技术的应用,重视产品特性与行业间联系统计,统计之所以能发挥咨询、监督的功能,在于通过对统计资料的深层分析和数据挖掘,以整理提炼出能供决策咨询用的信息。国外运输资讯的丰富在很大程度上得益于他们进行大量的数据分析和比较,即所谓的"数据挖掘"。如客货流量流向统计数据,不仅有分地区的横向比较数据和不同年份的纵向比较数据,而且有不同线路、不同运输工具所组成的多维相互交叉、对比的不同组、不同类数据。我国的运输统计必须重视数据的深度分析与挖掘。只有在分析与挖掘的基础上,才能明晰数据背后隐含的事物发展的现状、趋势与规律,真正实现公路运输统计的功能。

统计技术上,需注重在公路运输统计中引入现代统计技术。在充分论证的基础上,大胆引入现代统计技术与方法。注重统计方法的多元性,考虑不同统计方法与技术的适应性,在经济性与效益间取得有机平衡,构建经济、合理、科学、高效的公路运输统计技术体系。

作为弥补现行公路运输统计缺陷的重要选择,需加强公路运输统计中行业内部的运输产品特性统计与行业间的统计,不但统计公路运输的运输生产情况,而且需要着重运输产品特性的统计;不但进行公路运输行业内部的统计,更要着眼于各运输方式协调发展,进行行业间的统计,以反映行业间的社会经济联系,为综合运输体系构建和社会经济协调发展提供有力支撑。

第二节 公路运输统计需求分析

一、公路运输信息需求主体分析

公路运输统计的服务对象具有多元化特征,不同的服务对象对运输信息有着不同的需求。这些主体的需求成为公路运输统计的基本立足点。研究公路运输统计信息需求主体,此为确定运输统计内容、明确统计侧重点、设计统计指标体系的基础,为公路运输统计成败的关键因素之一。而在以往的公路运输统计中,往往忽略此部分内容的研究,导致统计内容出现偏差、指标体系不完善等问题。

从社会经济运行的角度看,公路运输的本质是通过人与物的流动,实现社会资源的优化配置。从公路运输的本质出发,分析资源配置的过程,公路运输信息需求主体及其需求内容可大致归纳如下:

1. 资源配置管理主体

从社会经济运行的角度看,资源配置的管理主体主要指负有社会管理、公共服务责;任的各级政府部门。对于公路运输业,对公路运输进行行业管理、宏观调控及其他相应管理工作的部门主体主要包括:

(1)公路运输主管部门

公路运输主管部门对公路运输业的发展负有指导、管理责任,对公路运输信息的需求最为强烈,所需内容也最广泛,几乎涉及所有相关的公路运输信息。

(2)综合统计部门

综合统计部门在政府体系中负有统计政府所需信息的使命。对于公路运输信息,主要需要宏观层面的数据,反映各地区间社会经济联系、各部门间的投入产出关系以及公路运输行业本身发展状况、水平数据。

(3)规划部门

政府规划部门(包括交通运输规划部门)在进行规划工作的时候,需要相关的公路运输统计总量数据、强度数据以及运输产品特性数据等做支撑。

2. 资源配置执行主体

在市场经济体系下,资源配置执行主体主要是公路运输行业内的各经营主体。这些经营主体在经济利益的驱动下,自发的在市场调节下,进行着社会经济资源的优化配置。

公路运输业中各经营主体在优化资源配置的过程中,一方面,需要明确目前行业的发展状况、发展水平,另一方面,需要通过掌握现状数据,把握未来发展趋势,作为经营决策的依据。这些经营主体主要包括:

(1)运输企业

包括货运企业、客运企业、搬运装卸、汽车维修、运输服务等公路运输行业内的公路运输及相关服务企业。

(2)相关产业企业

运输贯穿于社会生产、流通的各个方面,既提供生产性服务,又提供消费性服务,连接着诸多的国民经济产业。这些相关产业内的企业由于经营的需要,也关注公路运输统计信息。

(3)公路运营机构

公路运营机构为公路运输提供服务,公路运输统计信息对公路运营机构尤其是收费公路运营机构运营管理决策具有重要的支撑作用,因此,公路运营机构对公路运输统计信息有着迫切需求。

3. 资源配置支持主体

资源配置支持主体主要是指在为通过公路运输实现资源优化配置的过程中提供支持服务的主体。这些主体为实现服务于公路运输的目标,对公路运输统计信息产生相应需求。支持主体主要包括如下两类:

(1)行业协会

行业协会是公路运输业为实现健康发展而自行组织的非官方机构,协调公路运输行业内部相应的活动、行为,做出行业层面的一些规范。这些功能的行使依赖于这些机构对行业自身清醒的认识,因而产生对公路运输信息需求。

(2)科研机构

科研机构为行业发展健康的诊断者,针对公路运输业发展中存在的问题,提出改进建议。科研机构认识行业发展存在问题的渠道很大程度上依赖于统计数字,他们工作的基础依赖于完善的公路运输统计。

(3)社会大众

公路运输的发展离不开社会公众的参与支持,社会公众从日常的便利出行到生活用品的购置等各个方面都涉及公路运输。社会公众需要了解公路运输的正常状态,以安排自己的日常出行与平时生产、生活。

二、公路运输信息需求内容分析

1. 需求内容

不同的公路运输信息需求主体所关注的领域、所担负的责任不同,对公路运输信息的需求内容亦不相同。公路运输统计需充分关注这些不同主体的信息需求,综合筹划,以构建公路运输统计项目体系,最大程度的满足各需求主体的信息需求。

理论上,详细地分析每一个需求主体的信息需求,进而确定具体的统计项目与内容最为完备,但作为一篇学位论文,篇幅上既不允许,对于理论方法探讨研究,亦无必要。

本文大致将公路运输信息分类如下:

（1）运输系统

运输系统的发展水平一定程度上代表着公路运输的生产力水平。运输系统的主要内容包括：

交通基础设施：如按有无路面划分的公路里程数、按功能等级划分的公路里程数、公路车道里程数等；

运输设施：如开通的运输线路条数、运输线路总里程、客运站（枢纽）、货运场站、配货中心等为运输服务的设施；

在上面的划分中，对交通基础设施是否划入运输系统的统计范围有不同的观点。有的学者认为交通基础设施属于交通系统类，不应归于运输系统。而本文认为，从属性上来看，交通基础设施与运输系统有着明显的差异，但是从统计的视角，为反映公路运输系统的技术水平，则交通基础设施是必不可少的重要组成部分。因此，对交通基础设施的属性不做严格意义上的区分，将其作为反映运输系统水平的一个组成部分纳入统计范围。

（2）运输设备

运输设备统计主要是指用于公路运输的各类客货车辆、搬运装卸设备、仓储、包装设备等。具体可纳入统计范畴的包括：

客车现存总量、各种车型结构比、车辆价值、平均车龄、客车数量地域分布、客车在企业间分布、车辆客位数等；

货车现存总量、各种车型结构比、车辆价值、平均车龄、货车数量地域分布、货车在企业间分布、车辆吨位数、货车重量等；

搬运装卸设备总量、种类结构、价值、分布情况等；

仓储面积、结构类别、地理分布、企业分布情况等；

包装设备总量、种类、结构构成、价值、分布情况等。

（3）经营主体与运输对象

经营主体主要涉及公路运输市场中参与的各方，在统计中，主要涉及运输过程中的货主、委托人、承运人、接收人、货物、旅客等。具体可纳入统计的范围包括：

经营主体的经营资质、主营业务、注册资本、经营规模、联系方式等；

货物：货物类别、货物价值、货物运输起讫点、货物重量、体积、运输特殊要求等；

旅客：出行类别、出行目的、收入水平、出行起讫点等。

（4）运输与经济

运输与经济主要统计运输对经济增长的贡献，此部分为运输生产的最终体现，亦是公路运输统计的重点内容之一。此部分统计的内容主要包括：

公路运输业总产值（货运收入、客运收入、装卸收入、货运杂项收入等）、公路运输业增加值、公路运输对 GDP 的贡献率、与运输相关的最终需求、公路运输固定资产投资、新增固定资产投资、公路运输与国民经济各部门投入产出关系、公路运输与国民经济比例关系、货运与国民经济比例关系、客运与国民经济比例关系等。

运输与经济部分虽然统计项目并不特别多，但是统计内容的宏观性决定了其实际统计中的复杂性，且需附之以大量的统计分析、统计核算等工作，需花费大量的人力物力，因此，此部分亦是公路运输统计的重点与难点。

（5）运行状态与产出成果

此部分主要统计公路运输业运行的日常状态和产出成果，是公路运输统计的基础部分之一。统计内容相当丰富，此部分统计的内容主要包括：

运行状态：总车日、完好车日、非完好车日、完好率、工作率、平均日出车时间、平均车日行程、营运速度、空驶率、吨位利用率、客位利用率、实载率、单车产量、脱班率、误点率、客车正班率、发车正点率、旅客正运率、售票差错率、行包正运率、货运质量事故频率、旅客意见处理率、货差率、货损率、超载率、行车事故次数、行车事故受伤人数、行车事故死亡人数、行车事故经济损失、汽车燃油利用率等；

产出成果：货运量（分全社会、线路、网络）、客运量（分全社会、线路、网络）、货运周转量（分全社会、线路、网络）、客运周转量（分全社会、线路、网络）、换算周转量（分全社会、线路、网络）、养护工程量（路面、路基、桥梁、涵洞、渡口等）、装卸作业量、台时产量、修竣辆次、完成检测辆次等。

（6）经济效益

经济效益统计侧重于从企业的微观层面来反映行业整体的效益水平。统计的内容主要从成本与收益两部分展开：

成本：运输总成本、燃油消耗、轮胎、折旧、养路费、间接营运费用、司助工资等；

收益：货运收入、客运收入、维修收入、搬运收入、装卸收入、维修收入、利润额、投资利润率等。

（7）地理信息

地理信息技术日益成为交通运输业和运输规划机构一种非常有用的决策工具。运输完成人和物地理空间上的位移，随着实时监控、追踪技术的发展，使得掌握地理信息也成为运输统计的新内容之一些部分的统计内容主要包括：

货物运输 OD、旅客运输 OD、车辆行驶路径、地区间货物流量、地区间旅客流量等。

（8）外部性

运输给社会发展、经济增长带来正面影响的同时，亦不可避免地给社会和环境带来负面影响，公路运输外部性统计主要统计负外部性，统计内容包括如下：

二氧化碳排放量、氮氧化物排放量、一氧化碳排放量、挥发性有机化合物排放量、铅排放量、微小颗粒物排放量、噪声超标率等。

上面8个方面构成公路运输信息需求的主体，虽然仍然有没有包括的内容，但是上述8个方面的数据基本上能反映公路运输业的发展现状、水平及与国民经济增长、社会发展关系的全貌。

2. 信息需求缺口

统计信息的需求是一动态发展过程，需随时评估其新的变化。美国运输统计局有专门的委员会每年对运输统计数据进行分析，评估包括货物数据、旅客数据、运输与经济、地理数据等在内的数据缺口，以便及时进行统计内容的更新与调整。本章讨论公路运输信息的需求，用意也在于客观地评估目前我国的公路运输统计信息需求缺口，为我国公路运输统计的完善提供方向指导。

我国公路运输统计的数据缺口主要体现在：

（1）地理信息与外部性信息两大部分信息需求，现有统计项目为空白，基本没有涉及。

（2）经营主体与运输对象部分，现有的统计在运输对象部分的数据基本没有涉及，有关货物类别、货物价值、货物体积、运输中的特殊要求以及旅客的出行类别、出行目的、收入水平、出行起讫点信息现有运输统计项目中没有涉及。

（3）运输与经济部分，此部分对于各运输方式间联系的数据、公路运输与国民经济各部门间的投入产出数据、公路运输以及交通运输业对国民经济的贡献的数据缺失。

（4）运行状态与产出成果部分，此部分在纵向上，从运输量、周转量、换算周转量等现有的统计项目能够得以获取，数据缺口存在于此部分生产成果统计的横向上，即现有的公路运输统计主要针对全社会运输量（也就是所说的工具运输量）展开，而在线路运输统计与区域运输统计存在空白，使得产出成果的统计内容上不完善。

3. 填补运输统计数据缺口的选择

（1）地理信息部分

地理信息的统计调查需要结合具体的运输行为而进行，地理信息中关于客货起讫点、车辆行驶路径等信息需要对运动中的运输行为而进行。在目前的公路运输统计项目中，尚无直接针对运输行为而进行的项目。因此，此部分信息宜开辟新的统计项目进行统计。

(2) 外部性信息部分

外部性信息的调查主要涉及排放量、噪声分贝等参数的确定上，比较简便的方法是针对运输企业展开，能够获取不同车型、不同状态等的外部性参数，而目前针对运输企业开展的统计项目为数不少。因此，此部分信息的统计调查可以附加于原有的项目进行统计。

(3) 运输对象部分

运输对象涉及的纷繁复杂，且每运次所运输的对象都会发生变化，对其调研一般需要针对运输过程而进行。因此，这部分宜设计专门的统计项目进行调研。

(4) 运输与经济部分

此部分的数据涉及公路运输与其他各运输方式间的联系、公路运输与部门的投入产出以及交通运输业的整体行业产出、行业效率、行业在国民经济中的地位等关键问题。此部分，可以设计相应的指标，附加于原有项目进行统计。

(5) 运行状态与产出成果部分

由于公路的线路、区域运输产出成果必须依托于具体的公路线路与区域而展开，但是现阶段此部分统计为空缺，因此，这部分需要设计新的统计项目进行统计调查。

第三节　全社会公路运输统计

一、全社会公路运输量统计现状

(一) 实施现状

1. 全面调查

全社会公路运输统计采用统计报表的方式，由各省、自治区、直辖市及计划单列市交通厅(局)向交通运输部填报《交行统1表：公路运输工具拥有量》和《交行统3表：公路客货运输量》，上述两表中，《交行统1表：公路运输工具拥有量》属于年报表，每年2月10日前由各省、自治区、直辖市及计划单列市交通厅(局)向交通运输部报出，报出内容主要为本区域内汽车、其他机动车、人力畜力车、轮胎式拖拉机数，并按营业性与非营业性，交通部门与非交通部门的属性分类填报。《交行统3表：公路客货运输量》属于半年报表，由各省、自治区、直辖市及计划单列市交通厅(局)分别在2月10日和7月31日前向交通厅报出，报出的内容包括分汽车类别的客货运输量和客货周转量。全面调查统计公路运输工具拥有量,实行全面调查的调查对象原则上为从事营业性运输的独立核算的公路运输单位及个体(联户)。但不包括:(1)公共汽(电)车、出租汽车、接送本单位职工上下班班车、机关小客车或其他运输工具的城市内运输;(2)旅游部门在水库、湖泊主要从事旅游活动的水路旅客运输;(3)城市内轮渡、公路渡口汽渡、工程船及特种用途的工作船运输;(4)从事农业、渔业生产的车船运输;(5)不产生运输量的八种车(公路养护、车辆修理、卫生救护、公安消防、城市环卫、邮政运输、地质勘探、输配电线路建设和维护车)。

2. 非全面调查

全社会公路运输非全面调查主要通过《公路运输定期抽样调查方案(试行)》和《公路运输分月抽样调查方案(试行)》两个项目来进行。但实际上,上述两个项目的技术方案基本一样,只是统计周期不一样,前者为半年,后者为一个月。因此,在此不再重复叙述,仅对《公路运输定期抽样调查方案(试行)》进行详细阐述。

《公路运输定期抽样调查方案(试行)》由交通运输部1998年5月正式发文要求各省(区、市)执行。目前全国31个省(区、市)均在执行此方案。方案规定每半年开展一次抽样调查,并且集中安排在上下半年中的一个月中进行,由此可推算出半年的全社会运输量。在通过抽样调查获取运输量数据后,各省区市区向交通运输部上报统计报表,主要包括:《全社会公路客货运输量》(交行统9表),它对公路客货运输量按营业性质进行了分组统计;《全社会公路分货类运输量》(交行统11表),按货物分类对运输量进行统计,并单列了国有经济的完成量;《全社会公路集装箱运输量》(交行统13表),对公路集装箱完成的运输量进行了统计。

统计调查范围:从事营业性运输非独立核算单位和从事非营业性运输的单位,以及私人所拥有的车辆(含汽车、轮胎式拖拉机和其他机动车辆)所完成的公路运输量。但是在上述车辆中不包括:

(1)不产生运输量的八种车,即公路养护、车辆修理、卫生救护、城市环卫、公安消防、邮政、地质勘探、输配电线路建设和维护等专用车辆的运输;

(2)公共汽(电)车、出租汽车、接送本单位职工上下班的班车、小客车、载货汽车或其他运输工具在城市内道路上发生的旅客(货物)运输;

(3)各种运输工具在港、站、区内为装卸进行的搬运量。

总体目标量:执行该方案获得旅客(货物)运量及其周转量等数据,同时可获得的参考指标有平均运距、吨(客)位月度运输量等运输效率指标。

抽样方法:采用分层随机抽样方法。对于要求进行抽样调查的每类车辆(载客汽车、载货汽车、运输用拖拉机和其他机动车),各省(区、市)建立此类车辆的总体车辆数据库。首先按地市分层(称为大层);大层内再按车辆的营业性质和核定吨(客)位分为若干子层(一般营业性和非营业性各有4~5个子层,共8~10个子层)。子层内按简单随机抽样的方法或随机起点、等距抽样的方法抽取样本车辆。

调查方式:要求以调查员直接访问车主的"访户调查"为主,由调查员在访问中填写调查表。个别样本车辆因"调查半径"(即基层调查人员工作地与样本车主所在地之间距离)太长或天气等原因,访户实有困难时,也可函调,但函调比例应尽可能少。统计项目具体的工作流程如下:

首先,省级抽样调查主管部门确定每一轮抽样调查(周期一般为半年)的具体调查月份,在调查月前召集各地市人员进行布置,并下发本轮抽样调查各地市每类车辆的样本量;

其次,各地市统计人员建立本地市的总体车辆库,根据下发的每类车辆的样本量,使用抽样调查数据处理软件抽取样本车辆,下发给各县区的调查员;

再次,各县区调查员按规定在调查月中对样本车辆的车主进行"访户调查",认真填写调查表,并将填写完并经审核的调查表上报给地市;

第四,调查月末,地市统计人员将收集的调查表录入计算机,使用抽样调查数据处理软件推算出本地市的半年度社会运输量,并上报给省;

最后,省级抽样调查主管部门使用抽样调查数据处理软件接收各地市的运输量上报数据,汇总生成本省半年度社会运输量数据,上报交通运输部。

《公路运输分月抽样调查方案(试行)》在调查范围、样本抽样方法、调查内容、调查方法、基本工作流程等方面与《公路运输定期抽样调查方案(试行)》一样,只是调查周期上不同。《公路运输分月抽样调查方案(试行)》要求在原来执行半年1次《公路运输定期抽样调查方案(试行)》的基础上,利用样本轮换方法,在剩余的5个月份中也抽取相当于调查月样本量1/5-2/5的样本车辆进行调查(这些月份因调查的样本车辆比较少,被称为小月)。且要求在每个小月所调查的样本车辆中,一般要求包括1/2或2/3数量的在调查月已进行1次调查的样本车辆(称为拼配样本)。最后应用回归估计方法直接推算出每个小月的运输量,实现按月提供全社会运输量的目标。

(二)存在缺陷

我国的全社会公路运输统计以运量和周转量为核心指标,建立起一套成型的统计指标体系与统计方法。在运输工具、运输车队和运输企业等各个层面内和相互之间,指标均有合理的换算关系,统计方法经过了数十年的使用也是比较完整和系统

的。但是,随着我国国民经济发展与公路运输生产力水平的提高,现有的全社会公路运输统计在如下几方面存在缺陷:

1. 统计内容有限,统计的经济性水平低

公路运输统计项目的统计内容直接决定了统计工作的成果。现行全社会公路运输统计项目主要统计客(货)运量、客(货)周转量等十分有限的几个指标,所获取的统计数据与所投入的人力、物力和工作强度相比极不相称,经济性水平低。统计项目对运输过程中所承载的信息价值没有充分地挖掘。实际上,依托于该统计项目,可以在不明显加重调查员与调查用户负担的基础上,统计更为丰富和有价值的信息内容。

2. 过多地局限于公路运输方式本身,对运输全过程了解有限

运输的本质是基于人和物流动的资源优化配置。要充分发挥运输对优化资源配置的支撑作用,必须关注于人和物流动的全过程,从社会经济要素流动、配置、使用的角度来探讨运输对社会经济发展的支撑、引导作用。但现行的全社会公路运输统计属于工具运输量统计的范畴,即从运输提供者角度进行统计,统计的对象为运输车辆。国外也有俄罗斯、德国等国采取这种方式。由于工具运输量统计方式本身的特性,它虽然能够获得国民经济各行业使用公路运输服务的数据,但仅对公路运输车辆进行调查,无法获得其他运输方式所完成的运输产出,也不能揭示不同运输方式的衔接情况,更无法有效地揭示区域经济间的联系,对基础设施布局规划、区域发展规划、经济协作体系构建的参考作用有限。而用户运输量统计从运输服务的使用者角度来进行统计,美国、加拿大、英国等都采用此种统计方式,可以很好地反映人与物流动的全过程,揭示不同运输方式的衔接情况,对基础设施布局与区域发展规划提供有力的支撑。

3. 具体技术方法存在缺陷

第一,样本不够完整。在现行全社会公路运输统计中,抽样总体公路养路费征稽部门的养路费数据库,一些偷逃养路费的车辆在总体库中就缺失,而且数量众多的非营业性车辆无法进行抽样调查,样本缺失更大。

第二,样本的稳定性较差。由于被调查车辆的流动性很大,同时由于各地养路费规费标准不一致,造成"本地挂牌,异地营业"的现象大量存在,使得样本被抽中后难以联系户访,而更换样本又增加了调查成本。此种情况一旦出现比较多,就会影响抽样调查的准确性。

第三,某些调查指标比较敏感,计量误差大。在调查中,大量从未执行过统计报表的私营企业、运输个体户,合作程度必然较低,加上一些指标比较敏感,许多经营者不愿意如实披露,调查数据可靠程度较差。

针对现行统计项目存在的上述缺陷，本文分别从统计内容改进、统计方法改进、统计组织保障改进三方面来进行探讨。

二、统计内容改进

1. 内容扩展

《公路运输定期抽样调查方案（试行）》和《公路运输分月抽样调查方案（试行）》两项统计项目单薄的统计内容大大地制约了其作用的发挥，针对现有统计数据缺口，充实统计内容，将是改进现行统计项目的必然选择。

现行统计项目在运输对象、经济效益、地理信息、外部性信息方面的数据缺口，可以依托于现行统计项目进行统计。考虑到不显著增加调查者与被调查对象的工作量，依托于现有的统计项目进行内容扩展，只进行关键数据的缺口统计。在运输对象上，对于货物运输，关键的数据缺口包括货物种类与货物价值。货物种类与货物价值是体现运输产品特性最为关键的两个指标。不同的货物种类、不同价值档次的货物，对于运输的品质要求，包括运输速度、运输过程中的包装、运输的时效性方面差别极大，同时这也在某种程度上决定了所适应的运输方式。通过掌握货物种类与货物价值数据，能极大地方便政府配置运输资源，有利于各运输方式的协调发展，促进综合运输体系的建设；对于旅客运输，关键的数据缺口包括：旅客出行类别、旅客出行目的，与货物运输中的货物种类与货物价值类似，旅客出行类别与旅客出行目的是体现旅客运输产品特性最为关键的两个指标，因而需将其纳入公路运输统计中来。

在经济效益上，关键的数据缺口包括每运次的营业收入、支出成本。经济效益总是针对特定的主体而言，要考察公路运输的经济效益，不论其是运输企业，还是运输个体户，都可以从收入、成本两方面来考察，所以通过统计每运次营业收入与支出成本来扩展统计内容。

运行状态与产出成果上，关键的数据缺口为公路运输的运行效率。现行的统计能较好地统计运输产出成果，而对运输运行状态的统计较为缺乏，因此，需要统计公路运输的运行效率。

在地理信息上，关键的数据缺口主要是客货运输的运输路径。

在外部性上，根据国家环保部门相关规定，主要包括二氧化碳排放量、氮氧化物排放量、一氧化碳排放量、挥发性有机化合物排放量、铅排放量等内容。

2. 指标设置

上述需扩展的内容，在实际统计工作中，需要简化提炼成指标体系。

运输对象方面，货物种类、货物价值、旅客出行类别、旅客出行目的可直接作为统计指标进行统计。其中,货物种类在调查时,可直接填写具体货物种类,在数据处理汇总转换成电子数据时,可按照交通行业标准JT/T19-2001"运输货物分类和代码"进行归类,货物价值由调查对象直接填写。旅客出行类别分为集体出行与个性化出行两类,其中个性化出行指乘坐12座(含12座)以下的小客车和轿车出行;群体性出行指乘坐多于12座的大中客车出行。旅客出行目的一般分为公务、商务、旅行、探亲等四类,在统计调查时就直接填入。

经济效益方面,可直接调查每运次营业收入、支出成本。

运行状态与产出成果方面,设置"平均车日行程"指标。"平均车日行程"的计算公式是报告期内车辆行驶的总里程与报告期天数之比,该指标能综合反映公路运输运行的效率水平、组织管理水平和车辆利用效率,因此,设置"平均车日行程"来填补运行状态与产出成果方面的数据缺口。

地理信息方面,由于在调查表格中不可能填写详细的运输路径,考虑到实际可行性,在实际调查时,可填写途径主要的公路名称,如某某高速,某某国道,结合运输货物(旅客)的起讫点,即可获得运输路径信息,标识地理信息。

外部性方面,让调查对象准确地测量二氧化碳排放量、氮氧化物排放量等显然是不可行的。一种可行的思路是,由于二氧化碳排放量、氮氧化物排放量等直接与燃油的类别、型号、燃油使用量有关,因此,可直接填写燃油型号和燃油使用量两个指标。需要说明的是,在现有的统计项目中,对燃油消耗的统计是按月统计,填写每月燃油消耗多少公斤/公升,在实际中,由于车辆每月的行驶里程不一样,燃油消耗肯定有显著差别,按月填写存在缺陷,可以改进为每一运次填写燃油消耗量。通过填写每一运次的燃油消耗量,结合运输里程来获取燃油平均消耗水平的指标数据。

第四节 公路线路运输统计

一、公路线路运输统计概述

1. 公路线路运输统计含义

全社会公路运输量统计是对区域公路运输总量、运输结构进行的统计、分析,而公路线路运输统计则以具体的某条公路为依托载体,对该条公路承担的运输产出成果、生产特性等进行统计、分析,以反映该条公路上的运输生产基本情况。本文将公路线路运输统计定义为:

利用相关的统计理论与方法,构建统计指标体系,以具体公路为依托载体,对通过该公路的车辆进行运输量及相关信息的统计调查,以获取该公路的运输产出成果、生产特性及区域社会经济联系的运输统计活动。

由以上定义可以看出,公路线路运输统计有自身的指标体系,统计目标在于获取该公路承担的运输产出成果、生产特性及反映区域社会经济联系的数据信息。显然,公路线路运输统计通过统计特定公路的运输产出成果,着眼于描述特定线路上的需求规律,反映地区间经济联系,是填补公路运输统计数据缺口的重要选择之一。

2. 公路线路运输统计意义

随着我国公路事业的迅速发展,公路承担的运输量在综合运输体系中占据着越来越重要的地位,公路在区域社会经济发展中发挥着举足轻重的作用。在此背景下,研究公路线路运输统计具有充分必要性,研究意义体现在如下4方面:

(1)有利于完善公路运输统计体系,满足各信息需求主体的信息需求进行公路线路运输统计是完善公路运输统计体系的需要。目前,我国的线路运输统计还是空白,因此,进行公路线路运输量统计是完善公路运输统计体系的必然要求。从公路运输信息需求者的角度看,公路线路运输统计是反映区域经济联系总量、联系特性与联系质量的重要手段。地区间的经济联系,通过经济要素的流动反映出来,很大程度上体现在具体公路线路上人和物的流动。公路运输信息需求主体中,作为资源配置管理主体的各级政府和公路运输管理部门对公路线路运输数据具有强烈的需求。把握公路上人和物的流动总量、结构、质量特性,揭示地区间经济联系的特征与规律,是进行产业与人口合理布局、促进区域经济协调发展,构建有序的区域经济体系,完善城镇体系结构的重要基础。而资源配置支持主体需要线路运输统计数据以支持相应投资决策,争取公路事业发展更多的外部支持。

(2)是各运输方式比较优势的重要基础,有利于促进综合运输体系建设

20世纪80年代,我国综合运输的总体格局是水运、铁路承担通道运输,公路承担集疏和短途运输。到21世纪初,我国已经建立起以高速公路为主体、初具规模的公路通道运输网络,公路开始承担基础性和大通道的双重作用四。可以预见,公路在整个综合交通运输体系中的地位将日趋重要。综合运输体系建设的核心在于各运输方式在综合运输体系中科学定位功能、合理划分服务区域、有序竞争目标市场、合理衔接运输方式等方面。分析特定运输线路上的运输需求规律,充分掌握各运输方式的运输特性,包括客货起讫点、结构、客货种类等信息,比较特定线路上各运输方式的比较优势,对于构建综合运输体系至关重要。因此,在协调各运输方式发展,尤其

是在包含各种运输方式的综合运输通道规划建设中，为了科学协调和合理定位运输通道内各运输方式，合理配置各运输方式的总量、结构、布局等要素，必须掌握线路上的各运输方式的运输产出特征数据。对于公路运输自身而言，公路前后向支撑系统的运输规划，如客货运输系统规划、主枢纽系统规划、区域物流规划等，需要基于充分的区域内外客货流的流量、流向、客货流结构等重要数据信息。若能够提供翔实、准确的公路线路运输数据，对于科学、合理地做好运输规划，发挥规划对区域和国家交通运输工作的宏观调控和指导作用具有十分重要的意义。

（3）有利于客观、科学地进行公路网规划布局

在我国公路建设资金十分匮乏的背景下，公路建设项目的立项、规划、建设序列遴选须以充分、客观的数据为依据，科学谨慎地进行。现行的统计仅能提供区域内的全社会公路运输量数据，而缺乏区域对外交通运输主要联系方向、联系强度、运输产品特性等相关数据，使得在公路建设项目规划、立项中，对于公路项目的线路选择、项目建设序列安排等的确定缺乏基础数据支撑。通过开展公路线路运输统计，掌握具体公路的运输量、运输产品特性，从对外联系的总量、方向、结构等方面把握区域对外社会经济联系的特点，使得公路建设项目的规划布局有据可依，保证公路建设项目立项、规划、建设序列遴选的科学性。

此外，公路系统配置及日常运营管理须充分考虑各公路的运输特性，以进行个性化的配置与运营管理。这要求对公路的运输生产及运输流特性做出客观、详细地分析。因此，进行公路线路运输量统计，有利于科学地进行公路规划布局、系统配置及运营，促进公路的健康发展。

（4）有利于支撑我国开展公路运输国际比较

通过国际比较，吸取国外成功经验是我国公路发展的重要内容。外的公路运输统计能对主要通道的客货流情况进行较为全面的统计、分析，而我国由于缺乏相应的线路运输统计，无法获得公路线路的运输数据，这种经验借鉴无法进行。通过开展公路线路运输统计，将为我国的公路运输国际比较提供数据支撑，有利于吸取国外成功经验，促进公路事业的发展。

二、公路线路运输统计指标体系

1. 设计原则

（1）科学性原则

在设立公路线路运输统计指标时，应根据研究对象的特点设立，体现统计指标准确性、全面性、全局性的要求。其中，准确性要求指标必须能客观、真实地反映公路

运输生产的情况；全面性要求指标能从不同侧面反映运输产出的总量、结构和产品特性；全局性要求设立各个指标，必须从全局出发，使所设计的各项运输统计指标在计算口径、时间、方法等方面相互协调，形成一个有机的整体。

（2）可行性原则

在设立公路线路运输统计指标时，应根据目前公路运营管理的实际情况，注重指标的实用性、可行性，最大限度地保证指标的可得性和统计的便利性。另一方面，可行性包括指标的经济性，即获取这些指标数值是否值得。如果运输指标统计过程烦琐，成本高，则应考虑其是否有必要存在。

（3）前瞻性原则

公路线路运输统计在我国尚属空白，在研究探讨中不但要考虑现阶段的信息需求，还需充分考虑将来公路运输发展的需求。随着社会经济的发展，公路运输的技术经济特征在未来会呈现新特点。因此，在设立指标时应考虑到这种变化，相对于现阶段适当超前，体现前瞻性特点。

2.指标体系与释义

指标体系由一组相互联系的指标组成，是统计的成果展现。

在运行状态与产出成果方面，客（货）运量、客（货）运周转量是最基本的产出成果统计指标。客（货）运密度体现具体公路线路的负荷水平，有利于线路间的运输产出比较，评估线路运输瓶颈，支撑交通运输规划决策的进行。分车型平均载客（货）量、旅客（货物）平均运距体现公路线路运输的运行状态，一定程度上反映了公路运输的生产力水平。

在运输对象中，货种、货值信息，旅客出行类别、出行目的信息是运输对象的最基本信息，体现在指标上，为便于计算，分别为各货种比重、货物相对价值和各出行目的客流比重和各类别客流比重。

地理信息上，由于公路线路运输统计本身针对特定的公路而展开，因此，只需统计货物（旅客）起讫点即可进行地理信息的搜集。

第五节 公路区域运输统计

一、公路区域运输统计概述

1.公路区域运输统计含义

公路区域运输统计以区内全部公路网为依托载体，对公路网的运输产出成果进行统计,是工具运输统计的重要组成部分。对应于公路线路运输统计,本文定义公路区域运输统计为利用相关统计理论与方法,构建统计指标体系,以特定区域内的公路网为依托载体,对运行于所有公路网络上的车辆进行运输量及相关运输信息统计,以获取区域内公路网承担的运输产出及相关信息的运输统计活动。

对上述定义,做如下几点说明:

(1) 关于区域公路网络范围的确定。从管理体制上看,目前我国公路的建设管理大都以行政区划为单位进行,日常运营、收费、管理、养护等工作也都是以行政区划为单位。所以,本文以行政区划为标准界定公路网范围,如某某省公路区域运输统计、某某市公路区域运输统计。

(2) 关于公路区域运输统计内容体系。公路区域运输统计属于工具运输统计,但与运输工具的运输统计内容不同,现行运输工具运输统计即全社会公路运输统计,主要统计行政区内的注册运输工具完成的运输成果,而公路区域运输统计则反映区域内公路网络上所有车辆(不管是本地注册车辆还是外地注册车辆)完成的运输产出成果及运输特性。

(3) 对公路网络与公路线路的界定。公路区域运输统计与公路线路运输统计在统计依托载体上有显著不同,从而带来统计方法技术等方面的差异。公路区域运输统计依托于公路网络,而公路线路运输统计依托于单条公路。在此需对公路网络与公路线路做出界定。公路网络是指在该公路范围内,存在着有多路径的两节点,即所统计的公路对象上,存在两个节点可以通过不同的路径到达,而公路线路则是指在公路上任何两个节点只存在着唯一的路径可以到达。

2. 公路区域运输统计意义

进行公路区域运输统计的意义体现在以下方面:

(1) 反映区域社会结构与产业结构,体现区域内部及区域间的社会、经济联系,监控国民经济运行

运输是资源优化配置的重要手段,体现着社会资源的流动过程。公路网络上的运输总量、结构、质量特征反映着区域的社会结构与产业结构,并通过这种人和物流动的流量、流向、流动目的等反映着区域内部以及区域间的社会经济联系。掌握这种联系是科学布局区域产业体系、构建区域间合理分工体系、形成社会经济协调发展的区域社会经济体系的重要基础。

同时,公路运输在国民经济发展中发挥着支撑与引导作用。公路运输的运行状

态、产出成果与国民经济的发展态势有着密切的联系。公路区域运输统计数据反映出区域内整体路网的运输产出情况，很大程度上反映了区域国民经济的发展情况。通过统计公路区域运输数据，有利于科学地监控国民经济运行，支撑国家和区域的政府调控。

（2）有利于科学评价区域运输资源配置的合理性，科学进行区域公路网的规划布局

通过公路区域运输统计，把握区域内整体公路网络的运输情况，对区域内公路运输的主要流动方向、网络上的主要运输瓶颈能进行准确的分析，能科学地评价区域内运输资源配置的合理性，为区域公路网规划布局提供有力的支撑。此外，运输及相关行业的科研工作也依赖于完善的行业基础数据，进行公路区域运输统计能更好地支撑运输及相关行业的科研工作。

（3）进行公路运输管理与调控，促进综合运输体系构建

对公路运输科学管理与宏观调控，依赖于准确、客观、充分的行业发展数据。公路区域运输统计提供区域内部公路运输的产出情况与产品特性，包括区域内主要的运输方向，区域内的公路基础设施的负荷水平、运输生产的特性等基础数据，支撑行业管理与调控决策。

通过公路区域运输统计，掌握区域内公路运输产品特性，分析公路运输货种、货值、流动方向，旅客出行目的、出行特点等信息，合理定位公路运输，合理分工各运输方式，协调各运输方式间运力、运量及相关设施的配置，从而促进综合运输体系的建设。

二、公路区域运输统计指标体系

根据区域公路网多方向的特点，为更好地描述公路网络的运输生产成果，对应于运输周转量，本文引进运输流量指标。运输流量是指在公路上产生的运输过程中完成的有方向的客货周转量。与传统周转量相比，运输流量具有方向性，并可以拆分为线路的运输流量和分运输特征的运输流量。

由于公路网由不同的公路线路组成，如果将各线路交通量直接叠加，会出现重复计算交通量的情况，因此，首先按区段计算出各线路的自然交通量，然后根据公路里程加权平均以得出交通量，因此，需统计客货车自然交通量。最终的公路区域运输统计指标体系如下：

表 7-1　公路区域运输统计指标体系及释义

指标类别	指标名称	计算单位	释义指示
运行状态与生产成果	货车自然交通量	辆	报告期内通过公路某一断面的各个车型的货车车辆的数量，一般指年平均日交通量。计量单位：辆/日。
	客车自然交通量	辆	报告期内通过公路某一断面的各个车型的客车车辆的数量
	货运量	吨	在报告期内载货车辆在公路上所运输货物的重量
	客运量	人	在报告期内载客车辆在公路上所运输旅客的人数
	货运流量	吨千米方向	在报告期内分方向的载货车辆在公路网上实际运送货物重量与实际运送的距离乘积之和
	客运流量	人千米方向	在报告期内分方向的载客车辆在公路网上实际运送乘客人数与实际运送距离的乘积之和
	货运密度	吨千米/千米	报告期内公路网平均每一千米所承担的货物周转量
	客运密度	人千米/千米	报告期内公路网平均每一千米所承担的客运周转量
	分车型平均载货量	吨	报告期内按车型划分的每型货车的平均载货重量
	分车型平均载客量	人	报告期内按车型划分的每型客车的平均载客重量
	货物平均运距	千米	调查日货车实际运送货物的平均距离
	旅客平均运距	千米	调查日客车实际运送旅客的平均距离
运输对象	各货种比重	%	调查日公路网上按货类分组的货车数占全部货车的比重
	货物相对价值	-	调查日特定公路网区段上货物的相对价值
	各出行目的客流比重	%	调查日公路网上各出行目的的旅客比重
	各类别客流比重	%	调查日公路网上个性化出行和群体化出行的客车比重
地理信息	货物起讫点	-	调查日公路网上运输货物的装货、卸货地点

第六节　运输地理数据与运输经济区域

一、运输地理数据及应用

运输设施具有空间属性。运输地理数据通过将运输信息与地理空间信息结合，形成具有二维属性的信息，综合运输地理信息与运输数据库信息进行图文一体化管理，构成直观、准确、全面的运输地理数据系统，为运输管理部门提供运输的地理空间信息及图形、图像和属性信息，为管理人员进行设施现状分析、规划及计划工作提供了一个更为直接形象的辅助管理工具，便利规划、管理、分析工作。

从运输地理数据的应用范围看，它可以为政府部门在交通运输方面的宏观决策提供辅助支持，也可以广泛地服务于运输规划与建设、运输行业管理、运输科学研究，以及为广大公众提供信息服务，具有广阔的应用空间与发展前景。具体而言，运输地理数据可以归纳如下主要应用领域：

（1）运输经济研究领域

交通运输发展为社会经济发展提供支撑与引导的双重作用，其中支撑作用体现的是经济对运输的单向需求作用，而引导作用则体现交通运输与区域社会经济发展的双向动态关系。同理，运输地理数据亦隐含着运输与区域发展双向的信息，它利用空间地理技术，采集、存储运输运行与流动等基础数据，结合区域地理信息，对研究区域经济资源的空间优化分布、工农业的空间布局、土地利用状态等进行空间地理分析，不仅可以提供一种分析问题的直观和可视化的手段和方法，更重要的是在此基础之上建立相应的运输经济模型，可以科学、系统地揭示出运输发展与社会经济统计数据背后所隐藏着的深层规律。由此可见，运输地理数据可以为交通运输经济研究提供基础平台。

（2）运输规划研究与运输改进领域

在现阶段，运输规划理论与方法应用更多的通过采用计算机技术来模拟与分析运输发展现状，研究分析存在的问题，预测未来需求，模拟、比选规划方案，为决策与政策制定提供科学依据。计算机技术的大量应用依赖于大量的基础数据和复杂的模型运算。而在运输系统研究中，无论是运输基础数据还是交通模型都与空间地理信息密切相关。运输地理数据通过运输数据与地理空间信息的结合，可以直接为运输规划理论研究提供数据支持，使得决策与政策的制定更具科学性。

同时，运输地理数据通过图形化的展示，不拘泥于纷繁复杂的数据表述，能清晰地显示运输系统的承载状况，可以表明客货流动在地理空间上的分布，进而展现不同地区的运输瓶颈，为运输系统的改进提供直观的建议，使得运输系统改进决策更为科学、合理。

（3）现代物流管理领域

随着经济全球化发展，现代物流业作为"第三方利润源泉"迅速发展。现代物流业不仅仅是物流设施、设备的现代化，它的精髓是以系统整体最优化为目标，实现物流管理、组织、规模等系统化、集成化。为实现这一目标，只有借助于现代信息化技术，通过信息技术整合资源、改造与提升传统产业，并开创出新型物流服务业。物流业中，仓储、配送、运输组织、管理、调度、跟踪等均与运输系统直接联系。要实现这些环节的信息化，都离不开空间地理数据。无论是最优配送路径，还是车辆调度与货物跟踪等，运输地理信息尤其是实时运输地理信息都已成为现代物流不可缺少的基础信息平台。运输地理信息在车辆调度、路径选择、物流管理等现代物流领域有广阔的应用前景。如美国开发出的每5分钟更新一次的"全国交通运输地理信息实时动态图"，每年给美国公众带来的直接效益就超过50亿美元。

运输地理数据是现代运输统计的重点内容之一，涉及地理基础数据采集、地理信息技术、信息存储与传输、运输流数据采集与数据表达等诸多方面。由于运输地理数据的研究在我国刚起步，诸多的基础研究尚未展开。限于统计数据的缺陷与学科专业的限制，本章拟对运输地理数据研究中最基础内容之一的运输地理数据空间载体一运输经济区域展开探索性研究，以期为后续研究提供地理空间依托。

二、运输经济区域概述

1. 运输经济区域来由

从本质抽象上看，运输是资源以优化配置为目标，在地理空间上的有序流动21。从地理数据上描述运输的流动状态有利于深刻把握资源利用与经济发展这个运输流动的主题。为了准确掌握国家范围内跨地区的货物和旅客运输信息，以了解经济和社会对运输系统的需求和运输系统适应运输需求的能力，更便捷地评估运输系统中存在的瓶颈，科学地采集和发布跨地区的运输信息，需要进行运输地理空间的划定。但是运输分析所依托的地理空间并不能简单地依托行政区划。原因在于：

（1）从运输发展的内在规律看，运输需求和运输活动的地理分布是由经济、社会和地理因素综合影响，并不以行政区划边界为标准区分。影响运输供给与运输需求空间分布的两个主要因素是地理因素中的山脉、河流等天然物的走向和主要经济中心的腹地空间范围。而这两者与行政区划几乎没有关系。因此，为了分析运输数据在地理空间上的分布，绝大部分运输数据需要按照功能布局进行分组，而不仅是按照省或市等行政区划来进行。

（2）相对于区域内部的运输数据，表征区域间运输活动特性的数据容量特别大，更难于获得与管理。如我国34个省级行政区，如果要表示以省级行政区为单元的运输流动，则需要设计 34×34 共包含1156个元素的矩阵。如果另外考察大型港口、主要资源中心及一些经济总量较大的地级市，则规模更为庞大，这给数据的搜集与分析带来困难。

（3）从交通运输规划、管理的价值体系来看，运输经济区域比行政区域更能保证价值体系的一致性。由于交通运输的内在特性与行政区域不一致，导致利益主体与决策主体边界上错位，这种错位必然导致价值体系的非一致性。而非一致的价值体系，会导致决策思路的非一致性。各行政区划管理主体根据自己的区位特点、经济利益等来进行本区域的决策，而忽视了运输经济区域的整体性，影响运输经济区域功能的最大限度发挥。

（4）从交通运输的协调发展来看，运输经济区域较行政区域更能保证利益主体与决策主体的一致性。在行政区域为基本单元的利益体系下，由于利益主体与决策主体的非一致性，往往导致决策主体决策的短期性和利益的自我。交通运输的发展客观要求以运输经济区域的视角来进行管理，而当这种区域与规划、调控、管理的区域边界不一致时，亦就失去了区域界限意义。由此引发了在经营层面的诸如骗货、骗车、市场信用难以树立等矛盾；管理层面的如不顾行业发展的长远利益而进行行政区间的无序竞争，如场站的盲目建设，人为设置外来进入障碍，以政府竞争取代市场竞争等，严重影响交通运输的协调发展。

从运输经济区域划分实践与经验借鉴看，为服务于宏观经济分析、行业分析，国内外都进行了综合经济区、行业经济区划的工作。如美国经济分析局（BEA）划分的经济区域（Economic Areas）、美国运输部（DOT）划分的大都市统计区（MSAs）、美国农业部的劳动市场区域（Labor Market Areas）。我国也进行过类似的尝试，如三大经济地带、六大经济区、十大经济区的划分等，专业经济区划方面以农业、矿产资源经济区划最为成熟，如胡小平对我国矿产资源经济区划的研究。经济区划给国家宏观经济分析、行业发展的政府决策提供了很好的决策空间依据，取得了良好的效果。典型的如我国东中西部三大地块的划分，对我国宏观经济政策及其他发展政策都产生了重大的影响，取得了良好的效果。

在地域联系的基础上进行功能地域组织是地理学研究的重要内容。在空间经济的各种组织形式中，运输经济区无疑是综合而富于变化的一种，鉴于以上原因，为了更好地分析运输数据，需要从运输运行的内在要求出发，体现运输联系的特征，研究运输经济区域的划分。

2. 运输经济区域内涵

运输经济区域属于经济区域的范畴，是行业经济区划的一种。理解运输经济区域需从如下几方面来分析：

首先从经济区域的内涵看，经济区域是指以劳动地域分工为基础客观形成的不同层次、各具特色的经济地域。运输经济区域实质上属于专项经济区域，内涵首先应具有一般经济区域的特征。同时从运输系统特性出发，要体现运输生产的空间特征。作为一般经济区域的特征，国内外区域经济学家已经做了科学地归纳与总结。如，经济区域构成要素要具有同质性和内聚性，区域内利益主体要具有利益共同性，空间上要具有地理的比邻性。这些一般经济区域特征，为确定运输区域提供了必要条件。而从运输系统自身来看，运输系统是社会经济系统的重要组成部分，该系统除了具有一般经济系统的共性外，还具有自身的特殊性，表现为基础性和空间地域的依附性。

基础性上，运输系统是支撑区域资源合理流动、实现资源优化配置的基础支撑系统。它不但是区域社会经济发展的基础支撑要素，而且是引导区域经济结构优化、产业合理布局的基础支撑构件。从区域之间的联系效果看，运输系统有力地促进区域间的生产专业化。根据亚当·斯密的分工理论，经济区之间的差异性，产生比较利益，进而导致区域间的贸易效应，促进各地区间的劳动分工。而如果没有运输系统的支撑，这种贸易效应将无法实现，进而产生区域间地域劳动分工的趋同，无法形成规模化、专业化的生产效应。运输系统的基础性在区域空间上就表现为运输需求的同质性和内聚性。而这种同质性和内聚性就是运输经济区域划分的基本依据之一。

地域空间的依附性是指交通运输系统一旦建成，在空间上和地域上就不能再移动，只能依附特定的地域空间而存在。区域运输系统的依附性在区域空间上就表现为运输基础设施供给的同质性。

三、运输经济区域划分原则

进行运输经济区域的划分，首先应确定区划的原则，最终的区划方案也应该是区划原则的具体反映。结合我国当前的经济运行机制、经济管理体制、经济发展阶段和相关经济发展指标，运输经济区域划分坚持如下原则：

1. 可行性原则

在运输经济区域划分的过程中，从指标的选择到技术、方法的使用，首先要考虑可行性原则。可行性原则包含如下含义：首先选用的指标所需数据必须可得。划分运输经济区域，涉及面极其广泛，需要有各方面丰富的数据支撑。因此，在选取指标时必须考虑数据的可得性。其次，划分区域所用的技术、方法应该可行，能够在现有的数据上准确地进行运输区域的划分，做到全国范围内区域不重不漏。

2. 综合性原则

虽然进行的是运输经济区域的划分，但正如上文所阐述的由于运输系统的基础性与一定程度上的派生性，划分与人口分布、矿产区域等不同，需综合考虑各种运输与区域社会经济系统的双向互相作用的影响因素。综合性原则的含义如下：首先，采用的指标属性是综合性的，所有指标除涉及运输外，还应涉及社会、经济等与运输有内在联系、双向作用的指标。其次，采用的指标类型是综合性的。既要有反映一定时间、地区条件下，某种现象总体的规模和绝对水平的总量指标，也要有抽象化的数值来表明相互关系的相对指标。再次，运输经济区域的划分亦不是仅仅单一的纯技术方法的划分应用，还应综合考虑各方面情况，结合实际情况进行调整。

3. 指向性原则

能够反映运输与社会经济间联系的指标众多，各个学者可根据自己的研究重点、研究目的等选择不同的指标。在进行运输经济区域的划分时，我们所作的各种指标的选择、技术方法的确定，皆需由研究目的所确定。

4. 稳定性原则

运输经济区域一旦划定，相关的政策设计与实施就以其为依托，同时为保证统计数据的连续性，短时期内不会轻易改变，因此，运输区域的划分应充分考虑该地区及其空间比邻区域的发展趋势，保证划分区域后短时期内同一运输区域内不会出现突变，因而，在运输经济区域划分的过程中应坚持稳定性原则。

第八章 交通运输行业经济统计和交通经济运行分析

第一节 我国交通运输现状分析

一、我国交通运输经济滞后于国民经济

"要想富,先修路"这是我们大家熟知的一句话。改革开放以来,我国的交通运输业有了大幅度发展,与此同时,我国的国民经济也快速发展,事实上,交通运输经济的发展对国民经济的发展有先行作用。纵观近几年交通运输经济的发展,虽然呈上升趋势,但是仍滞后于国民经济的发展。交通运输经济存在运输生产力水平不高、运输基础设施建设滞后、运输组织水平和运输效率较低、运输法制建设滞后以及交通网络设计不合理等一系列问题。这些问题严重制约我国交通运输经济的进一步发展。时代在进步,科技水平也在大幅度提高,然而在我国,地域差距大、人口分布不均匀,使得各个地区交通运输建设投入比例不均衡,地区之间的交通网衔接有差别,所以整个交通运输经济发展失衡,明显落后于国民经济的发展水平。

二、交通运输网络设计不合理

城市化进程不断加快,人们更多地关注建筑结构,而忽略了国家道路建设,我国的道路人均面积比过去低。近几年,我国经济迅猛发展,人们的生活水平不断提高,人们对交通运输行业特别是道路建设的质量提出了更高的要求。但是我国的交通运输状况远远落后于西方发达国家,在我国的部分城市中仍然存在交通拥堵的现象,可以说我国的交通运输经济进入了瓶颈发展阶段。我国的一些城区,特别是老旧城区,停车规划不合理。随着人们购买力的增加,车辆越来越多,但是停车位却越来越少。而交通运输设备老化,交通运输任务量大,许多公交车都存在超负荷现象。城市经济的快速发展和可利用的城市空间不断缩小成为一对显著的矛盾,这一矛盾随着交通运输设备的不断增加而加大。

三、交通运输资金投入不均衡

我国许多城市仍然存在交通拥堵的现象,就想要去修建更多的交通运输道路,可是资金成为修建道路的最主要制约因素。我国中西部地区整体经济发展水平较低,与东部地区相比资金投入有限,一定程度上制约了交通运输的发展。位于我国西南部的贵州省属于交通要塞,具有连接南北、贯通东西的交通枢纽位置,但是整体经济发展水平低,资金投入不足,贵州省内的地市发展也存在巨大差异。

我国各地区的历史文化发展存在差异,各地区经济发展速度不同,这导致东西部财政状况差异,进而导致各地区交通运输建设的投入不均衡。各地区交通运输状况也存在巨大差异,尽管我国交通运输部门已经给予交通运输建设大量的资金投入,但是资金投入仍然不能保证各地区交通运输的均衡发展。

四、交通运输管理制度不完善

我国当前交通运输管理部门存在职责不明确,交通运输管理体系和管理制度缺乏科学性和合理性,不能保证完全的透明化和公开化。

部分交通运输工作人员素质较低,不遵守交通法规,违规的现象也时有发生。部分货车追求利益至上的原则,运输的货物严重超载,安全隐患极大,给交通运输和道路维护都带来了不便。甚至于一些地方存在运输能力相对过剩的现象,产生激烈的竞争,而这种竞争并不是公平竞争,而是无原则、无秩序的竞争。

除此之外,在我国的部分乡镇,由于部分公民道德素质偏低,法制观念淡薄,相关执法部门和宣传部门配合不到位等原因,乡镇成为交通运输发展的一大难题,公路设施遭到破坏,有些交通路段被房屋侵占,严重影响车辆的正常行驶,更影响交通运输经济的可持续发展。

第二节 我国交通与经济重心关系分析

一、我国交通与经济重心关系

1. 从重心迁移的距离来看我国铁路运输的迁移距离较大,而其他变量重心的变动不明显。其主要原因在于我国"十五"和"十一五"期间铁路得到了大力的建设,里程数大量提升,包括青藏铁路、武广铁路,以及西部大开发战略中若干进出四川以及四川内部的铁路建设都是我国铁路建设的重点项目,都位于我国西南地区,这也是我国铁路客运和铁路货运的重心都往西南方向迁移的主要原因。另外我国全国铁路都得到提速，增加了西南广大地区和外界进行铁路运输的时间成本，提高了西南地区铁路运输的需求。

2. 我国经济重心较为稳定，地区间的经济发展基本平衡。这可以说明我国西部大开发卓有成效，另外我国的经济发展的不平衡主要体现在城乡发展不平衡，而区位上的不平衡已经通过西部大开发得到了缓解。

3. 我国各地级市的总客运量、总货运量以及民航客运都与经济重心相距不远，说明这几项与经济发展之间的关系更为密切。而铁路货运和水运货运的重心都距离经济重心较远，这说明这两者不仅受到经济需求的驱动，更多的还受到线路和航道的限制。而铁路客运的重心在2001年距离经济重心较远而在2010年距离经济重心较近，说明铁路道路都居民出行的限制越来越少了。同样各交通变量的重心大都有往经济重心迁移的趋势。

4. 从各交通变量重心的方位来看，北方居民更倾向于采用铁路运输方式出行或者运送货物。相比而言西南部居民倾向于选择航空运输，其原因可能是由于西南地区铁路运输线路长，运输速度收到崎岖山地的影响往往较慢，居民愿意出更高的运输费用而选择时间更短的民航运输。东南部分货运更倾向于采用水运运输，主要是因为我国东南部分适合水运的河流较多，广泛分布于南部的大部分省份，我国受三级地势的影响从上游至下游速度快，而水运运输成本便宜。我国公路客运和货运重心基本与总客运和总货运重心重合，是我国最主要的运输方式，公路客运和货运的重心距离经济重心较近，我国公路的基础建设较为良好，居民

二、交通管理启示

1. 交通与经济的关系越来越密切，对交通建设的投入应该紧贴经济发展的区位导向

我国"十五"和"十一五"期间经济发展的区位导向是逐渐从我国东部和西部的不平衡到平衡。在西部大开发期间，我国资源的分配得到了政策性的倾斜，增加了在我国广大西部地区的投入，包括交通建设的投入。虽然在这十年之中我国经济的重心并未随着西部地区投入的增大而朝西部地区发生迁移，但已经有效地阻止了我国东西部地区经济收入差距的扩大。

因此在未来交通规划中，对交通建设的投入也要以经济发展为导向，比如继续扩大中西地区的交通建设，以进一步促进我国经济的区域性平衡；增加对欠发达地区或者广大农村地区的交通建设投入，也可能对经济的二元结构的平衡发展起到至关

重要的作用。

2. 发展交通要因地制宜

我国东南地区城市和人口密集，交通枢纽也密集，适合发展比如公路和民航等交通运输方式。从本章重心分析的结果显示，我国公路和水运的重心也位于经济重心的东南地区方位。铁路虽然朝西南方向有了较大的迁移，但仍位于我国经济重心的西北方向。这个结果并不意外。我国水运受地理因素的影响集中在我国沿海地区、东南的长江流域和珠江流域。我国北部和西南地区由于城市较为分散，居民密度较小，远距离运输的需求较大，因而适于采用铁路运输。

另外各种交通运输方式的区域分布也和我国的产业结果有关，比如在华北和东北地区煤炭业、机械制造业、造船业等重工业较为发达，且也是农业输出地，故采用吨位大、成本低的运输方式更为适宜，这也就是我国铁路重心为与北方的缘故。而东南地区服务业发达，站点密集，以轻工业和电子产业为主，故采用更加灵活的公路运输更加适宜。而在我国东南地区大吨位的运输也可借助水路运输。因此在交通运输规划中应注重因地制宜，通过对我国各种交通运输方式的客运量和货运量的分析来探寻我国各地区与交通的联系，有针对性地进行交通建设投资。

第三节　我国交通与经济的弹性关系分析

一、不同尺度下交通与经济的弹性关系的差异分析

尺度是被研究对象的空间维度或时间维度的划分，他描述了被研究对象的研究的细节水平。尺度分析即比较大尺度下的实物的规律和性质与小尺度下的实物的规律和性质的异同。尺度效用也有一般性的规律。通常研究区域的尺度越大，其对象的各种关系更为复杂，更为多样化，其组织也有着更强的自适应能力，就越稳定，则相关的时间尺度也会更长。在小尺度下模型的不平稳性更强而在大尺度下常常有较强的平稳性。在经济领域中，大尺度的研究对象比如省份，比起小尺度的研究对象比如地级市，更具有多样性，比如每个省份必然有其经济发达地区，也有经济欠发达地区，而地级市则往往要么是经济发达地区，要么是经济欠发达地区。每个省份的交通运输同时具备了各种运输方式，而对于某些地级市来说由于受到地理因素和经济发展水平的限制，交通运输方式可能比较单一，比如没有水运和民航运输方式的地级市很多，而除了早期的西藏自治区，其余省份都具备所有的运输方式。

我国交通与经济的弹性关系在不同尺度下的差异可能是由经济活动的内部化引起的。交通运输的一个重要作用就是引发交易。在旅客运输中，一个地区的人可以跑到另外一个地区去消费，一个地区的能源可以运输到另外一个地区使用，甚至一个地区的人可以跑到另外一个地区去工作。每个经济活动都有其付出的成本和收益。比如游客是将资金从出发地带出，用于旅游目的地；一个地区生产的货物卖到另外一个地方，也会发生资金的流动。这些经济活动引起的资金的流动也影响着当地的经济增长水平如果这些经济活动发生在某一研究区域的内部，则这些经济活动的成本将内部化，对该区域的经济的作用只是该运输活动的总结果；如果这些经济活动跨地区发生，则会造成一个不同区域间成本和收益的分化。在研究交通与经济增长关系时，这种情况时常发生。交通运输中既有在一个区域内部的交通运输，比如从同一个省份的一个城市到另外一个城市，也有发生在不同的区域间，比如从北京到上海，这两种交通运输如果在地级市尺度下则是相近的，而省份尺度下，第一种交通运输被内部化了，其对各地经济的影响必然会不同于第二种运输。这一点也导致了不同尺度下同一变量的回归系数值的大小不同。

但要弄清楚某一种运输在某种尺度下的趋势为什么如回归结果所示并不容易，这需要再用更加详细的资料进行分析，比如运输的物品是什么，跨地区运输还是城市或者省份内部运输，运输货物的获利能力如何等等。

在实践指导中我们也要特别注意研究尺度问题。比如回归结果显示在省份尺度下公路客运的回归结果并不显著，对于某地级市的政策制定者来说并无实际指导意义。因为地级市尺度下公路客运对经济增长有显著的正向影响。这可能的一个原因在于一个地级市的公路客运量的增长会造成该地级市的经济的增长，但同时也会对该地级市周边地级市的经济的有负面的作用。即在地级市尺度下呈现出负外部性。因此对整个省份的经济的影响并不明显。这也是造成地级市尺度下回归结果系数较大的原因。

二、交通弹性分析对交通运输管理的启示

各种不同的交通方式的作用对象有着较大的差别。比如在我国水运主要用于货物运输，而民航主要用于客运运输。同时不同的运输对象对交通工具的要求也不相同。比如同样是铁路运输，旅客要求速度快、安全、舒适，而对于货物运输的要求往往是运输费用低、运输频率大、运输吨位大等。如果将铁路客运和铁路货运的发展混为一谈，势必两者均不能兼顾。许多发达国家将人行道路和机动车道路完全分开，也能有效地减少交通事故发生率以及道路的拥堵情况。对于公路来说，我城市里面的

公交道路和非公交道路的划分已经初见成效。本文认为此类专项交通政策应该得到进一步的发展。

根据各种交通运输的特点实施专项交通政策更有利于我国交通对经济的促进作用。可将铁路运输将货运和客运分离，在铁路客运方面继续发展高速铁路，在铁路货运方面大力建设经济圈铁路网络，对货物流转较高的地区进行专项铁路的修建，比如长三角地区，珠三角地区，煤炭产地与煤电产地、矿石产地与冶金和钢材产地之间，以及出口工业园区与大型沿海港口之间修建各项专项铁路交通；水运运输要加强水运交通工具的载货能力，以及加强与公路和铁路货运之间的关联；民航要加强与公交线路、城市轨道交通、火车站点的关联。

我国实行的是道路交通先行发展的政策，结合交通与经济的弹性关系和交通的经济外部性，可以采取区域交通发展政策来带动经济增长并努力达到地域间的经济发展均衡。

同时根据不同尺度下我国交通与经济增长的关系可以看出，不同的交通运输的外部性是不一样的。铁路运输对周边地级市有正的外部效应，而公路则对周边地级市有负的外部效应。若在经济发达地区增加铁路建设，不仅可以带动本地的经济发展，也可以促进周边地区的经济发展。因此可在经济发达地区对增加铁路运输的投入和建设，增加铁路客运的比重，带动周围欠发达地区的经济增长。而对于有负的外部效应的公路运输方式，则说明当地公路交通的建设可能会吸引周围地区的资源，比如吸引周边的地区的居民前来定居工作，兴办工厂等，吸引周边地区资源，加速本地经济发展。因此对此类的交通运输方式，应该在欠发达地区加大力度修建，增加公路交通网络，以保证各地区的经济增长趋于平衡。

第四节　交通的经济收敛性分析

一、对客运量和货运量收敛性的讨论

1. 客运量和货运量的供给与需求。如果我们将交通看成一种商品，该商品提供运输服务，将人或者货物从一个地方输送到另外一个地方，并收取一定的费用。客运量和货运量可以看作是该商品的成交量。客运量和货运量的需求是居民在能负担得起交通成本的条件下愿意使用某种交通运输方式来实施运输的意愿。而客运量和货运量的供给是交通基础设施建设以及交通工具的供给。如果某地有大量的需求而交通部门不能提供足够的运力，则客运或者货运不可能达成；如果某地的交通建设非常好，但是当地居民和工业很少，对交通的需求少，也不能带动当地客运量和货运量的发展。总体而言，我国"十五"和"十一五"期间在所有地级市的交通建设基本能满足居民的需求，即随着经济的发展，交通的供给可以认为是充足的。然而经济的快速提升并不能带来交通需求的同步增长，其主要原因在于随着经济的发展，产品附加值越来越高，人们的劳动生产率也越来越高，每个旅客或者每吨货物所带来的产业增加值逐步上升。这是我国客运量和货运量收敛的主要原因。

我国东部地区和西部地区所面临的交通的供给和需求情况是不一样的。我国东部地区较为发达，交通建设较早也较为完善，交通的供给较为充足，很少因为供给问题而影响交通运输量。交通的拥挤情况较为严重，但是这种情况下客货运量的成交量也是可以达成的。故交通的需求在较为发达地区的增长要慢于欠发达地区，随着经济的增长，客运量和货运量的增加逐渐放缓。而在2002年之后我国西部地区才开始大幅度的交通建设，增加了交通的供给能力，从而使得交通客运量和货运量大幅上升，大于其经济发展水平，故在西部地区我国交通运输是发散的。

2. 三大产业结构的影响。整体而言我国三大产业的趋势是第一产业缩小，第二产业较为平稳，而第三产业发展迅速。而交通运输与第一产业和第二产业最为密切，而第三产业往往是附加值高的信息和科技产业，他的增长并不能带来较多的交通运输的需求的增长。

我国三大产业在东部地区和西部地区的比重也不同。在东部地区第三产业的比重较大，而且有上升的趋势，而西部地区的第一产业和第二产业比重较大，在2001年到2010在西部大开发的指引之下对交通本身的需求也得到了提高。(3)第二产业内部结构的影响。除了三次产业划分之外，第二产业内部结构也对交通运输的增长产生影响。第二产业内部不同行业对交通的需求也不一样。比如农产品加工业、纺织业、钢铁产业等对交通的需求较大，而随着工业产业的逐步成熟，高技术含量和高附加值的工业产品将会越来越多，在同等价值下，这些产品对交通的需求较小。我国东部地区工业产业发展较早较为成熟，而西部地区工业起步慢，较为落后，这也是造成我国东部地区交通运输收敛而西部地区发散的一个原因。

4. 私家车的影响。由于我国客运量和货运量的统计方法并不是以实际客运量和货运量为准，而是以客运和货运公司所统计的服务量为准，故并未将自驾车和家用货车载货计算入内。随着经济的发展，家用汽车拥有比例较高。公安部交通管理局称，截至2011年6月底，全国机动车总保有量达2.17亿辆，私家车保有量达7206万辆,占汽车保有量的73.2%。"十一五"期间是我国私家车增长最快的一段时期,而我国私家车有用比例高的地区无疑是我国的发达地区。这使得在发达地区的客运量和货运量被低估的情况比西部欠发达地区更为严重,我国客运量和货运量的收敛性会有偏误,而越是经济发达地区其偏向收敛的情况越为明显。

总体而言,我国交通总体上是收敛的,经济越发达,其交通客运量和货运量的增加会越慢,最终会趋于平衡。我国交通收敛性的空间格局是在东部地区是收敛的而在西部地区是发散的,即我国东部地区交通发展更为均衡而西部出现了一部分城市的发展较快,进而带动其他地区的发展。

二、交通收敛性对交通运输管理的启示

增加交通运力可以从两个方面来解决。一是多修路,增加各种交通运输的里程数,完善交通运输网络,另一方面是提高运输质量。

首先看我国交通对交通网络建设的现状和发展趋势。"十五"和"十一五"期间交通建设的一个重要的任务就是完善我国交通运输网络。主要的交通网络有：由铁路、公路、水路、民航和管道共同组成的"五纵五横"综合交通运输网络"五纵"即沿海大通道、京沪杭大通道、沈广大通道、京九大通道、包头—广州(湛江)大通道；"五横"即银昆大通道、西北北部运输大通道、陆桥大通道、长江大通道、杭昆大通道；全长3.5万千米,以高速公路为骨架的"五纵七横"国道主干线；西部开发八条公路干线；以长江、珠江和京杭运河为主体的内河水运网络。在各城市内部交通网络也有较大的提高。主要表现在我国城市地铁、高架和跨江跨河大桥的建设。与以往不同,随着"十五"和"十一五"期间的西部大开发的进程,西部的交通网络得到了前所未有的重视与建设发展。

除了重要的主干线路外,我国也加强了区域性的交通道路建设,比如省内的铁路建设、积极促进支线机场,特别是中西部地区支线机场的建设,加强港口建设,增强我国对外贸易的能力。

"十二五"综合交通运输体系规划中多次提到交通网络和通达率,可见交通网络的建设也是"十二五"期间的重点。"十二五"期间我国交通发展的一个主要目标就是完善以"五纵五横"为骨架的综合交通运输体系,全长490万千米。其中公路建设要保证通达所有的乡镇,并保证92%的村通公交班车。基础设施建设强调完善区际交通网络。为了完善交通运输网络,规划中也提出了基础设施优化衔接；加强高速公路与运输枢纽、城际轨道与客运枢纽、城际轨道交通与城市轨道、城市公共交通系统的衔接。并积极发展铁水联运。

交通运力的增长也依赖于交通运输质量的提高。主要表现在以下几个方面：我国铁路运输服务的提升、民航建设的合理化、我国交通运营技术的升级。我国国土辽阔，大多数地区人口密度大，铁路运输势必在我国有很好的发展基础。要使我国铁路为我国交通贡献更多力量，就要解决三个方面的问题，第一个是铁路的通达性，第二个是铁路运输的效率，第三是铁路运输的成本。"十五"和"十一五"期间铁路交通在前两点上有了质的飞跃。

首先我国铁路里程在"十五"和"十一五"期间有大幅的提升。"十五"期间铁路重点建设项目如进藏铁路、京沪高速铁路、数条进出四川以及四川省内铁路，将铁路网络延伸至以前较为空白的广大西部地区。铁路建设总投资达到 3500 亿元，其中西部投资就达到上千亿元。新线投产总长 0.7 万千米，复线投产 0.36 千米。"十一五"期间全国铁路基本建设投资完成 1.98 万亿元，是"十五"投资的 6.3 倍；新线投产 1.47 万千米，是"十五"的 2 倍；复线投产 1.12 万千米为"十五"的 3.1 倍。除了铁路线路之外，各地也纷纷增建和扩建铁路客运站，服务于更多的旅客。

第二是个铁路运输效率的提升，即铁路运输企业积极采用高新尖的运输技术，采用先进的管理技术，提高铁路运输的效率。新建铁路项目中有许多项目的设想就以国际最高水平为基础，特别是我国高铁项目的建设，为我国铁路在国际上奠定了领先的地位。我国铁路经历全国大范围的提速，其运输效率与以往不可同日而语。我国目前已经能独立自主的研发成套的铁路运行技术，建立交通运输的技术和信息的共享平台，实现我国铁路运输的现代化。

在我国东部地区交通的收敛性较强，经济发达地区的交通增长要慢于经济欠发达地区，因此在经济发达地区应该将交通发展的重心放在改善交通服务质量方面。而在西部地区交通是发散的，为了使西部地区经济得到全面的发展，应该加入西部经济发达地区的交通投入力度，完善各种交通基础设施建设，完善交通运输网络，从而带动整个西部地区经济的增长。

结 语

交通运输是指与一定的交通工具、交通设施相联系的铁路、公路、水上和空中交通运输,交通运输与人民群众生命安全紧密相连。在2014年的交通运输工会上提出了"四个交通"的概念,其中以"综合交通"为核心,顺应新时代的新需求,规划完善空运、铁路、水运、公路、管道等行业的发展,实现工业化、信息化、城镇化的整体发展需求。

改革开放以来,我国的交通运输方式都得到不同程度的发展。随着交通运输事业市场化程度的不断提高,在市场中,各种交通运输方式也展开了激烈的竞争,由于运输市场缺乏统一的规划和管理,各种运输方式的发展也出现了差异不均衡的现象。综合交通运输体系是现代运输交通方式的重要组成部分,综合交通运输方式的发展可以推动物流行业的发展,从而拉动国民经济发展。从我国现代交通运输经济发展来看,交通运输是经济发展的基本要求,是社会经济发展的重要纽带,促进社会分工和经济规模的形成。总之,交通运输经济在政治、经济以及社会等各方面都有重要的作用。

总而言之。交通运输经济的发展在推动经济发展和人类社会进步方面发挥着重要作用,虽然我国交通运输经济存在滞后于国民经济、交通运输网络设计不合理、交通运输资金投入不均衡以及交通运输管理制度不完善等问题,但是仍要重视交通运输业的发展,走生态环保路线、优化信息智能化方向、提高交通运输速度、加大区域间交通运输的联系。

参考文献

[1] 刘鸿. 公路桥梁工程建设中的预应力箱梁施工技术 [J]. 低碳世界, 2020, 10 (11): 173-174.

[2] 钟贵. 关于加强高速公路基层单位党建工作的思考 [J]. 办公室业务, 2020 (22): 22-23.

[3] 刘娟. 关于经济新常态下的公路交通运输经济管理重要性分析 [J]. 商讯, 2020 (11): 152+154.

[4] 仲菲. 交通运输经济发展管理要点的创新策略研究 [J]. 商讯, 2020 (11): 121-123.

[5] 汪洋. 市场经济条件下的交通运输经济管理浅述 [J]. 中国商论, 2020 (04): 10-11.

[6] 赵贝. 市场经济条件下的公路运输经济管理 [J]. 中外企业家, 2020 (06): 74.

[7] 杜庄焱. 浅谈我国交通运输经济现状与未来发展方向 [J]. 商讯, 2020 (05): 147+149.

[8] 曹霞. 探析交通运输经济面临的挑战及对策 [J]. 现代营销（信息版）, 2020 (02): 100-101.

[9] 赵常安. 交通运输经济效益的评价及指标构建浅谈 [J]. 经济研究导刊, 2020 (04): 27-28.

[10] 胡冠红. 现代市场经济理念下公路运输经济管理存在的问题分析 [J]. 市场论坛, 2020 (01): 17-20.

[11] 杨雪山. 公路运输经济现状及应对措施研究 [J]. 中国商论, 2020 (02): 17-18.

[12] 王辉. 探讨加强公路运输经济中信息化管理的对策 [J]. 中国商论, 2019 (24): 16-17.

[13] 赵常安. 市场经济条件下的交通运输经济管理 [J]. 中国商论, 2020 (01): 16-17.

[14] 孙成远. 市场经济条件下公路运输经济管理问题分析 [J]. 科技经济导刊, 2019, 27 (28): 234.

[15] 李烨.浅谈我国交通运输经济现状与未来发展方向[J].绿色环保建材,2019（09）:254+256.

[16] 沈伟.互联网时代如何促进公路运输经济的发展[J].现代经济信息,2019（17）:347-348.

[17] 王伟.关于经济新常态下的公路交通运输经济管理重要性分析[J].知识经济,2019（25）:41-42.

[18] 孙勤香.公路运输经济发展中信息化管理的重要性[J].中国市场,2019（27）:191-192.

[19] 邵丽.市场经济体制下公路运输经济管理模式分析[J].中国集体经济,2019（25）:35-36.

[20] 王立廷.新时期公路运输经济优化发展路径探究[J].中国市场,2019（23）:162-163.

[21] 耿鹏勇.市场经济条件下公路运输经济管理问题研究[J].技术与市场,2019,26（07）:212-213.

[22] 蒋若曦,朱顺应,王磊,汪攀,王红,匡诗平.基于交通冲突的高速公路施工区安全评价[J].中国安全科学学报,2019,29（06）:116-121.

[23] 胡真真.关于低碳经济背景下公路运输经济的发展趋势[J].黑龙江交通科技,2019,42（03）:216-217.

[24] 白大明.浅谈公路运输经济中的信息化管理[J].中国市场,2019（06）:68-69.

[25] 陈思茹,张帅,袁长伟.中国交通运输经济发展与碳排放效率评价[J].中国公路学报,2019,32（01）:154-161.

[26] 卢晓伟.基于"互联网+"的交通运输经济发展分析[J].科技创新导报,2018,15（32）:143-144.

[27] 李灵杰,吴群琪.中国省域交通运输经济发展与碳排放的联合动态性分析[J].西安财经学院学报,2017,30（06）:44-49.

[28] 姜红辉.公路物流运输经济现状分析和应对措施[J].商场现代化,2017(12):67-68.

[29] 蔡婉华,叶阿忠.交通运输、经济增长与碳排放之间的互动关系研究——基于PVAR模型[J].交通运输系统工程与信息,2017,17（03）:26-31.

[30] 荆振亮.浅析公路运输经济的发展现状及应对策略[J].中国市场,2016(19):134-136.

[31] 万文,于军琪,赵江平,黄玲丽.高速公路施工安全管理模糊评价研究[J].中外公路,2016,36(01):325-329.

[32] 傅选义.铁路运输经济的若干问题[J].北京交通大学学报(社会科学版),2016,15(01):1-10.

[33] 翟献礼.现代市场经济理念下公路运输经济管理存在的问题分析[J].中国市场,2015(02):106-107.

[34] 段睿.交通运输经济面临的挑战及对策[J].中国管理信息化,2015,18(01):187-188.

[35] 李秀菊.我国交通运输经济发展现状及发展对策[J].中国管理信息化,2014,17(17):112-113.

[36] 于仁杰,马荣国,王皓,汪莉莉,梁国华,朱宏.公路施工作业区层级限速方案实施效果评价[J].长安大学学报(自然科学版),2014,34(03):106-112.

[37] 黄浦邦,张日芬.高速公路建设中PPP投融资模式研究[J].绿色科技,2012(01):162-164.

[38] 李晴.甩挂运输经济效益的定量计算[J].物流工程与管理,2011,33(08):19-22.

[39] 强茂山,杨亮,邓焕彬.高速公路建设项目集成化管理评价体系[J].清华大学学报(自然科学版),2010,50(09):1369-1373.

[40] 金懋,欧国立.运输经济理论研究评述[J].生产力研究,2010(09):251-253.

[41] 荣朝和.关于运输经济研究基础性分析框架的思考[J].北京交通大学学报(社会科学版),2009,8(02):1-9.

[42] 王建伟,颜飞.公路运输经济管制研究的回顾和进展[J].长安大学学报(社会科学版),2008(01):11-16.

[43] 董小林.公路建设项目全程环境管理体系研究[J].中国公路学报,2008(01):100-105.

[44] 杨雄,曾祥记,沈君玉,卢迎春.高速公路建设投融资体系研究与风险防范对策[J].交通财会,2008(01):4-14.

[45] 荣朝和.重视基于交通运输资源的运输经济分析[J].北京交通大学学报(社会科学版),2006(04):1-7.